Das Buch

Warum ziehen manche Menschen Erfolg und Glück magisch an, während andere von Misserfolgen heimgesucht werden? Es liegt am Denken – denn Denken wirkt! Die Macht der Gedanken erschafft unsere Realität: Das ist das *Mentalprinzip*. Basierend auf revolutionären Forschungsergebnissen aus Quantenphysik, Biologie und Philosophie zeigt Jürgen Karsten, wie Sie Ihr Denken steuern und Ihre mentalen Kräfte optimal einsetzen können. Mit einfachen, praktischen Meditations- oder Visualisierungsübungen lernen Sie die Kraft Ihrer Gedanken in die richtigen Bahnen zu lenken. So lösen Sie negative Glaubenssätze und falsche Vorstellungen vom Glück auf, um mit Vertrauen in die eigene Stärke auf der ganzen Linie zum Erfolgsmenschen zu werden.

Der Autor

Der promovierte Wirtschaftswissenschaftler Dr. Jürgen Karsten berät seit 1990 Unternehmen in steuerlichen und wirtschaftlichen Fragen. Daneben ist er ein bekannter Coach auf dem Gebiet der Mentalsteuerung. Seine bahnbrechende Methode, das Mentalprinzip, ist Thema zahlreicher Vorträge und Veröffentlichungen.

Jürgen Karsten

Das Mentalprinzip

Wie Sie denken, was Sie wollen,
und bekommen, was Sie denken

Bibliografische Information der Deutschen Nationalbibliothek:
Die Deutsche Nationalbibliothek verzeichnet diese Publikation
in der Deutschen Nationalbibliografie; detaillierte bibliografische
Daten sind im Internet über http://dnb.dnb.de abrufbar.

Taschenbuchausgabe 07/2011
by Wilhelm Heyne Verlag München,
in der Verlagsgruppe Random House GmbH
ISBN 978-3-453-70176-2

© 2017 Dr. Jürgen Karsten
Herstellung und Verlag:
BoD – Books on Demand

ISBN: 978-3-7448-0756-2

INHALT

PROLOG

Wo kämen wir hin,
wenn alle sagten,
wo kämen wir hin,
und niemand ginge,
um einmal zu schauen,
wohin man käme,
wenn man ginge!

Das Mentalprinzip:
Denken wirkt auf Mensch, Materie, Schicksal und Erfolg

Würden Sie gern erfahren, wie Sie ein rundum erfolgreiches Leben führen und sich und andere Menschen positiv beeinflussen können? Würde es Ihnen gefallen, wenn dieses Wissen mit Entspannung, Lust, Kraft, Stärke, Liebe, Gewissheit, Einsicht und Vertrauen verbunden wäre? Nun, dieses Buch kann ihnen dabei helfen, beides miteinander zu verbinden und die Ziele zu erreichen, die Ihnen wirklich wichtig sind.

Zunächst einmal müssen wir jedoch gemeinsam ein paar grundsätzliche Fragen klären: Worin liegt die Ursache für Erfolg? Warum sind manche Menschen sehr erfolgreich, obwohl sie keine erkennbaren Talente und Begabungen aufweisen? Warum gibt es Menschen, die Erfolg an Erfolg reihen, und andere, die mit der gleichen Regelmäßigkeit Misserfolge sammeln? Sind dies alles nur glückliche oder unglückliche Zufälle? Nein! Erfolge wie auch Misserfolge sind Ergebnisse des Denkens und des Bewusstseins!

Bei den meisten sehr erfolgreichen Menschen findet man daher auch eine bestimmte Art des Denkens. Dieses Denken ist erfolgsorientiert und wird von der Überzeugung getragen, dass man erfolgreich ist. Es scheint fast so, als würde bei diesen Menschen der gedankliche Erfolg in die Realität transformiert. Was bislang allerdings eben nur eine auf dem Augenschein basierende Vermutung war, wird durch die Wissenschaften mehr und mehr bestätigt: Denken wirkt auf das Sein!

Die bisherigen Untersuchungen haben den Zusammenhang zwischen Denken und Erfolg, Glück usw. immer wieder belegt. Typischerweise hat man bislang diese Zusammenhänge jedoch meist allein psychologisch erklärt. Wer positiv denkt, bei dem stellen sich erfolgsfördernde Faktoren und Gefühle wie Mut, Optimismus und Freude ein und damit oft auch das notwendige Charisma.

Doch die Wirkung des Denkens geht weit über die psychologischen Effekte hinaus. Die neueren Erkenntnisse der Naturwissenschaften belegen ein altes Wissen: Denken wirkt auch auf die Materie. Dieses Wirkung ist messbar und vielfach belegt.

Denken wirkt!

Die Macht der Gedanken ist faszinierend. Gedanken beeinflussen Menschen, Dinge und Prozesse; sie wirken über Zeit und Raum. Wenn aber Gedanken diese Wirkungen haben, dann beeinflussen sie auch die Entwicklung jedes einzelnen Menschen, sein Glück und seinen Erfolg. Wer seine Gedanken zielorientiert steuert, steuert damit auch seine Zielerreichung.

Nur wenige Eingeweihte wissen bislang um die Wirkmechanismen des Denkens und nutzen sie zur Zielerreichung und zum eigenen Erfolg. Allerdings gibt es eine Reihe von Menschen, die diese Wirkmechanismen unbewusst nutzen. Auch sie eilen von Sieg zu Sieg und von Erfolg zu

Erfolg. Partnerschaft, Kinder, Beruf, Vermögen, Gesundheit – alles ist von Zufriedenheit gekrönt. Umgekehrt gilt das Gleiche: Menschen, die Misserfolg an Misserfolg und Unglück an Unglück reihen, nutzen ebenfalls die Wirkmechanismen des Denkens, nur eben in negativer Weise, indem sie sich statt auf Erfolg und Glück auf Misserfolg und Unglück programmieren.

Wer diese Zusammenhänge kennt und die Wirkung des Denkens mit geeigneten Techniken gezielt einsetzt, hat ein überaus machtvolles Instrument zur Ziel- und Erfolgsrealisierung in der Hand.

Ansätze zur Erklärung der Wirkmechanismen des Denkens liefern jüngste Erkenntnisse aus Biologie und Physik. Danach basieren Formenbildungen von Objekten auf Feldwirkungen und Informationsübertragungen zwischen Objekten auf Resonanzen zwischen Feld und Objekt, ähnlich wie dies beim Magnetfeld der Fall ist.

Jedes Objekt, also jeder Stein, Baum, Mensch usw., hat ein entsprechendes physikalisches Feld. Dieses Feld bestimmt Form, Inhalt und Verhalten des Feldobjekts. All diese Felder aller Objekte stehen untereinander in Verbindung und wirken aufeinander ein. Von besonderem Interesse ist aber, dass auch jeder Gedanke ein Feld hat bzw. ein Feld erzeugt. Damit kann dann eben auch ein Gedanke über die Feldbeziehungen auf andere Gedanken, Menschen, Objekte und Prozesse einwirken – erstaunlich, oder?

Es ist daher möglich, durch Denken und andere Mentaltechniken Felder zu erzeugen, die einen sehr subtilen und dennoch kraftvollen Einfluss auf andere Menschen und auf die eigene Umgebung ausüben. Diese Felder sind die Grundlage für Erfolg und Misserfolg. Wenn es gelingt, Erfolgsfelder aufzubauen, dann steht einem quasi ein »Partner« zur Seite, der Hindernisse überwindet, Probleme als Aufgabe sieht und löst, »glückliche Zufälle« schafft und Intuition ermöglicht. Das ist die eigentliche Magie der Gedanken!

Dies ist die zentrale Erkenntnis: Denken wirkt! Alles Bestehende und alle Vorgänge werden durch mentale Prozesse, also durch Denkvorgänge verursacht oder zumindest beeinflusst. Wer daher Ziele erreichen, Erfolge realisieren und Situationen verändern will, muss auf der mentalen Ebene ansetzen, denn sie ist die Basis.

Nicht nur wissenschaftliche Untersuchungen bestätigen dies, sondern vor allem auch die Erfahrungen einer Vielzahl von Menschen über Generationen hinweg. Seit Jahrtausenden praktizieren die Menschen bewusst oder unbewusst Mentaltechniken, die sie erfolgreich machen oder für ihre Misserfolge sorgen. Wenn man ihre Funktionsweise kennt, kann man die Wirkmechanismen gezielt und systematisch nutzen, statt ungesteuert und eher zufällig oder gar ungewollt zum eigenen Schaden. Gerade die zufällige Nutzung der Denkwirkungen beinhaltet das Risiko einer falschen Anwendung. Denn wenn positives Denken Erfolg produziert, wird durch ein entsprechendes negatives Denken Misserfolg verursacht. – Sie kennen das: Ein Unglück kommt selten allein!

Das System der Denkwirkungen ist wertneutral, es funktioniert also in beide Richtungen. Mentaltechniken können Misserfolge ebenso wie Erfolge bewirken. Das heißt aber auch, dass sie sich als Instrumente einsetzen lassen, um Misserfolgsketten zu durchbrechen.

Es ist erstaunlich, wie wenig diese wissenschaftlich begründete Erkenntnis bisher in das Weltbild und die Lebenspraxis der meisten Menschen Eingang gefunden hat. Während wir die später noch erläuterte technische Seite dieser wissenschaftlichen Ergebnisse selbstverständlich im Alltag nutzen, wird die wesentlich wichtigere mentale und immaterielle Seite weitestgehend ignoriert. Denken, so die weit verbreitete Auffassung, findet ausschließlich im Kopf statt; es hat keine Wirkungen außerhalb der Schädeldecke.

Um diese Auffassung zu widerlegen, werden im Folgenden die jüngsten wissenschaftlichen Erkenntnisse über die Wirkungen des Denkens beschrieben. Die Kenntnis dieser Wirkungen ist notwendig, um die Basis und die Bereitschaft für ein verändertes Denken im Rahmen des Mentalprinzips zu schaffen. Gerade für den rational argumentierenden Menschen werden diese Instrumente und Handlungsempfehlungen erst durch die zuvor erfolgte wissenschaftliche Fundierung akzeptabel. Und erst die Kenntnis der Wirkmechanismen des Denkens macht die Techniken der Anwendung des Mentalprinzips nachvollziehbar. Auch in dieser Hinsicht ist das vorliegende Buch ein Novum.

Zur nachhaltigen Nutzung der Wirkmechanismen des Denkens genügt das Wissen über die neueren Erkenntnisse der Wissenschaften allein allerdings nicht, es muss auch aktiv umgesetzt und damit vor allem erfahren werden. Nur Wissen und Erfahren, das heißt Erleben, kann von der Funktionsweise des Mentalprinzips überzeugen. Nur diese Überzeugung führt zu einer dauerhaften Veränderung von Denk- und Verhaltensstrukturen. Und nur diese dauerhafte Veränderung wiederum führt zu dauerhaftem Erfolg.

Das Mentalprinzip ist ein sehr machtvolles Instrument, das schon von zahlreichen Eingeweihten mit Erfolg eingesetzt wird. Wenn Sie sich mit den von diesen Eingeweihten genutzten Mentaltechniken beschäftigen, können Sie nichts verlieren – aber alles gewinnen!

Natürlich ist es das Hauptanliegen dieses Buches, Ihnen dabei zu helfen, künftig erfolgreich zu handeln. Die von Ihnen gewünschten Erfolge werden sich auch einstellen, wenn Sie das Mentalprinzip mit der nötigen Konsequenz einsetzen. Ein sehr positiver Nebeneffekt sind die psychischen Wirkungen, die sich in Form von vermehrter Ruhe, Gelassenheit, Entspannung und Vertrauen in die eigene Stärke einstellen. Schon diese Effekte sollten ein hinreichender Grund für die Beschäftigung mit dem Mentalprinzip sein.

Was Sie überraschen wird: Für die in diesem Buch empfohlenen Übungen und Maßnahmen brauchen Sie weder irgendein besonderes Arbeitsmaterial noch magische Gegenstände oder Geräte, und Sie müssen sich auch nicht wochen- und monatelang in ein stilles Kämmerlein oder Kloster zurückziehen. Sie benötigen lediglich täglich zweimal zehn bis zwanzig Minuten Zeit und können ansonsten Ihrem gewohnten Alltagsleben nachgehen.

Allerdings werden Sie einiges in Ihrem Inneren entdecken und verändern müssen. Wahrscheinlich wenden Sie das Mentalprinzip ohnehin bereits an, nur vermutlich unbewusst und zufällig oder gar auf eine negative, Ihnen schadende Weise. Sie müssen also nur noch das, was Sie ohnehin tun, bewusst tun und es gezielt in die von Ihnen gewünschte Richtung steuern.

Vieles von dem, was Sie hier lesen, können Sie erst vollständig nachvollziehen, wenn Sie die sehr schnell eintretenden Erfahrungen mit der Anwendung gemacht haben. Schließlich können Sie ein Rezept für einen Kuchen nicht nur durch Lesen beurteilen, sondern erst dann, wenn Sie nach diesem Rezept backen und dann von dem Kuchen kosten.

Also backen und kosten Sie!

Beweisen Sie sich die Richtigkeit des Systems, indem Sie es anwenden und beobachten. Prüfen Sie Ergebnisse und Wirkungen. Sie werden überrascht sein! Sie haben die Wahl zwischen einem Denken und Leben wie bisher und einem positiven, aufbauenden Denken, Verhalten und Tun, das zum Erfolg und zur Erfüllung Ihrer Wünsche führt.

Wählen Sie!

Handeln Sie!

JETZT!

Wahrnehmung, Wissen und Denken – Was steuert was?

Unsere Annahmen über die Funktionsweise der Welt und übernommene Glaubenssätze bestimmen, wie wir die Welt wahrnehmen – unabhängig davon, ob diese Annahmen und Glaubenssätze objektiv richtig oder falsch sind. Schon der Begriff Wahr*nehmung*, das heißt FÜR-WAHR-NEHMEN, deutet auf einen aktiven Schöpfungs- und Gestaltungsprozess hin. Wäre Wahrnehmung nur ein passiver, rezeptiver Prozess, müsste es wohl besser Wahr*gebung* heißen.

Wir sehen nur, was wir glauben. Die Wahrnehmung, also das FÜR-WAHR-NEHMEN, wird durch die Erwartung gesteuert. Erinnern Sie sich bitte an Ihre letzte Suchaktion nach Ihrem Schlüsselbund. Sie waren sich doch sicher, dass er nicht auf dem Küchentisch lag, und sind bei der Suche auch dreimal am Küchentisch vorbeigegangen, ohne die Schlüssel zu entdecken. Und doch lag der Schlüsselbund nirgendwo anders als auf diesem Tisch – wie unsichtbar.

Ein weiteres Beispiel? Früher war der »wissenschaftlich gebildete« Mensch der festen Überzeugung, die Erde sei der Mittelpunkt des Universums (Glaubenssatz). Folglich »sah« er jeden Morgen die Sonne »aufgehen«, da sich diese natürlich um die Erde drehen musste (Wahrnehmung). Noch heute sprechen wir vom Sonnenaufgang. – Der Glaubenssatz bestimmt die Erwartung und die Wahrnehmung.

Die von jemandem vertretenen Glaubenssätze wurden in der Regel von Eltern, Lehrern, Freunden, Ehepartner usw. übernommen und gründen meist zusätzlich – wie im Falle des Sonnenaufgangs – auf scheinbar offensichtlichen, doch fehlbaren Erfahrungen. Oft sind diese Glaubenssätze eher negativ und beschränkend: »Diese Position wirst du nie erreichen, weil du nicht das nötige Talent hast.«, oder »… weil du nicht das richtige Aussehen hast.«, oder »… weil du nicht aus einer angesehenen Familie stammst.« usw.

Auch in der Tierwelt gibt es beschränkende Glaubenssätze. In einem Zoo hatte ein Löwe ein Freigehege, das durch eine Glaswand abgetrennt war. Der Löwe hatte die Angewohnheit entwickelt, immer bis zu dieser Glaswand zu gehen, sich umzudrehen und zurückzugehen. Nach einigen Jahren hatte der Zoodirektor ein Einsehen, und man vergrößerte das Freigehege, indem man die Glaswand um 20 Meter versetzte. Was aber tat der Löwe bei den nächsten Freigängen? Er trabte in das Freigehege, sah sich um, lief genau bis zu der Stelle, an der früher die Glaswand gestanden hatte, drehte um und ging zurück! – Die Folge eines beschränkenden Glaubenssatzes.

Häufig bestehen Beschränkungen nur in der Vorstellung. Wir beschränken uns letztlich selbst. Die Konsequenz ist, dass wir uns oft als ohnmächtig gegenüber den äußeren Umständen wahrnehmen. Wir machen dann diese äußeren Umstände für unser Schicksal verantwortlich und nicht etwa uns selbst. »Weil ich nicht aus einer wohlhabenden Familie stamme, kann ich auch nicht wohlhabend werden.« Wenn wir infolgedessen zu keinem Wohlstand gelangen, sehen wir darin eine Bestätigung unseres beschränkenden Glaubenssatzes und begreifen nicht uns als verantwortlich, sondern suchen die Ursache in unserer Herkunft.

Viele Menschen messen den äußeren Umständen eine so dominierende Bedeutung bei, dass sie sich als Spielball dieser Umstände fühlen, denen sie schutzlos ausgeliefert sind, ohne eine Möglichkeit der Einwirkung auf sie und damit auf ihr Schicksal zu haben. Sie betrachten sich als getrennt von den Umständen, getrennt von den anderen Menschen, getrennt von der umgebenden Welt und damit ohne Möglichkeit der Einflussnahme. Daher verhalten sie sich passiv und erwarten ihr Schicksal, statt es aktiv zu gestalten.

Es liegen zahlreiche Werke vor, in denen die Biografien sehr erfolgreicher Frauen und Männer verglichen und analysiert werden. Übereinstimmend stellen die Autoren fest, dass nicht etwa die Eltern, die Familie, der Reichtum, die Begabung, die Umstände oder die Zufälle des Lebens die entscheidenden Erfolgsfaktoren dieser Menschen sind. Vielmehr eint alle Erfolgreichen ein positives, erfolgsorientiertes Denken, der Glaube an den eigenen Erfolg, die Erwartung dieses Erfolgs und die zu seiner Erreichung erforderliche Ausdauer.

Haben Sie sich nicht schon einmal darüber gewundert, warum ein Mensch in Ihrer Nähe von Erfolg zu Erfolg eilt, das Glück anscheinend gepachtet hat und einen einträglichen Beruf, eine glückliche Familie und Gesundheit hat? Und warum dagegen ein anderer Mensch in Ihrer Umgebung das genaue Gegenteil aufweist und Misserfolg an Misserfolg reiht, Pech auf der ganzen Linie hat und von Kündigung, Scheidung und Krankheit heimgesucht wird?

Woher kommen solche mehr oder weniger deutlich ausgeprägten Unterschiede? Warum sind selbst wenig begabte Menschen (wie so manche Film- oder Fernsehgröße) immer wieder ausgesprochen erfolgreich?

Nun, wie bereits gesagt: Die Ursache liegt in der Geisteshaltung, also im positiven oder negativen Denken, in der positiven oder negativen Erwartung und in der Gewissheit oder Verneinung des Erfolgs. Zwar kommt es gelegentlich vor, dass auch Menschen mit einer negativen, passiven Grundhaltung Erfolg haben und zu Reichtum gelangen, doch ihr eher zufälliges Glück währt nur von kurzer Dauer.

Wenn wir die äußeren Umstände und nicht uns selbst für unser Wohlergehen, Glück und Unglück verantwortlich machen, suchen wir die Lösung für unsere Probleme und den Quell unserer Zufriedenheit ebenfalls in dieser Außenwelt. Wir definieren uns über Äußerlichkeiten – Haus, Auto, Urlaubsreisen – und erwarten, dass wir etwa nach dem Kauf des neuen Autos endlich am Ziel unserer Wünsche sind. Doch zu unserer Enttäuschung stellen wir anschließend fest, dass sich eigentlich nichts geändert hat und die Unzufriedenheit eher größer geworden ist. Daraufhin stürzen wir uns in die Freizeit, suchen Ablenkung, Zerstreuung, Glück, Erfolg, Ansehen usw. in diesen Freizeitaktivitäten, um auch hier festzustellen, dass die Gefühle von Unzufriedenheit, Leere und Angst vor der Dominanz der äußeren Umstände immer weiter wachsen.

Vielleicht gehören Sie aber auch zu den Menschen, die ihr Glück und ihre Erfüllung im Beruf suchen und ein »Mehr an Glück« stets durch ein »Mehr an Arbeit« erzwingen wollen. Sie werden dann wahrscheinlich am Ende Ihres Berufslebens feststellen, dass es eben nur ein Berufsleben war. Noch wahrscheinlicher werden Sie allerdings vorher ein Burn-out-

Syndrom erleben – eine modische Umschreibung für innere Leere.

Ist da innen aber wirklich nur Leere? Gibt es nicht noch andere Möglichkeiten, die Welt und uns selbst zu sehen und zu leben?

Nun, die neuesten Erkenntnisse der Wissenschaft, allen voran die Physik, Biologie, Psychologie und Philosophie, zeigen solche anderen Lösungswege auf. Allerdings gibt es ein Problem: Selbst wenn wir über diese neuesten Erkenntnisse informiert sind, bedeutet das nicht, dass wir unser Weltbild entsprechend verändern. Wir nehmen die Welt vielmehr meist trotz unseres Wissens weiterhin entsprechend der Leistungsfähigkeit unserer Sinnesorgane und unserer eingelernten alten Muster wahr.

Dazu einige Beispiele:

* Wir ordnen den Dingen Farben zu: Ein Blatt ist »schön grün«. Tatsächlich hat das Blatt jedoch keine Farbe, sondern das in ihm enthaltene Chlorophyll reflektiert lediglich den Grünanteil des auf das Blatt fallenden Lichts.
Wenn kein Licht auf das Blatt fällt, hat es daher keine Farbe – nachts sind alle Katzen grau.
* Sie treten an einem schönen Sommerabend vor Ihr Haus und betrachten den Himmel. Sie sehen wunderschön glitzernde Sterne und denken: »Wie weit man heute Nacht zu den Sternen schauen kann.« Tatsächlich aber sehen Sie nicht weit in den Weltraum hinein. Vielmehr gelangt das Licht von den Sternen auf Ihre Netzhaut und reizt den Sehnerv. Und obwohl das Licht mit Lichtgeschwindigkeit (ca. 300 000 km/Sek.) zu Ihnen »fliegt«, ist es bei manchen

Sternen seit Jahrhunderten oder gar seit Jahrtausenden unterwegs. So braucht das Licht des Sterns Rigel im Sternbild des Orion rund 900 Jahre, um von dort zu uns zu gelangen. Das Licht des Orionnebels benötigt sogar 1 800 Lichtjahre. Genau genommen sehen Sie also keinen Stern im aktuellen Zustand. Vielmehr blicken Sie in die Vergangenheit und sehen den Stern, wie er zum Beispiel vor 900 Jahren aussah. Möglicherweise existiert er bereits nicht mehr.

- Unser Sonnensystem, das heißt unsere Sonne mit den sie umkreisenden Planeten (Merkur, Venus, Erde, Mars, Jupiter, Saturn, Uranus, Neptun), ist vom Zentrum unserer Galaxis (unserer Milchstraße) 27 000 Lichtjahre entfernt und liegt auf einem Spiralarm, dem Orionarm. Unsere Galaxis ist ein Sternenhaufen mit einem Durchmesser von ca. 100 000 Lichtjahren und enthält einige hundert Milliarden Sterne. Unser Sonnensystem bewegt sich in dieser Galaxis mit einer relativen Geschwindigkeit von rund 220 Kilometern pro Sekunde durch den Weltraum.
Sie leben also auf einem rasant schnellen Raumschiff. Nehmen Sie das wahr?

- Unser Körper enthält Elemente, die schwerer sind als Eisen. Allerdings ist unsere Sonne nicht heiß genug, um diese Stoffe entstehen zu lassen. Woher kommen dann diese Elemente, wenn doch die Erde und alle in und auf ihr vorhandenen Atome ursprünglich aus der gleichen Gaswolke stammen? »Die schweren Elemente unseres Körpers«, erklärt Michio Kaku in seinem Buch *Im Hyperraum. Eine Reise durch Zeittunnel und Paralleluniversen*, »sind in einer Supernova gebrannt worden, die explodierte, bevor unsere Sonne entstanden ist. Mit anderen Worten: Vor Milliarden Jahren explodierte eine namenlose Supernova und legte damit den Grundstein zu jener Gaswolke, die unser Sonnensystem geschaffen hat.«[1]

Ihr Körper enthält also Elemente, die älter sind als unser Sonnensystem. Aber als wie alt nehmen Sie sich selbst wahr?

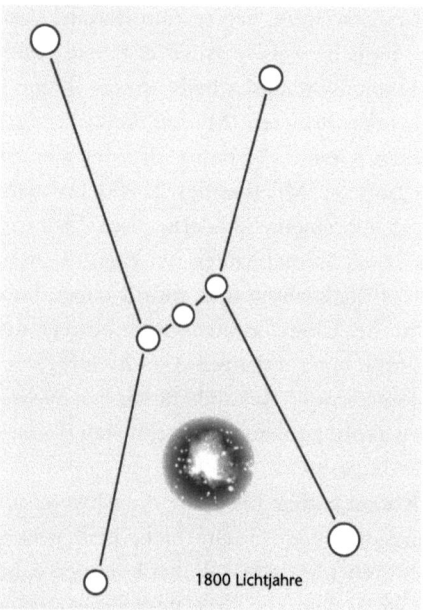

1800 Lichtjahre

Abbildung 1: Sternbild des Orion

Das, was wir sehen, wahrnehmen und wissen, ist nur ein Teil dessen, was gesehen, wahrgenommen und gewusst werden könnte. Eine Vorstellung von der Unendlichkeit des uns umgebenden Universums und der in ihm enthaltenen Vielfalt an Möglichkeiten und Perspektiven vermittelt Victor Mansfield in seinem Werk *Tao des Zufalls. Philosophie, Physik und Synchronizität*. Darin schreibt er:

»In den letzten zwei Jahrzehnten konnte eindeutig geklärt werden, dass das sichtbare All – alles, was sich mittels des gesamten elektromagnetischen Spektrums von Radiowellenlängen bis zu Gammastrahlen entdecken lässt – nur weniger als ein Zehntel der Gesamtmasse des Universums ausmacht. Das sichtbare Universum … ist also in Wirklichkeit nur die Spitze des Eisbergs.«[2]

Was wissen Sie? Was sehen Sie? Was nehmen Sie wahr?

Die genannten Beispiele belegen, dass unsere Wahrnehmung nicht oder nur in geringem Maße durch Fakten bestimmt wird, selbst wenn diese Fakten uns bereits längere Zeit bekannt sind. Vor allem wenn sie unserer durch übernommene Glaubenssätze geprägten Sinneswahrnehmung widersprechen, werden Fakten ignoriert.

Es ist also nicht überraschend, dass die jüngsten Erkenntnisse aus der Quantenphysik, der Biologie, der Biophysik und der Psychologie unser Weltbild und unsere Wahrnehmung und damit unser Denken und unser Bewusstsein (noch) nicht verändert haben – wobei »neu« durchaus relativ ist, da die moderne Wissenschaft vielfach an alte, teilweise über lange Zeit verworfene Erkenntnisse anknüpft und sie sich auf neue Weise zunutze macht. Das so sich herausbildende neue Weltbild ermöglicht es, alte, beschränkende Glaubenssätze zu verwerfen und neue, hilfreiche Annahmen zu entwickeln, um ein neues Bewusstsein zu schaffen.

DENKEN WIRKT. ÜBERZEUGUNG DURCH ERKENNTNIS

Dass ich erkenne, was die Welt
im Innersten zusammenhält.

Goethe, *Faust*

Das Experiment:
Denken wirkt auf Materie
und Prozesse

Der Zusammenhang zwischen Denken und Materie wurde von der Direktorin des Princeton Engineering Anomalies Research Laboratory (PEAR) Brenda J. Dunne und dem Professor für Weltraumwissenschaften Robert G. Jahn untersucht. Die Kernfrage der beiden Wissenschaftler lautete, welchen Einfluss die Gedanken einer Versuchsperson auf physikalische Prozesse ausüben. Dahinter steckte die umfassendere Frage, welche Rolle das Denken bei der Gestaltung der physikalischen Realität einnimmt.

Hintergrund waren von vielen Menschen geteilte Erlebnisse, bei denen Geräte auf die eigenen Gedanken und Gefühle zu reagieren schienen. Zahlreiche Personen machten die Erfahrung, dass der Computer genau dann versagte, wenn man es befürchtete, und wie von Geisterhand wieder ansprang, wenn der zuständige Techniker erschien. »Bei militärischen Operationen«, so die Forscher, »ist der Gremlin-Effekt [Kobold-Effekt] längst Legende, und manche Testpiloten und Astronauten räumen inoffiziell ein, dass bei ihren genauestens kalibrierten Leit-, Kontroll- und Kommunikationssystemen bisweilen unerklärliche Abweichungen auftreten.«[3]

27

Diese und weitere Erfahrungen sprechen dafür, dass das Denken einen sehr konkreten Einfluss auf materielle Dinge wie Geräte oder Instrumente ausüben kann. Um die Richtigkeit dieser Vermutung zu überprüfen, wählten Jahn und Dunne für ihre Experimente normale, durchschnittliche Personen aus, die über keine außergewöhnlichen Fähigkeiten verfügten. Bei den Experimenten wurde untersucht, inwieweit eine Versuchsperson in der Lage ist, die Ergebnisse eines Zufallszahlengenerators mental zu beeinflussen. Ein Zufallszahlengenerator ist ein Computerprogramm oder ein Gerät – im einfachsten Fall ein Würfel – zur Erzeugung von zufälligen Zahlen, die in einem bestimmten Intervall entsprechend einer mathematischen Zufallsverteilung aufeinanderfolgen.

Um die Zahlenabfolge mental zu beeinflussen, saßen die Probanden etwa zwei Meter von dem Gerät entfernt in angenehmer Umgebung und entspannter Atmosphäre. Die Teilnehmer wurden ermutigt, die Versuche spielerisch anzugehen und nicht mit Gewalt bestimmte Ergebnisse erzeugen zu wollen.

Nach einer Vielzahl von Versuchsreihen konnte zweifelsfrei ermittelt werden, dass die Ergebnisse durch die Intention der Probanden tatsächlich deutlich von den zu erwartenden Ergebnissen abwichen.[4] Dazu die Wissenschaftler: »Dass diese Abweichung rein zufällig erzielt wurde, bewegt sich in der Wahrscheinlichkeit von weniger als 1 : 1 000 000.«[5]

Aber nicht nur das: Die einzelnen Teilnehmer veränderten die Ergebnisse auf eine ganz spezifische Art, das heißt jeder Teilnehmer erzeugte sein spezielles Muster oder seine individuelle Signatur.[6]

Ähnliche Versuche führten Brenda J. Dunne und Robert

G. Jahn sehr plastisch mit der Ball-Fall-Maschine durch, auch Galton'sches Brett genannt: Hier wird eine bestimmte Menge von Kugeln aus einem Behälter über eine Ebene mit gleichmäßig angebrachten Stiften geleitet und in einzelnen dort eingelassenen Behältern aufgefangen. Wieder forderten die Wissenschaftler ihre in zwei Metern Abstand zu dem Gerät sitzenden Probanden auf, die zu erwartende Verteilung der Kugeln auf die Behälter (Normalverteilung) mental zu beeinflussen. Und wieder zeigte sich, dass die Verteilung der Kugeln unter Gedankeneinfluss eine jeweils individuell andere war als ohne eine mentale Beeinflussung.

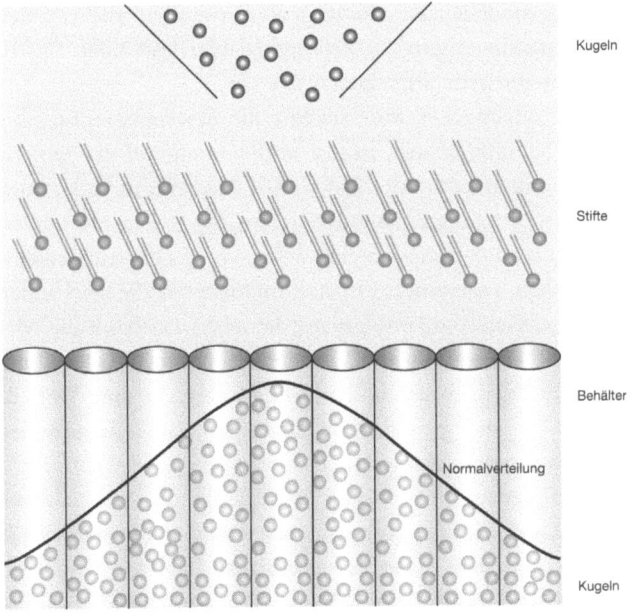

Abbildung 2 : Ball-Fall-Versuch

Um alle möglichen Störquellen auszuschließen, wiederholten die Wissenschaftler ihre Experimente über sehr große Entfernungen zwischen Probanden und Ball-Fall-Maschine. Wieder wurden die gleichen Effekte registriert.[7] Dazu der einstige Kernphysiker und Molekularbiologe Jeremy Hayward: »Eine sämtliche Studien dieser Art berücksichtigende statistische Berechnung ergibt für die Annahme, dass es sich bei den Ergebnissen um Zufälle handelt, eine Wahrscheinlichkeit von 1 : 10^{35} (10^{35} ist eine Eins mit 35 Nullen).«[8]

Wie genau diese Beeinflussung erfolgt, ist bislang nicht abschließend geklärt, aber es gibt einige Hinweise, auf die später noch näher eingegangen wird. Für unsere Zwecke sind neben den erstaunlichen Resultaten jedoch vor allem die von den Versuchsteilnehmern zur Erzeugung ihrer jeweiligen Ergebnisse eingesetzten Strategien interessant.

Ein wichtiger Faktor scheint die erwähnte entspannte Grundhaltung zu sein. In der Vorbereitung auf die Experimente haben zahlreiche Probanden Meditations- oder auch Visualisierungsübungen durchgeführt.

Während der Experimente selbst wurden unterschiedliche Techniken angewandt. Oft kommunizierten die Probanden mit dem Gerät wie mit einem Menschen, das heißt die Maschinen wurden ermahnt, gebeten, angefleht, bedroht usw. Auch hier zeigten sich individuelle Muster: Die eine Technik, die bei einem Probanden zielführend war, versagte zuweilen bei anderen Teilnehmern.

Von Bedeutung war aber offenbar für die Mehrzahl der Teilnehmer eine Art Resonanz mit dem Gerät und ein Einswerden mit dem Vorgang, »als ob man in den Prozess eintauchte und dadurch sich selbst und die unmittelbare Umgebung nicht mehr wahrnahm«.[9] Dieser Prozess wird von der

Glücksforschung als Flow-Zustand bezeichnet. Es handelt sich dabei im Grunde um die Überwindung oder das Ausschalten des eigenen Ichs. Einer der Probanden erklärte: »Ich spüre keine direkte Kontrolle über die Apparatur, eher einen geringfügigen Einfluss, wenn ich in Resonanz mit dem Gerät bin. Es ist, als ob man sich in einem Kanu befindet: Wenn es schwimmt, wohin ich will, dann schwimme ich mit. Andernfalls versuche ich den Lauf zu unterbrechen, um nach Möglichkeit die Resonanz mit mir wiederherzustellen.«[10]

Die Untersuchungen von Jahn und Dunne ergaben zudem, dass für die erzielten Ergebnisse nicht nur die bewussten Intentionen, sondern ebenso unbewusste Einstellungen, Erwartungen, Aversionen etc. von Bedeutung sind. Dies untermauert die anfangs geäußerte Behauptung, dass man sich auch unbewusst auf Erfolg oder auf Misserfolg programmieren kann.

Jedenfalls sind die empirisch gewonnenen Ergebnisse des PEAR-Projektes zu evident, um darüber hinwegzusehen und sie als zufällige Phänomene abzutun. Es muss daher die Frage gestellt werden, wie die dabei beobachteten Effekte erklärt werden können und welche Bedeutung es für die Sicht der Welt zwangsläufig hat, wenn man diese Effekte und ihre Erklärung im täglichen Leben berücksichtigt.

Eine kurze Reise in den leeren Raum

Wer die Wirkung des Denkens auf die reale Außenwelt untersuchen will, muss sich zunächst mit der Frage befassen, worin die Natur der realen Dinge eigentlich besteht, also mit der Frage: Was ist eigentlich Materie? Mit dieser Frage befasst sich die Philosophie seit ihren Anfängen. Sokrates und insbesondere sein Schüler Platon etwa haben sich ausgiebig damit auseinandergesetzt.

Nach Platon sind alle wahrgenommenen Objekte lediglich Schattenbilder ewiger und unwandelbarer Formen und Ideen. In seinem berühmten Höhlengleichnis sitzen Menschen in einer Höhle und blicken an eine Wand, auf welche die Welt in Schattenbildern projiziert wird. Die Menschen sehen also nur die Schatten und halten diese für die Realität. Würden sich die Menschen umdrehen (können), so würden sie die Realität sehen und das Feuer, das für die Projektion verantwortlich ist.

Aristoteles dagegen glaubte an eine große Entwicklungskette des Seins und an eine fortschreitende Entwicklung der Natur in dieser Seinskette, die – von unbelebten Objekten über Pflanzen bis hin zum Menschen – vom Reifen der Seele begleitet werde. Die Natur wandelt sich danach mit stetig zunehmender Komplexität vom Unvollkommenen zum Vollkommenen.

Demokrit schließlich begründete die Annahme, dass die Natur aus unteilbaren (griechisch: a-tomos) und unzerstörbaren kleinsten Bausteinen aufgebaut sei.

Was aber ist nun Materie?

Nun, wir werden vermutlich mit einiger Überzeugung antworten: »Materie besteht aus Atomen, diese wiederum aus dem Atomkern und den ihn umkreisenden Elektronen, wobei sich der Atomkern aus Neutronen und Protonen zusammensetzt.« Mittlerweile wird angenommen, dass die Protonen und Neutronen wiederum aus noch viel kleineren Teilchen, den Quarks, aufgebaut sind und diese ihrerseits aus Pre-Quarks. Vermutlich können auch die Pre-Quarks in noch kleinere Bestandteile zerlegt werden.

Auch durch diese Forschungsergebnisse fühlt man sich in der Annahme bestätigt, dass Materie etwas Festes ist und letztlich aus Materieklumpen besteht. Doch halt! Schauen wir uns die Dinge erst einmal genauer an.

Materie ist leerer Raum

Der Durchmesser eines Atoms beträgt etwa einen Hundertmillionstelzentimeter, der des Atomkerns ungefähr den zehntausendsten Teil davon. In seinem Buch *Das Tao der Physik. Die Konvergenz der westlichen Wissenschaft und östlicher Philosophie* veranschaulicht der Physiker und Systemtheoretiker Fritjof Capra die Dimensionen: Wenn man ein Atom auf die Größe des Petersdoms im Rom vergrößert, so nimmt der Atomkern die Größe eines Salzkorns an. »Ein Salzkörnchen in der Mitte des Petersdoms und Staubteilchen, die durch den weiten Raum des Doms wirbeln – so können wir Kern und Elektronen eines Atoms darstellen.«[11] Die Quarks wiederum haben etwa ein Zehntausendstel der Größe eines mittleren Atomkerns.

So betrachtet besteht das Atom überwiegend aus leerem Raum. Könnte man, erläutert der Naturwissenschaftler und Mystiker John Davidson, aus unserem Planeten Erde jeden Raum herauspressen, so würde er die Größe eines Tennisballs annehmen.[12]

Wenn wir die Gegenstände unserer alltäglichen Umgebung trotzdem als feste Objekte erfahren, dann liegt das allein an den Kräften, die zwischen den Atomen und Molekülen wirken.

Die virtuellen Teilchen des Physikers Paul Dirac

Je tiefer man in die Materie eindringt, desto mehr leeren Raum findet man. Aber ist es wirklich leerer Raum?

Bereits 1928 hat ein junger Physiker, Paul Dirac (der später an der Formulierung der Quantentheorie maßgeblich beteiligt war), eine andere Theorie aufgestellt und mathematisch bewiesen. Experimentalphysiker haben seine Theorie später bestätigt. Ihr zufolge besteht der Raum aus einem Ozean virtueller Elektronen.

Virtuell ist nicht gleichbedeutend mit nicht real, sondern heißt, dass diese Elektronen in ihrer besonderen Form für uns nicht direkt zu beobachten sind, weil sie nicht zu unserer »realen« Welt gehören. Wenn ein Elektron aus dem virtuellen Ozean in unsere reale Welt hinüberspringt, verbleibt in dem virtuellen Ozean ein entsprechendes Gegenstück – ein positiv geladenes Elektron, das Positron. Die Existenz solch einer Elektron-Positron-Kombination ist durch die Experimentalphysik bestätigt worden.

Der Ozean dieser virtuellen Teilchen ist das, was wir zuvor als leeren Raum bezeichnet haben. Er enthält eine Energie, die Vakuum- oder Nullpunktenergie. Sie hat ihre Ursache in dem ständigen Auftauchen und Abtauchen unzähliger Elektron-Positron-Paare aus dem virtuellen Ozean und wieder in ihn zurück. Zwar lassen sich die virtuellen Teilchen nicht direkt beobachten, aber deswegen sind sie nicht fiktiv. Die negativen Energiezustände des Vakuums können durch eine genügend hohe Energie (etwa 10^{27} Erg/cm³) dazu angeregt werden, ein entsprechendes positives und damit beobachtbares Teilchen zu generieren (Paar-Erzeugung).[13]

Auch der materiefreie Raum enthält also Energie. Nach neueren Schätzungen so viel, dass, wie Jeremy Hayward versicherte, ein »Fingerhut von Raum genügend Nullpunkt-Energie enthält, um alle Weltmeere verdampfen zu lassen.«[14]

Hal Puthoff: Wirkungen auf der Makroebene des Beobachtbaren

Die geschilderten Sachverhalte sind nicht nur für die Vorgänge auf atomarer bzw. subatomarer Ebene von Bedeutung. Der Physiker Hal Puthoff konnte nachweisen, dass jede Materie ständig mit der Vakuumenergie interagiert und diese Energie für die Aufrechterhaltung des Materieaufbaus notwendig ist. Nach Puthoff würden alle atomaren Strukturen ohne diese

Energie in sich zusammenfallen. Indiz für die ständige Interaktion der Materie mit der Nullpunkt-Energie sei die Trägheit von Körpern als der Widerstand, den die Nullpunktenergie der Bewegung entgegensetzt.[15]

Die Nullpunkt-Energie ist offensichtlich das Medium, das letztlich alles mit allem verbindet, da alles aus der Vakuumenergie heraus erzeugt wird. Das heißt, über die Vakuumenergie ist auch der einzelne Mensch mit anderen Menschen und dem ihn umgebenden Kosmos verbunden. Puthoff bezeichnet die Vakuumenergie als physikalischen Ausdruck des »allgegenwärtigen, alles durchdringenden Energieozeans, der alle Phänomene zusammenhält und trägt und in ihnen manifestiert wird«.[16]

Die neuere Forschung scheint zu belegen, dass Trägheit, Masse und auch Schwerkraft Produkte der Interaktionen mit dem Vakuum sind. Das Vakuum ist danach nicht eine wissenschaftliche Fiktion, sondern eine reale physikalische Größe, die das gesamte Universum einschließlich der vorhandenen Objekte durchdringt und für das Verständnis der Natur und der Makromechanismen fundamental ist.[17] Auch diese Einsichten bestätigen die bereits dargestellte Auffassung, dass alles mit allem verbunden ist. Alle Materie besteht demnach letztlich aus Energie, aus dem Tanz der Elektron-Positron-Teilchen, aus der Vakuumenergie.

Die Schöpfung kann also entgegen der Ansicht der Religion nicht als einmaliges Ereignis betrachtet werden, das sich vor langer Zeit begeben hat. Sie ist als Tanz der Teilchen vielmehr eine Dauervorführung. »Sie findet«, so auch John Davidson in *Das Geheimnis des Vakuums*, »rund um uns herum und in uns statt, genau jetzt.«[18]

Die Vakuumenergie ist in ihrem eigentlichen Zustand, ihrem Ruhezustand der potenziellen Energie, nicht messbar.

Messbar sind nur die Veränderungen dieses Zustands, die als subatomare Teilchen, elektromagnetische Strahlung und Kräfte auftreten – quasi als Wellen und Blasen auf der Oberfläche des Ozeans der virtuellen Energie.

Diese subatomaren Teilchen sind keine kleinen, unteilbaren und festen Materieklumpen, sondern eher vibrierende, wirbelnde Energiestrudel. Die Bewegung in den subatomaren Teilchen ist für ihre Existenz grundlegend. Ein ruhendes Teilchen gibt es nicht.

Denken wirkt im Raum. Bewusstsein existiert nicht nur im Kopf

Zu Beginn des 20. Jahrhunderts entwickelte sich eine radikal neue Sichtweise der Welt: die Quantenphysik. Die Implikationen der in den Zwanzigerjahren von Einstein entwickelten Relativitätstheorie waren gerade erst verdaut, als eine Gruppe von Wissenschaftlern (u. a. der Däne Niels Bohr, der Franzose Louis de Broglie, die Österreicher Erwin Schrödinger und Wolfgang Pauli, der Deutsche Werner Heisenberg sowie der Engländer Paul Dirac) ihre Erklärungen der Materie und der subatomaren Welt veröffentlichten. Die Basis hierfür lieferte die Entdeckung von Max Planck, dass Wärmeenergie nicht kontinuierlich, sondern in Form von Energiepäckchen, Quanten abgestrahlt wird.

Das Doppelspalt-Experiment

Die als Photonen bezeichneten Quanten des Lichts – masselose Teilchen, die sich mit Lichtgeschwindigkeit bewegen – haben in physikalischen Versuchen höchst merkwürdige Eigenschaften gezeigt:

In dem berühmten Doppelspalt-Experiment sendet eine Licht-quelle einzelne Photonen durch einen sehr schmalen Schlitz in einem Schirm auf eine dahinter aufgebaute Platte. Auf dieser Platte entsteht dann ein Beugungsmuster – entsprechend der Wellennatur des Lichts.

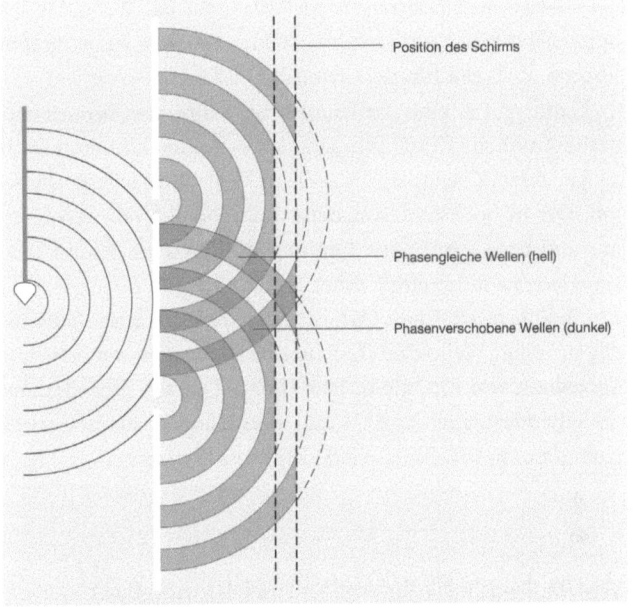

Abbildung 3: Interferenzmuster

So weit, so gut. Interessant wird es allerdings, wenn ein wei-terer Schlitz in dem Schirm geöffnet wird. Es zeigen sich dann auf der Platte Überlagerungen von zwei Beugungsmustern. Diese Beugungsmuster erinnern an die Überlagerung von Wel-len auf einer Wasseroberfläche.

Dies überrascht, da nachweislich nur jeweils ein Teilchen ausgesendet wurde und dieses Teilchen doch entweder durch den einen oder durch den anderen Schlitz gehen müsste – oder? Wie also kommt dieses Überlagerungsmuster zustande? Wie kann sich ein Photon gleichzeitig durch beide Schlitze hindurchbewegen? Oder, wenn man statt des Korpuskelmodells das zweite Erklärungsmodell für Licht, das Wellenmodell, heranzieht: Wie kann ein als einzelnes Teilchen ausgesendetes Photon als Welle Interferenzmuster bilden?

Dafür gibt es eine seit Langem bekannte, aber immer wieder erstaunliche Erklärung: Elementarteilchen können sowohl als Teilchen (Korpuskel) als auch als Welle in Erscheinung treten. Das ist höchst seltsam, denn während ein Teilchen Energie und Masse auf einen bestimmten Punkt im Raum konzentriert, ist die Energie einer Welle über den Raum verteilt. Ein Teilchen hat einen Ort, ist also lokalisiert, eine Welle dagegen nicht. Welle und Teilchen bilden wegen der Art ihrer Verteilung von Energie in Raum und Zeit also einander ausschließende Gegensätze. Wieso aber können Elementarteilchen dann nachweislich beide Eigenschaften haben?

Wahrscheinlichkeitswellen und Tunneleffekt

Die Antwort liegt in dem Verständnis von Materie. Wie bereits erläutert ist ein Teilchen auf der subatomaren Ebene kein an einem bestimmten Ort fixiertes, festes Klümpchen. Ebenso laufen die Vorgänge auf subatomarer Ebene nicht zu festen Zeiten ab. Auf dieser Ebene weisen die Teilchen lediglich die Tendenz auf zu erscheinen.[19]

Bei diesem Phänomen handelt es sich um das von Werner Heisenberg entdeckte Unbestimmtheitsprinzip (auch unter dem missverständlichen Begriff Unschärferelation bekannt), wonach man nie gleichzeitig die Geschwindigkeit und den Ort eines subatomaren Teilchens erfassen kann. Man kann lediglich berechnen, mit welcher Wahrscheinlichkeit ein Teilchen mit einer bestimmten Geschwindigkeit an einem bestimmten Ort erscheinen wird. Diese Erscheinungstendenzen werden mathematisch als Wahrscheinlichkeitswellen dargestellt. Dabei gilt: je größer die Welle, desto höher die Wahrscheinlichkeit, an diesem Punkt auf ein Photon zu treffen.

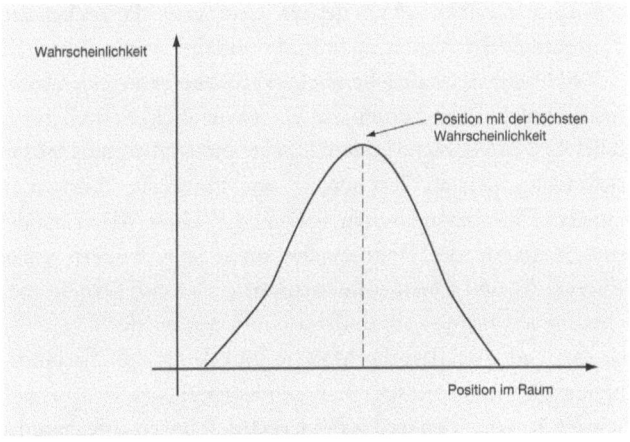

Abbildung 4: Heisenberg'sches Unbestimmtheitsprinzip

Wahrscheinlichkeitswellen sind keine unmittelbar wahrnehmbaren Wellen wie zum Beispiel Wasser- oder Schallwellen. Es sind, so Fritjof Capra, vielmehr mathematische Funktionen mit den Eigenschaften von Wellen, »die über die Wahrscheinlichkeit Auskunft geben, mit welcher die Teilchen an bestimmten Orten und zu bestimmten Zeiten anzutreffen sind«.[20] Ein subatomarer Vorgang ist daher nicht sicher zu prognostizieren. Man kann nur angeben, wie wahrscheinlich sein Auftreten ist.

Die Wahrscheinlichkeitswellen breiten sich über den Raum aus, weshalb einzelne Teilchen eigentlich unüberwindbare Ereignisse durch Tunnel oder mittels Quantensprung überwinden können. Das Teilchen befindet sich mit einer bestimmten Wahrscheinlichkeit vor einem Hindernis und mit einer bestimmten Wahrscheinlichkeit hinter diesem Hindernis. Es entsteht der verblüffende, aber eindeutig nachweisbare Quanten-Tunnel-Effekt, ohne den beispielsweise Fernsehgeräte, Computer oder Radios nicht funktionsfähig wären.[21]

Nicht nur das wahrscheinliche Verhalten einzelner subatomarer Teilchen wird durch die Wahrscheinlichkeitswellen beschrieben, sondern sie bilden Aspekte eines Materiefeldes mit den Elektronen als Teilchen, so wie Photonen Teilchen in einem elektromagnetischen Feld sind.[22] Diese Materiefelder sind Zustände des Raumes, der nicht leer, sondern voller Energie ist und Quantenfluktuationen aufweist: Ständig tauchen neue Quanten auf und verschwinden wieder.[23]

Das bedeutet, dass die Materie und damit die uns umgebende Welt nicht aus starren, festen Körpern, sondern aus sich ständig bewegenden und verändernden Teilchen aufgebaut ist, aus wellenartigen Wahrscheinlichkeiten nicht von einzelnen Objekten, sondern von Zuständen: *Alles ist möglich!*

Besonders erstaunlich ist die Eigenschaft der Nichtlokalität der Teilchen. Die Quantenphysik hat belegt, dass sich die in den Wahrscheinlichkeitswellen auftretenden Teilchen über die normalen Grenzen von Raum und Zeit hinwegsetzen. Dazu der Systemtheoretiker und Zukunftsforscher Ervin Laszlo: »Ein Teilchen ist nicht nur nicht genau an einem Ort lokalisierbar (Ortsunschärfe), sondern es befindet sich an mehreren Orten gleichzeitig – es ist ›nicht lokal‹.«[24]

Unser Weltbild, das auf in Raum und Zeit lokalisierten Teilchen basiert, muss daher, so Jeremy Hayward unter Hinweis auf den Physiker Niels Bohr, »durch das Bild einer Welt ergänzt werden, die aus in Raum und Zeit ausgebreiteten und interagierenden Feldern (Wellen) besteht«.[25]

Nach Bohr und Heisenbergs Unbestimmtheitsprinzip sind diese beiden Betrachtungsweisen komplementär, aber der Betrachter kann, wie dargestellt, die Teilchen immer nur aus einer Perspektive beobachten. Elementarteilchen sind danach keine diskreten Einzelerscheinungen. Vielmehr sind diese Teilchen, genauso wie die Messapparaturen der Physiker und wie die Physiker selbst, eher als Wellen des Vakuumenergiefeldes aufzufassen.

Nichtlokalität: das Einstein-Podolsky-Rosen-Experiment

Es gibt noch weitere für unser gewohntes Weltbild erstaunliche Erkenntnisse über die Materie, und zwar über die Wechselwirkungen zwischen Teilchen, die zuvor vereinigt waren und dann getrennt werden. Die Wechselwirkungen zwischen ihnen wurden in einem Experiment, das von Einstein und seinen Kollegen Podolsky und Rosen bereits 1935 konzipiert und 1982 von Alain Aspect realisiert wurde, untersucht: Ein

Paar identischer – das heißt im gleichen Quantenzustand befindlicher Teilchen – wird getrennt. Beide Teilchen bewegen sich auf entgegengesetzten Bahnen voneinander fort.

Es zeigt sich, dass der Messvorgang an dem einen Teilchen unmittelbar auf das andere Teilchen zurückwirkt. Durch das Messen (Beobachten) des einen Teilchens geht der indeterministische Quantenzustand beider Teilchen in den für beobachtete Teilchen typischen deterministischen Zustand über. »Im Augenblick der Messung des ersten Teilchens bricht die Wellenfunktion von beiden Teilchen zusammen«, bestätigt beispielsweise auch Ervin Laszlo.[26]

Überraschend bei diesen Vorgängen ist, dass sie unabhängig vom räumlichen Abstand der Teilchen auch auf sehr große Entfernungen wirken. Ferner tritt die Wechselwirkung unmittelbar ein, das heißt faktisch ohne zeitliche Verzögerung. Die Korrelation zwischen den Teilchen kommt also schneller als mit Lichtgeschwindigkeit zum Tragen.[27]

Während man ursprünglich annahm, dass nur solche Teilchen in Korrelation stehen, die zuvor vereint waren, zeigte ein Experiment des Kernphysikers Enrico Fermi im Jahr 1995, dass auch solche Teilchen in Wechselwirkung miteinander treten können, die zuvor nicht vereint waren. Das bedeutet letztlich, so Ervin Laszlo, »dass alle Quanten jederzeit und quasi simultan in Korrelationsbeziehung treten können«.[28]

Eine Erklärung hierfür liefert die Urknalltheorie: Wenn es zutrifft, dass alle Materie, Raum und Zeit aus einem dimensionslosen Punkt unendlicher Dichte und Energie entstanden sind, waren zu diesem Zeitpunkt alle Elemente in dieser Singularität vereint, und es besteht immer eine Verbindung zwischen allen Teilchen.

Aber wie kann ein Teilchen von dem anderen »wissen«? Wie kann ein Ereignis an einem Ort A ein Ereignis an einem Ort B bewirken, und zwar unabhängig von der Entfernung zwischen A und B? Und wie kann die Wirkung simultan auftreten? Gibt es ein Trägermedium zwischen den Teilchen, in dem Informationen schneller als mit Lichtgeschwindigkeit übertragen werden?

Der gesunde Menschenverstand scheint (auch) an dieser Stelle überfordert. Wenn zwei Objekte voneinander getrennt sind, kann zwischen ihnen keine Wechselwirkung bestehen – es sei denn, es gibt eine verbindende Kraft zwischen ihnen, ein verbindendes Medium oder dergleichen.

Einiges spricht dafür. Zumindest belegt die Quantenphysik, dass die Verbindung zwischen Quantenereignissen eine grundlegende Eigenschaft der physikalischen Welt ist. Eine wachsende Zahl von Physikern beschäftigt sich daher mit der Frage, was das Prinzip der Nichtlokalität oder Akausalität (da die oben beschriebene Wirkung auf das zweite Teilchen scheinbar ohne eine Verursachung eintritt, wird dieser Effekt auch als Akausalität bezeichnet) in letzter Konsequenz für das Wesen der physikalischen Welt und damit auch für unsere täglich erlebte Welt bedeutet.

Festzuhalten ist:

- Materie besteht nicht aus festen Bausteinen.
- Subatomare Teilchen sind dualistisch: Sie sind sowohl Teilchen (lokal) als auch sich im Raum ausbreitende Wellen (nicht lokal).
- Subatomare Teilchen stehen miteinander in Wechselbeziehung (Prinzip der Nichtlokalität oder Akausalität).

- Die Wechselwirkung zwischen den Teilchen ist unabhängig von der Entfernung zwischen ihnen.
- Die Wechselwirkungen erfolgen schneller als mit Lichtgeschwindigkeit (was eigentlich ein Verstoß gegen Einsteins Relativitätstheorie ist, wonach sich nichts schneller als das Licht bewegen dürfte, obgleich im Zoo der Teilchen auch Tachyonen entdeckt wurden, die sich offenbar schneller als das Licht bewegen können).[29]

Den Erkenntnissen der Quantenphysik zufolge besteht die Welt aus einer äußerst komplexen Matrix von Zusammenhängen zwischen den einzelnen Teilen des Ganzen, die alle irgendwie miteinander verbunden sind. Unabhängige kleinste Teilchen gibt es nicht!

Das für uns zunächst Überraschende ist, dass nicht nur der Mensch selbst, sondern auch der Akt seiner Beobachtung in diese Zusammenhänge eingebunden ist. Dazu Fritjof Capra: »Der menschliche Beobachter bildet immer das Schlusslicht in der Kette von Beobachtungsvorgängen, und die Eigenschaften eines atomaren Objektes können nur in Begriffen der Wechselwirkung zwischen Objekt und Beobachter verstanden werden.«[30] Mit anderen Worten: Eine objektive, vom Einzelsubjekt gelöste Beobachtung gibt es nicht, weil jede Beobachtung die vorherige Auswahl einer Beobachtungsperspektive verlangt und dadurch das Beobachtungsgeschehen perspektivisch beeinflusst. Das bedeutet, dass eine Trennung von Ich und Welt, von Subjekt (Beobachter) und Objekt (Beobachtetem) nicht aufrechterhalten werden kann.

Wir müssen die Materie und die Welt also mit anderen Augen betrachten, denn sie bestehen aus vielfältig miteinander vernetzten Wahrscheinlichkeiten und Möglichkeiten. Und

wie bereits skizziert spricht Vieles – etwa Heisenbergs Unbestimmtheitsprinzip – dafür, dass der Beobachtende durch die
Einnahme seiner Perspektive darüber entscheidet, welche
Struktur oder welches Phänomen aus der Matrix an Wahrscheinlichkeiten und Möglichkeiten zum Tragen kommt, so
wie der Beobachter beispielsweise bewusst oder unbewusst
darüber entscheidet, ob er das Licht als Welle oder als Teilchen
beobachtet.

All dies lässt nur einen Schluss zu: Das Bewusstsein oder die
mentale Einstellung nimmt Einfluss auf die Erscheinungsweise von Materie und Energie!

Die Einheit von Geist und Materie

Zu diesem Phänomen hat unter anderem der Quantenphysiker David Joseph Bohm Stellung genommen. Nach Bohm ist
die Welt als unteilbares Ganzes zu betrachten. »In dieser Ganzheit sind wir wirklich alle Teile des Universums, auch der Beobachter und seine Instrumente, miteinander verschmolzen
und vereinigt.«[31]

Durch unser Denken und unsere Sprache lösen wir nun
einzelne Dinge aus dieser Einheitlichkeit heraus und definieren und behandeln sie als Einzelobjekte. Aber auch Geist und
Materie, so Bohm, sind Produkte des Denkens, da sie nur in
unserem Denken isoliert betrachtet werden können. Und weil
wir das tun, glauben wir, dass es auch tatsächlich so ist. Damit
wird die Vorstellung von etwas (Glaubenssatz) zur vermeintlichen Realität.

Nach Bohm sind Geist und Materie jedoch ebenso wie

alle anderen Dinge, Vorgänge etc. in eine Ganzheit eingefaltet. Diese Ganzheit umfasst die Summe von Potenzialitäten und beinhaltet eine Matrix von Möglichkeiten. So wie es eine Frage der vom jeweiligen Subjekt getroffenen Auswahl ist, welche Objekte aus der Ganzheit herausgelöst werden, ist es eine Frage der Auswahl des Versuchsaufbaus, was (Welle oder Teilchen) beobachtet wird.

Etwas vereinfacht könnte man auch sagen: Man findet, was man sucht. Entsprechend bewusst muss man sich dessen sein, wie sehr das Denken die Wahrnehmung und damit die (vermeintliche) Realität beeinflusst. Realität wird stets durch die eigene Perspektivik, durch die eigenen (richtigen oder falschen) Glaubenssätze verzerrt wahrgenommen. Man sieht, was man glaubt. Eine Änderung der Perspektive und der Glaubenssätze verändert entsprechend unsere Wahrnehmung und damit unsere Realität.

Es bleibt die Frage, ob es angesichts der Vernetztheit aller Dinge nicht auch eine direkte Beeinflussung von Materie durch Bewusstsein und Denken gibt. Kehren wir erneut zum Korpuskel- und Wellenmodell von Heisenberg zurück: Ohne Beobachtung gibt es nur eine Wahrscheinlichkeit von 50 Prozent für den einen oder den anderen Zustand. Die Quantenmechanik bezeichnet dies als »kohärente Überlagerung beider Zustände«, das heißt, beide Zustände existieren in ihrer Überlagerung (sogenannte Superposition). Wird durch die Wahl der einen oder anderen Versuchsanordnung nun eine bestimmte Beobachtungsperspektive eingenommen, wird entsprechend der eine oder andere Zustand zu 100 Prozent realisiert, also auf die Teilcheneigenschaft und damit auf die Materie Einfluss genommen.

»Im Bewusstsein sind kohärente Superpositionen transzendente Objekte. Sie werden erst immanent, wenn das Bewusstsein durch den Beobachtungsprozess aus der Mannigfaltigkeit der kohärenten Superposition einen Aspekt auswählt«, meint auch der Physiker Amit Goswami und betont die Regelhaftigkeit dieser Abläufe: »Das Bewusstsein ist an Gesetze gebunden. Die schöpferische Kraft des Kosmos ist nichts Willkürliches, Regelloses; sie kommt aus dem Schöpferischen seiner Quantengesetze.«[32]

Durch Denken und Beobachtung bewirkt das Bewusstsein, dass aus einem Potenzial von Möglichkeiten eine Alternative herausgelöst und realisiert wird, wobei die Auswahl durch die vorhandenen Wahrscheinlichkeiten beschränkt ist.

Bewusstsein ist nicht auf das Gehirn beschränkt

Funktionieren kann diese Einflussnahme des Bewusstseins auf das Sein allerdings nur, wenn das Bewusstsein nicht nur auf das Gehirn des Einzelindividuums beschränkt ist, sondern über seine lokalen Grenzen hinausgeht. Das geschieht ganz offensichtlich immer dann, wenn der Einzelne Denken in Handeln umsetzt und durch seine Handlungen in seine Umwelt eingreift. Aber nicht nur das: Es versteht sich, dass das Bewusstsein ebenso wie die übrige erfahrbare Welt den Gesetzen der Quantenphysik unterliegt. Entsprechend hat das im Körper lokalisierte Bewusstsein einen Teilchencharakter. Gleichzeitig besitzt es aber auch Wellencharakter und breitet sich in Raum und Zeit aus, genau wie die Wahrscheinlichkeitswellen der

Quanten. »Am wichtigsten dabei ist«, betonen Robert Jahn und Brenda Dunne, »dass die von ihnen [auf den Wellen] beförderte Information und Energie über weite Bereiche von Raum und Zeit verteilt sein können, anstatt in einem eng begrenzten Gebiet lokalisiert zu sein.«[33]

Was bringt die Welt in Form? Felder, Resonanzen und Wiederholungen

Die Beantwortung der Frage, welche Eigenschaft sich bei einem bestimmten Objekt zeigt, setzt voraus, dass geklärt ist, welche Eigenschaften ein Objekt hat, und vor allem, warum das Objekt diese Eigenschaften hat. Warum sieht ein Baum aus wie ein Baum? Warum hat eine Eiche in Amerika die gleiche Form wie eine Eiche in Europa? Warum sind sich die Eichen zwar sehr ähnlich, aber dennoch nicht identisch? Woher weiß ein Atom, ein Molekül, dass es an dieser Stelle des Körpers zu einer Hand gehört und an jener Stelle des Körpers zu einem Fuß? Wie kann aus der Teilung identischer Zellen ein menschlicher Körper mit all seinen hoch differenzierten Organen werden? Wie kann zum Beispiel eine menschliche Hand eine fehlende Fingerkuppe neu herausbilden, die dem alten Original bis ins Detail gleicht? Selbst der Fingerabdruck wird reproduziert![34]

Wie also kommt ein Organismus zu der Information über die Ausgestaltung seiner Form? Dass der Schlüssel hierfür allein in den Genen liegt, konnte bisher offenbar nicht eindeutig nachgewiesen werden. Man hat lediglich festgestellt, dass durch die Entfernung von Genen bestimmte Missbildungen eintreten. Solche Experimente haben aber den gleichen

Beweiswert, den es hat, wenn man bei einem Fernseher einen Chip entfernt und, wenn der Fernseher dann keine Programme mehr empfangen kann, behauptet, dass sich diese offensichtlich in dem Chip befinden.

Die Frage nach der Entstehung der Formen des Lebens ist nach wie vor eines der großen Rätsel der Wissenschaft. Lassen Sie uns daher ein wenig tiefer einsteigen.

Morphische Felder

Mit der Frage nach der Formenbildung in der Natur hat sich etwa der Biochemiker Rupert Sheldrake auseinandergesetzt. Ihm zufolge werden alle Formen in der Natur durch morphische Felder beeinflusst, die als »formbildende Verursachung« für die Entwicklung von Strukturen verantwortlich sind.

Diese Felder fungieren als eine Art Gedächtnis der Natur: Alle natürlichen Systeme, so Sheldrake, übernehmen von allen früheren Exemplaren ihrer Art eine kollektive Erinnerung, unabhängig davon, wann und wo diese existiert haben. Diese Erinnerung werde durch Wiederholung immer weiter ausgeprägt. »Die Dinge sind, wie sie sind, weil sie so waren, wie sie waren.«[35]

Dies gilt für das subatomare Teilchen ebenso wie für den gesamten Kosmos. Wenn jedem Objekt ein eigenes morphisches Feld zugeordnet werden kann, müssen hierarchisch aufgebaute Objekte auch entsprechend hierarchisch aufgebaute morphische Felder haben. Wenn sich also die subatomaren Teilchen eines Objekts zu Atomen, diese zu Molekülen, diese wiederum zu Zellen und Zellverbänden und diese schließlich zu Gewebe und Organen usw. aufbauen, müssen entsprechend aufeinander aufbauende morphische Felder bestehen, die den Aufbau der einzelnen Objekte und deren Form bestimmen. Ein übergeordnetes Feld (zum Beispiel das Feld des Atoms) muss dann über das Feld der subatomaren Teilchen hinausgehen und diese gleichzeitig enthalten.

Auch der einzelne Mensch schöpft aus der kollektiven Erinnerung der Felder und trägt seinerseits zu ihr bei. Aber nicht nur kollektive Merkmale wie sein Sprachvermögen werden durch die formbildende Verursachung der morphischen Felder geprägt. Auch die individuellen Fähigkeiten, Vorlieben, Abneigungen, Kenntnisse etc. des Einzelnen beruhen auf diesem Prinzip und sind durch die in seinem individuellen morphischen Feld gespeicherte Erinnerung geprägt.

Die persönlichen Gewohnheiten des Individuums sind demnach das Ergebnis des kumulierten Einflusses seines früheren Verhaltens. »Der Erinnerungsgehalt eines morphischen Feldes ist kumulativ, und das ist der Grund dafür, dass alle Dinge durch Wiederholung immer mehr den Charakter des Gewohnheitsmäßigen annehmen«, erläutert Sheldrake und fährt mit Blick auf das Ganze fort: »Wenn dieser Wiederholungsprozess sich über Milliarden von Jahren hingezogen hat, wie es bei Atomen und den meisten Arten von Molekülen und Kristallen der Fall ist, so hat sich die Eigenart dieser Dinge so tief habitualisiert, dass sie praktisch zu ihrer unwandelbaren, ja scheinbar sogar ewigen Natur geworden ist.«[36]

Gestalt und Eigenschaft der Dinge werden also von morphischen Feldern bestimmt. Jedes System oder Objekt besitzt ein eigenes Feld beziehungsweise eigene Felder. »Alle Arten von Atomen, Molekülen, Kristallen, lebendigen Organismen, Gesellschaften, Konventionen und mentalen Gewohnheiten werden von solchen Feldern geformt«, erklärt Sheldrake. »Morphische Felder sind, wie die bekannten Felder der Physik, nicht-materielle Kraftzonen, die sich im Raum ausbreiten und in der Zeit andauern. Sie befinden sich innerhalb und in der Umgebung des Systems, welches sie organisieren.«[37]

Wenn ein organisiertes Objekt aufhört zu existieren – zum Beispiel wenn eine Schneeflocke schmilzt oder ein Mensch stirbt –, verschwindet das morphische Feld nicht. Es bleibt als potenzielles Organisationsmuster bestehen, das sich zu einer anderen Zeit und an einem anderen Ort wieder konkretisieren kann, wenn die entsprechenden physikalischen Bedingungen gegeben sind. Diese von Zeit und Raum unabhängige Übertragung formender Kausaleinflüsse bezeichnet Sheldrake als morphische Resonanz.

Resonanz und Feld

Sheldrakes Modell steht im Widerspruch zu den gängigen Theorien der Naturwissenschaften, die Vererbung, Formbildung etc. auf materielle Faktoren zurückführen. Allerdings ist trotz erheblichen Forschungsaufwands der Kausalzusammenhang zwischen einem vererbten Merkmal und der Ursache für dieses Merkmal noch immer ungeklärt.

Die persönliche Erinnerung ist nach der vorherrschenden Meinung der Wissenschaft ebenfalls im Nervensystem gespeichert, und zwar im limbischen System. Aber wo dort genau?

Man hat Ratten sukzessiv Teile des Gehirns entfernt, um

auf diese Weise herauszufinden, an welcher Stelle vorher antrainierte Verhaltensmuster gespeichert sind, berichtet Ervin Lazlo. »Das Erinnerungsvermögen nahm zwar in Proportion zu der entfernten Menge an Gehirnsubstanz ab, doch ein gewisser Rest an Erinnerung blieb stets erhalten. Das Gedächtnis schien das Rattenhirn als Ganzes zu bewohnen.«[38]

Auch hier sind also noch keine »Erinnerungsschaltkreise« oder Ähnliches gefunden worden. Aus der Hirnforschung weiß man lediglich, dass bestimmte Hirnregionen für bestimmte Funktionen (Erinnern, Sprechen, Sehen, Denken, Träumen etc.) zuständig sind. Möglicherweise sind diese Hirnregionen jedoch nur Übertragungsmedien, eine Art Empfänger für Informationen, die in einem morphischen Feld zur Verfügung steht. Möglicherweise sind auch Gene nur die Übermittler entsprechender Erbinformation. Insbesondere die Rückführung angeborener Verhaltensweisen auf die Gene wirkt wenig überzeugend. Es würde schließlich auch niemand ein Fernsehprogramm in den Bauteilen des Fernsehers vermuten. Auch hier befindet sich der Empfänger (Fernseher) in dem Feld (Programm) und nicht umgekehrt.

Das Programm ist im Raum verteilt und kann an allen Stellen des Raumes empfangen werden. Warum sollte das Erinnern lokalisiert und auf das Gehirn begrenzt sein? Wäre es nicht denkbar, dass das Gehirn als eine Art Empfänger im Feld des Erinnerns fungiert? Denken und Erinnern könnten dann durch Einstimmung auf das richtige Feld und durch Wahl der richtigen Resonanz (entsprechend der Frequenzwahl eines Fernsehempfängers) erfolgen.

Es zeichnet sich damit ein neues Modell, eine neue Sichtweise der Wirklichkeit ab. Jede Zeit hat ihr eigenes allgemein anerkanntes Erklärungsmodell, dessen Grundannahmen nicht mehr oder kaum noch infrage gestellt und im Laufe der Zeit als gesichertes Wissen angesehen werden, obwohl es lediglich Annahmen sind.

Aber was sind nun Felder im Allgemeinen und morphische Felder im Besonderen?

Wir kennen zahlreiche Arten von Feldern. So sorgt das uns umgebende Gravitationsfeld der Erde dafür, dass Dinge ihr Gewicht erhalten und wir auf dem Boden bleiben. Das elektromagnetische Feld transportiert Energie und Informationen und bildet die Voraussetzung für das Funktionieren unseres Gehirns und Körpers ebenso wie für das Funktionieren von elektrischen Geräten. Das Licht ist ein Teil des elektromagnetischen Feldes, und wir sehen Dinge nur deshalb, weil wir mit ihnen durch das elektromagnetische Feld verbunden sind und die Schwingungsenergie des Lichts in diesem Feld aufnehmen.

Wir sind von Feldern umgeben, ohne sie direkt wahrnehmen zu können. Wir können Felder nur durch ihre Wirkungen registrieren. Das Feld eines Eisenmagneten zum Beispiel sehen wir nur dann, wenn wir Eisenpfeilspäne um den Magneten herumstreuen. Felder sind zudem nicht-materiell und ganzheitlich, man kann sie nicht zerstückeln.

Außerdem gibt es verschiedene Arten von Materiefeldern (Elektron, Neutron usw.), mikrophysikalische Felder, in denen die Materiepartikel als Quanten von Schwingungsenergie existieren.[39]

Die Physik bemüht sich derzeit, den Beweis anzutreten, dass all diese Felder auf ein einheitliches Urfeld zurückzuführen sind, wobei man von der These ausgeht, dass sich dieses Urfeld erst mit der Ausdehnung und Evolution des Kosmos zu den heute bekannten Feldern der Physik ausdifferenziert hat. Diese Felder werden, wie erwähnt, als Ausgangsbasis der Materie betrachtet. Diese Annahme liefert beispielsweise auch die Erklärung dafür, warum künstliche, synthetisierte Vitamine nicht die gleiche Wirkung besitzen wie die in der Natur vorkommenden Vitamine, obwohl die die gleiche chemische Zusammensetzung haben.

Wie gesagt: Alle Objekte, gleichgültig ob belebt oder unbelebt, und sämtliche Bestandteile dieser Objekte haben ihre morphischen Felder, die ihr Erscheinungsbild und ihr Verhalten durch vorangegangene Formbildungen und Verhaltensweisen von Vorgängern derselben Art von Objekten und Bestandteilen prägen. Jedes Exemplar einer Art wird also von Feldern seiner Art geformt. Gleichzeitig wirkt das Objekt aber seinerseits auf die es beeinflussenden Art-Felder zurück und ist dadurch an der Gestaltung künftiger Exemplare seiner Art mit beteiligt.

Diese gegenseitige Wechselwirkung zwischen Objekt und morphischem Feld lässt sich mit der akustischen Resonanz vergleichen, die sich etwa beim Mitschwingen eines Musikflügels als Resonanzkörper beobachten lässt, wenn man eine angeschlagene, schwingende Stimmgabel daraufsetzt. Während bei der akustischen Resonanz jedoch Schwingungsenergie übertragen wird, erfolgt bei der morphischen Resonanz ein Informationstransfer: Die Resonanzstärke hängt von der zwischen morphischem Feld und Objekt bestehenden Ähnlichkeit ab. »Je ähnlicher ein Organismus früheren Organismen ist, desto stärker ist die morphische Resonanz.«[40] Und je stärker die Resonanz ist, desto stärker wird die Ausprägung des Objekts durch das Feld. Oder anders ausgedrückt: Je besser der Empfänger auf den Sender eingestellt ist, desto besser ist der Empfang.

Wie jede Resonanz weist auch die morphische Resonanz rhythmische Muster auf, die in der Natur auf jeder Organisationsebene zu finden sind. Subatomare Teilchen zeigen ebenso beständige Schwingungsbewegungen wie etwa Eiweißmoleküle mit ihrer wellenartigen Bewegung in spezifischer Frequenz. Deshalb wird Materie von der Physik als im rhythmischen Prozess gebundene und strukturierte Energie definiert. Daraus lässt sich ableiten, dass entsprechend alle Tiere, Menschen, Gesellschaften, Entwicklungen und Prozesse rhythmischen Strukturen oder regelmäßigen Zyklen unterliegen.

Der Einfluss der morphischen Felder auf die jeweiligen Objekte lässt sich nicht eindeutig definieren. Vielmehr muss das Feld einen Wahrscheinlichkeitscharakter haben, da im biologischen Bereich zwei Objekte einer Gattung (beispielsweise zwei Eichen oder zwei Rosen) zwar immer sehr ähnlich, aber nie vollständig identisch sind. Dies dürfte unter anderem mit der Resonanz der zahlreichen früheren Organismen gleicher Spezies zu erklären sein, woraus ein Überlagerungs- oder Durchschnittsbildungseffekt resultiert. Felder prägen die Feldobjekte daher mit Variationsmöglichkeiten. Oder anders formuliert: An den Rändern bildet sich das Neue.

Erstaunlicherweise entsteht innerhalb der jeweiligen Arten trotz aller Verschiedenartigkeit der Organismen stets Ähnlichkeit. Das gilt auch für deren einzelne Bausteine. So erneuern sich die Zellen des menschlichen Körpers in regelmäßigen zeitlichen Abständen auf immer ähnliche Weise, wodurch die Form des Körpers trotz Austausch der einzelnen Bausteine im Wesentlichen erhalten bleibt. Bewirkt durch die Eigenresonanz: Die morphische Resonanz ist umso stärker, je ähnlicher die in Resonanz stehenden Muster sind. Am ähnlichsten dürften in aller Regel die aktuellen Muster eines Organismus und die Muster der früheren Zustände dieses Organismus sein.

Die Eigenresonanz führt also zu einer Selbststabilisierung des morphischen Feldes und der jeweiligen Organismen, die zugleich durch vorangegangene Organismen gleicher Art geprägt werden. Dazu erneut Sheldrake: »Die Kontinuität jedes selbstorganisierenden Aktivitätsmusters – vom Elektron bis zum Elefanten – wird durch Eigenresonanz mit den Aktivitätsmustern der eigenen Vergangenheit hergestellt. Alle Organismen sind dynamische Strukturen, die sich unter dem Einfluss ihrer eigenen vergangenen Zustände beständig selbst neu erschaffen. … Die Eigenresonanz ist spezifischer und stabilisiert das charakteristische Aktivitätsmuster eines Organismus, während die Resonanz mit ähnlichen Organismen der Vergangenheit die allgemeine Wahrscheinlichkeitsstruktur des Feldes stabilisiert.«[41]

Zusammenfassend ist festzuhalten, dass jeder Organismus eine doppelte Resonanz aufweist:

1. die Resonanz mit den Aktivitätsmustern vergangener Organismen derselben Art,

2. die Resonanz (Eigenresonanz) mit den eigenen Aktivitätsmustern der Vergangenheit.

Beide Arten der Resonanz wirken unabhängig von räumlichen oder zeitlichen Einflüssen. Während die Resonanz mit ähnlichen Organismen einer Spezies die Existenz und die Bewahrung des Grundpotenzials des Organismus sichert, steuert die Eigenresonanz die Art und Weise der Potenzialrealisierung.

Selbstähnlichkeit und Mandelbrot-Fraktale

Das Resonanzprinzip lässt sich in der Natur auch bei der Bildung von Mustern und beim Aufbau von Objekten beobachten. Wenn man die Formation einer Wolke oder eines Stücks Küstenlinie immer weiter vergrößert, findet man auf allen Stufen immer wieder das gleiche Muster. Ein Stück Küstenlinie sieht auch nach hundertfacher Vergrößerung immer noch wie ein Stück Küstenlinie aus, weil sich die Grundstrukturen ständig wiederholen. Der Mathematiker Benoît Mandelbrot befasste sich in seinen bahnbrechenden Arbeiten ausführlich mit diesem Phänomen der Selbstähnlichkeit, also der bei natürlichen ebenso wie bei künstlich geschaffenen Objekten auftretenden Eigenschaft, bei beliebiger Vergrößerung immer wieder dieselben oder ähnliche Strukturen aufzuweisen wie in der Verkleinerung. Für natürliche oder künstliche Gebilde oder geometrische Muster, die einen hohen Grad von Selbstähnlichkeit aufweisen, prägte er den Begriff Fraktal.

Inzwischen wird die Eigenschaft der Selbstähnlichkeit als eine der wesentlichen Grundeigenschaften der Natur betrachtet, die sich überall, beispielsweise bei Wolken, Farnen, Baumrinden, Blitzen oder dem Nervensystem, nachweisen lässt. Die Verwendung gleicher oder ähnlicher Strukturen für den Aufbau von Objekten oder Prozessen entspricht dem in der Natur immer wieder zu beobachtenden Grundsatz der Effizienz und Einfachheit.

Dieser Aufbau natürlicher Systeme bewirkt zugleich eine verstärkte Resonanzbeziehung: Wenn sich ein Muster und damit das entsprechende morphische Feld auf jeder Stufe wiederholt, wiederholen und verstärken sich auch die Resonanzbeziehungen. Auf jeder Stufe ist das Muster in Resonanz mit den Mustern der früheren Stufen und enthält gleichzeitig die Resonanzen mit den Mustern der niedrigeren Stufe.

Es liegt nahe anzunehmen, dass auch mentale Prozesse (etwa Gedanken oder Träume) von der kleinsten Einheit bis zum gesamten, komplexen System einem sich ständig gleich oder ähnlich wiederholenden Muster folgen. Dies gilt umso mehr, als sich in dynamischen Prozessen fraktale Strukturen herausbilden (zum Beispiel beim Wettergeschehen, beim aufsteigenden Rauch einer Zigarre, beim Aufbau von Wellen).

Diese Erkenntnis ist keineswegs neu. Schon vor langer Zeit haben Menschen durch Beobachtung herausgefunden, dass natürliche Objekte und Prozesse offensichtlich komplexe Gebilde aus immer wiederkehrenden Grundmustern darstellen und die Welt nach den Prinzipien der Wiederholung und Resonanz funktioniert. »Wie oben, so auch unten« lautet beispielsweise die Erkenntnis der mittelalterlichen Alchemisten.

Morphische Resonanz und Gedächtnis

Die zuvor aufgeführten Arten der Resonanz eröffnen auch eine neue Sichtweise auf das Erinnerungsvermögen. Wie dargestellt wird durch die morphische Resonanz mit früheren Organismen der gleichen Art ein kollektives Gedächtnis geschaffen. Und die Resonanz mit den eigenen vergangenen Zuständen ist die Grundlage für das individuelle Gedächtnis.

Dementsprechend ist erlerntes Verhalten durch die Resonanz mit den eigenen vergangenen Zuständen bedingt, während instinktives Verhalten durch die Resonanz mit den früheren Organismen der gleichen Art bewirkt wird.

Bislang versucht man in der Wissenschaft, Erinnerung als materielle Spuren der physikalisch-chemischen Verarbeitung des Nervensystems von Erfahrungen zu erklären. Allerdings ist eine eindeutige, exakte Lokalisierung und Analyse solcher Spuren bisher noch nicht gelungen. Darüber hinaus gibt es Berechnungen, wonach ein Mensch im Laufe seines Lebens eine Erinnerungsmenge von etwa $2,8 \times 10^{20}$ (280 Trillionen) Bits sammelt – eine gewaltige Informationsmenge für ein einzelnes Gehirn.

Die Theorie von der morphischen Resonanz macht eine materielle Speicherung von Erinnerung überflüssig, denn danach entsteht Erinnerung durch die Resonanz aktueller Aktivitätsmuster des Gehirns mit ähnlichen Mustern der Vergangenheit. Wenn es nun ein nach dem gleichen Prinzip funktionierendes kollektives Gedächtnis gibt, muss es möglich sein, dass ein erlerntes Verhalten einzelner Mitglieder einer Art durch Resonanzbeziehung auch anderen Mitgliedern dieser Art und dieses kollektiven Feldes zur Verfügung steht. Tatsächlich lassen für diese These zahlreiche Belege anführen. Hier zwei Beispiele:

1. Das Blaumeisenphänomen

Im Jahr 1921 wurden Blaumeisen im britischen Southampton dabei beobachtet, wie sie den Foliendeckel von Milchflaschen aufhackten, um an den nahrhaften, sich am oberen Flaschenhals absetzenden Rahm zu gelangen. Interessanterweise wurde dieses Verhalten zwischen 1930 und 1947 immer häufiger an völlig verschiedenen Orten registriert, die so weit voneinander entfernt lagen, dass ein Erlernen und eine Weitergabe dieses Verhaltens durch Imitation ausgeschlossen werden konnte. Es wurde offenbar vielmehr relativ zeitgleich an verschiedenen Orten in England, Schweden, Dänemark und den Niederlanden unabhängig voneinander entwickelt und beobachtet.

Dieses Phänomen lässt sich mit der morphischen Resonanz erklären: Nachdem eine Blaumeise entdeckt hat, dass sie durch Aufhacken des Foliendeckels von Milchflaschen an den sich absetzenden Rahm gelangt, überträgt sich der mit dieser Entdeckung verbundene Lernprozess durch die Resonanz auf das gesamte kollektive Feld dieser Spezies. Es entsteht ein organisierender Einfluss auf das Verhalten aller Mitglieder dieser Vogelart, die durch dasselbe kollektive Feld geprägt werden.

2. Erlernen fremdsprachiger Kinderreime

In Versuchsreihen sollten Kinder kurze Reime auswendig lernen, die in einer ihnen nicht bekannten Sprache (Japanisch, Arabisch) verfasst waren. Die Kinder hatten die Aufgabe, zunächst den Originalreim und dann zwei davon abgewandelte Reime zu erlernen. Da es sich um eine fremde Sprache und entsprechend fremde Reime handelte, hätte man für alle drei Varianten etwa gleiche Lernerfolge erwarten können. Tatsächlich konnten sich jedoch 62 Prozent der Versuchspersonen am besten den Originalreim merken. Auch dies lässt sich mit der morphischen Resonanz erklären: Wenn bereits Millionen von japanischen Kindern diesen Vers gelernt haben, ist das entsprechende morphische Feld durch Resonanz geprägt, und dann werden zum Beispiel auch US-amerikanische Kinder beim Erlernen dieser Verse durch Resonanz mit diesem Feld beeinflusst.

Mentale Felder

Derartige Beobachtungen und Versuchsergebnisse belegen die Existenz überindividueller morphischer Felder, die mit den Mitgliedern derselben Art in Resonanz treten und sie dadurch in ihrem Lernen, Denken und Handeln beeinflussen. Sheldrake geht von einem umfassenden Einfluss dieser überindividuellen Felder auf die einzelnen Angehörigen einer Spezies aus: »Sie koordinieren die Sinneswahrnehmung und das Handeln, verbinden die sensorischen und motorischen Regionen des Gehirns, bilden eine geschachtelte Hierarchie morphischer Felder, bis hinunter zu den Feldern einzelner Nerven und Muskelketten.«[42]

Diese Feststellung, dass es von Raum und Zeit unabhängige, generationenübergreifende morphische Felder gibt, entspricht den oben skizzierten Erkenntnissen der Quantenphysik über die Wahrscheinlichkeitswellen der Quanten und die zeit- und raumübergreifenden Materiefelder. Wenn aber alle Felder unabhängig von Raum- und Zeitdistanzen wirksam sind, bedeutet dies zugleich, dass das Universum selbst ebenfalls überall vollständig vertreten ist. Das heißt, dass jeder Teil des Universums die Eigenschaften sämtlicher Felder enthält. Teil ist also Ganzes und Ganzes Teil.

Intuitiv haben dies die Dichter und Denker der Menschheit über die Jahrtausende hinweg immer wieder erkannt. So schrieb etwa der britische Maler, Grafiker und Dichter William Blake:

> Wer eine Welt erblickt im Körnchen Sand
> und Himmel in dem Blumengrunde,
> schließt die Unendlichkeit in seiner Hand
> und Ewigkeit ist eine Stunde![43]

Zu den von den morphischen Feldern beeinflussten Handlungen sind selbstverständlich auch alle mentalen Aktivitäten zu zählen, die sich mit virtuellem oder möglichem Verhalten und Handeln befassen.

Auf physikalischer Ebene ist mit jeder mentalen Aktivität eine entsprechende Aktivität der Neuronen verbunden. Wenn jedes Objekt und damit auch jedes Neuron und jeder Verbund von Neuronen über ein Feld verfügt, dann müssen veränderte, neue Aktivitäten mit einer entsprechenden Feldänderung verbunden sein; d. h. durch aktives Denken wird das Feld dieser Neuronen beeinflusst. In letzter Konsequenz bedeutet dies, dass jeder Gedanke ein neues Feld erzeugt, das auf physikalischer Ebene die Aktivitäten der Neuronen steuert. Auch diese mentalen Felder sind morphische Felder, d. h. sie transportieren Informationen und werden durch entsprechende Resonanz mit früheren Aktivitätsmustern ähnlicher Art stabilisiert.

Jeder Gedanke erzeugt also ein morphisches Feld! In diesem Feld ist der gesamte Informationsgehalt des Gedankens enthalten. Je öfter und je intensiver dieser Gedanke gedacht wird, desto stärker ist die Resonanz zwischen Denker, Gedanken und Feld. Bedingt durch die Eigenresonanz wird bei einer entsprechenden Stärke der Resonanz eine stabilisierende Wirkung auf das eigene künftige Denken und Verhalten erzeugt.

Über die Eigenresonanz mit der eigenen Vergangenheit beeinflusst das eigene Denken das eigene zukünftige Verhalten. Gleichzeitig wirkt das individuelle Denken auf das kollektive morphische Feld ein und damit auf die anderen Mitglieder dieses Feldes. Das heißt, das Denken des Einzelnen stellt auch eine Resonanz zu anderen Menschen her.

Gleiches gilt für andere mentale Vorgänge wie Eindrücke, Gefühle, Vorstellungen oder Visionen. Über die morphische Resonanz besteht zwischen den Menschen eine Verbindung, über die visuelle Vorstellungen, Gedanken etc. übertragen werden.

Dem Gesagten zufolge müsste diese Art der Kommunikation umso direkter sein, je ähnlicher sich die beteiligten Menschen und deren Felder sind, das heißt, je stärker die Resonanzbeziehung ist. Diese Art der Kommunikation ist daher vor allem bei einander nahestehenden Personen (Ehepartner, Familie etc.) zu erwarten.

Nach Sheldrake können morphische Felder das Verhalten aller Mitglieder einer Gruppe direkt und unmittelbar koordinieren. Dafür gibt es zahlreiche Beispiele.

Schauen Sie sich etwa die Koordination der Einzelindividuen in Fisch-, Vogel- oder Insektenschwärmen an. In Fischschwärmen etwa erfolgt beim Angriff eines Räubers in einer Fünfzigstelsekunde eine koordinierte Richtungsänderung des gesamten Schwarms, ohne dass die einzelnen Fische kollidieren. Der individuelle Fisch ist also offensichtlich sowohl über die eigene notwendige Richtungsänderung als auch über die blitzartigen Bewegungen seiner Nachbarn informiert. Gleiches gilt für Vogelschwärme. Auch hier erfolgen blitzschnelle Richtungswechsel im Flug, sodass der Eindruck entsteht, dass die einzelnen Vögel zusammen wie ein Organismus agieren.

Wie diese als Schwarmintelligenz bezeichnete Koordination zustande kommt, konnte mit den gängigen schulwissenschaftlichen Theorien bisher nicht erklärt werden. Auch hier liefert Sheldrakes Annahme eines morphischen Feldes, welches das koordinierte Verhalten der einzelnen Tiere organisiert, eine plausible Begründung.

Nicht nur in der Tierwelt, sondern auch in der menschlichen Gesellschaft spielen die Felder eine zentrale Rolle. Dies beginnt damit, dass Kinder automatisch die Wesenszüge ihrer kulturellen Umgebung in sich aufnehmen und zunächst einmal unkritisch übernehmen. Je nach unserer Umgebung fühlen wir uns einer bestimmten Rolle verpflichtet oder einer bestimmten Gruppe zugehörig.

Dazu Sheldrake: »Die gesellschaftlichen Rollen, die wir annehmen – als Schulkinder, Sekretärinnen, Torhüter, Mütter, leitende Angestellte, Arbeiter usw. – sind durch morphische Felder geformt, und diese wiederum werden stabilisiert durch morphische Resonanz mit all jenen, die diese Rollen schon gespielt haben.«[44]

Die Beziehungen zwischen den einzelnen Mitgliedern einer Gesellschaft (zum Beispiel Arbeitgeber – Arbeitnehmer) werden durch die Felder ihrer sozialen Gruppierung bestimmt und durch die morphische Resonanz aufrechterhalten. Diese Felder bewirken offensichtlich, dass man sich einer bestimmten Gruppe zugehörig fühlt und die Regeln und Verhaltensmuster dieser Gruppe »irgendwie spürt« und in der Regel übernimmt. Ähnliches gilt für alle Arten von Moden, Kulten, Fanverhalten, aber auch für das Verhalten von Massen, zum Beispiel bei Sportveranstaltungen.

Die meisten von uns haben schon einmal beim Sport, bei einem Konzert, bei einer politischen Veranstaltung die Erfahrung gemacht, in einer Gesamtheit aufzugehen. Plötzlich ist man unter Aufgabe seiner individuellen Identität Teil zum Beispiel einer Sportmannschaft. Einfühlungsvermögen und Intuition bestimmen das Verhalten im Spiel. Durch das übernommene Gruppenbewusstsein ist man plötzlich automatisch zur rechten Zeit am rechten Ort.

Hier noch einmal eine Zusammenfassung der von Rupert Sheldrake beschriebenen Eigenschaften der morphischen Felder:[45]

1. Morphische Felder sind selbstorganisierende Ganzheiten.

2. Morphische Felder wirken unabhängig von Raum und Zeit.

3. Morphische Felder steuern die unter ihrem Einfluss stehenden Systeme zu bestimmten Formen und Aktivitätsmustern hin.

4. Morphische Felder koordinieren die Einzelindividuen der ihnen zugeordneten Art zu einer Ganzheit. Die Einzelindividuen sind ihrerseits ebenfalls Ganzheiten mit eigenen Feldern. Die Felder verschiedener Ebenen überlappen einander.

5. Morphische Felder weisen Wahrscheinlichkeitsstrukturen auf; der organisierende Einfluss hat Wahrscheinlichkeitscharakter.

6. Morphische Felder fungieren als individuelles oder kollektives Gedächtnis, das durch »Eigenresonanz einer Einheit mit der eigenen Vergangenheit oder durch Resonanz mit den morphischen Feldern aller früheren Systeme ähnlicher Art gegeben ist. Dieses Gedächtnis ist kumulativ. Je häufiger sich ein bestimmtes Aktivitätsmuster wiederholt, desto mehr wird es zur Gewohnheit oder zum Habitus.«[46]

Innen wie außen.
Bewusstsein und Synchronizität

Im vorigen Kapitel haben wir gesehen, dass offensichtlich alle Objekte und Prozesse im Universum von Feldern begleitet und beeinflusst werden. Dies gilt auch für mentale Prozesse und Zustände wie Denken und Fühlen und sowohl für das Bewusstsein wie für das Unbewusste.

Bewusstsein und Unbewusstes

Was aber ist Bewusstsein (in der Fachliteratur häufig auch in der Gegenüberstellung zum Unbewussten als Bewusstes bezeichnet, wobei Bewusstsein dann als Oberbegriff verwendet wird, der Bewusstes und Unbewusstes umschließt), und in welchem Verhältnis steht es zu dem Unbewussten? Diese Frage ist so alt wie die Menschheitsgeschichte und wie die Auseinandersetzung des Menschen mit sich selbst und der Wahrnehmung seiner Umwelt.

Als Bewusstsein wird alles bezeichnet, was unsere Aufmerksamkeit gerade ausfüllt, also das Vorhandensein und das Wahrnehmen von Gedanken, Sinneseindrücken, Gefühlen,

Erinnerungen, Vorstellungen, Planungen, Bewertungen usw. »Der bewusste Geist – das Bewusstsein – ist im Prinzip der Teil des Geistes, in dem wir uns zu Hause fühlen«, erklärt der Psychologe David Fontana.[47]

Demgegenüber umfasst das Unbewusste nach den Lehren der Psychologie jenen Bereich, der dem Bewusstsein nicht direkt zugänglich ist. Nur durch Träume, Trance oder Hypnose steigen die Inhalte des Unbewussten (alltagssprachlich auch als Unterbewusstsein bezeichnet) zum Bewusstsein auf und werden ihm sichtbar.

Dass dieses meist unsichtbar bleibende Unbewusste einen starken Einfluss auf unser Denken und Handeln hat, wird allgemein angenommen und kommt in Sätzen wie »Das habe ich unbewusst getan« zum Ausdruck. Häufig meint man damit eine instinktive, rasche Handlungsentscheidung »aus dem Bauch heraus« in komplexen Situationen. Zuweilen wird es auch als Entschuldigung für ein Fehlverhalten herangezogen und meint, dass man für eine Handlung nicht verantwortlich ist, weil sie von einer unbewussten Ebene gesteuert wurde, die dem Bewusstsein entzogen ist.

Die Grenze zwischen Bewusstsein und Unbewusstem ist fließend, was nicht verwundert, da beide Bereiche integrale Bestandteile einer Ganzheit sind. Die Verbindung, Vermischung und gegenseitige Beeinflussung von Bewusstsein und Unbewusstem erleben wir beispielsweise, wenn ein reales Erlebnis in einem Traum wieder auftaucht, der uns anschließend so beschäftigt, dass wir das Erlebnis neu durchdenken und bewerten. Oder wenn ein unbestimmtes, also unbewusstes Gefühl unser bewusstes Handeln bestimmt – etwa wenn wir uns spontan für oder gegen einen Kauf entscheiden.

Die Gründerväter der Psychologie und Psychotherapie

Sigmund Freud und sein Kollege Carl Gustav Jung haben die in der Wissenschaft lange verpönte Beschäftigung mit dem Unbewussten zum Gegenstand moderner wissenschaftlicher Forschung gemacht. Jung unterschied das Unbewusste in das persönliche und das kollektive Unbewusste, eine Begrifflichkeit, die von der modernen Psychologie aufgegriffen wurde.

Das persönliche Unbewusste umfasst alle aus der der individuellen Geschichte und den persönlichen Erfahrungen des einzelnen Menschen stammenden und im Unbewussten gespeicherten Elemente. Dagegen verdankt sich das kollektive Unbewusste nicht persönlicher Erfahrung, sondern ist aus der Geschichte der Menschheit entstanden und wegen seiner evolutionären Wichtigkeit gespeichert. Das kollektive Unbewusste umfasst also die ererbten, unserer Spezies gemeinsamen Prädispositionen für menschliches Denken und Fühlen.[48]

»Eine gewissermaßen oberflächliche Schicht des Unbewussten«, erläutert Jung, »ist zweifellos persönlich. Wir nennen sie das *persönliche Unbewusste.* Dieses ruht aber auf einer tieferen Schicht, welche nicht mehr persönlicher Erfahrung und Erwerbung entstammt, sondern angeboren ist. Diese tiefere Schicht ist das sogenannte *kollektive Unbewusste.* Ich habe den Ausdruck ›kollektiv‹ gewählt, weil dieses Unbewusste nicht individueller, sondern allgemeiner Natur ist, das heißt, es hat im Gegensatz zur persönlichen Psyche Inhalte und Verhaltensweisen, welche überall und in allen Individuen cum grano salis die gleichen sind. Es ist, mit anderen Worten, in allen Menschen sich selbst identisch und bildet damit eine in jedermann vorhandene, allgemeine seelische Grundlage überpersönlicher Natur.«[49]

Das kollektive Unbewusste tritt unter anderem durch Bilder in Erscheinung, wie sie in Träumen auftauchen. Durch diese Bilder, die in sehr ähnlicher Form von den unterschiedlichsten Menschen unterschiedlichster Epochen und Kulturen hervorgebracht werden und in alten Mythen ebenso wie in der Moderne auftreten, wurde Jung auf die Existenz einer die Menschheit verbindenden Ebene aufmerksam. Er bezeichnete diese universell vorhandenen, zeit- und kulturunabhängigen Urbilder als Archetypen (griechisch: »das zuerst Geprägte«).

»Das kollektive Unbewusste«, so Jung, »entwickelt sich nicht individuell, sondern wird ererbt. Es besteht aus präexistenten Formen, Archetypen, die erst sekundär bewusst werden können und den Inhalten des Bewusstseins festumrissene Form verleihen.«[50] Und an anderer Stellte führt er aus: »Es ist nun meines Erachtens ein großer Irrtum anzunehmen, die Seele des neugeborenen Kindes sei tabula rasa in dem Sinne, als ob überhaupt nichts drin sei. Insofern das Kind mit einem differenzierten … Gehirn zur Welt kommt, setzt es auch den von außen kommenden Sinnesreizen nicht *irgendwelche* Bereitschaften, sondern *spezifische* gegenüber … Diese Bereitschaften sind nachweisbar vererbte Instinkte und Präformationen. Letztere sind die auf Instinkte gegründeten, apriorischen und formalen Bedingungen der Apperzeption. … Sie sind die Archetypen, welche jeder Phantasietätigkeit ihre bestimmten Bahnen anweisen … Es handelt sich also nicht um vererbte *Vorstellungen*, sondern um vererbte *Möglichkeiten* von Vorstellungen. Auch sind es keine individuellen Vererbungen, sondern in der Hauptsache allgemeine, wie aus dem universalen Vorkommen der Archetypen ersehen werden kann.«[51]

Die Auffassung, dass die Menschheit auf einer tieferen Ebene miteinander verbunden ist, wird von vielen Wissenschaftlern vertreten, darunter auch dem Philosophen und Psychologen Joseph Murphy. »Jeder Mensch hat Anteil an dem die ganze Menschheit verbindenden Weltgeist«[52], ist sich Murphy sicher. Und, so könnte man hinzufügen, jeder Mensch wirkt zugleich an der Gestaltung dieses Weltgeistes mit. Denn das kollektive Unbewusste wird durch alle an ihm teilhabenden Personen gespeist. Diese Einspeisungen, zum Beispiel bestimmte Gewohnheitsmuster, werden durch Wiederholung zu Archetypen und tauchen dann beim Einzelnen auf, etwa in Form von Vorurteilen, Ängsten oder Idealen.

»Es gibt so viele Archetypen«, schreibt Carl Gustav Jung, »als es typische Situationen im Leben gibt. Endlose Wiederholung hat diese Erfahrungen in die psychische Konstitution eingeprägt, nicht in Form von Bildern, die von einem Inhalt erfüllt wären, sondern zunächst beinahe nur als *Formen ohne Inhalt*, welche bloß die Möglichkeit eines bestimmten Typus der Auffassung und des Handelns darstellen. Wenn sich im Leben etwas ereignet, was einem Archetypus entspricht, wird dieser aktiviert«.[53]

Diese Vorstellungen entsprechen den beschriebenen Eigenschaften und Funktionsweisen von morphischen Feldern, die durch Resonanz Individuum und Spezies über Raum und Zeit, also weltweit und über die Generationen hinweg miteinander verbinden. Doch die bestehenden Feldverbindungen hören an der Grenze einer Spezies nicht auf. Die Definition der Art eines Objektes kann in sehr unterschiedlicher Weise erfolgen, da jedes Objekt sowohl eine Ganzheit in sich als auch ein Teil der nächstgrößeren Ganzheit ist. Der einzelne Mensch etwa besteht aus den jeweiligen Ganzheiten subatomarer Teilchen, Atome, Moleküle, Zellen usw., ist aber selbst eine Untereinheit der Spezies Mensch, diese ist wiederum eine Untereinheit der Klasse der Säugetiere, diese eine Klasse der Wirbeltiere und so weiter, und sie alle gehören schließlich zu den existierenden Objekten.

Da jedes Objekt mit einem eigenen morphischen Feld verbunden ist, muss es entsprechend gestaffelte Felder geben, die hierarchisch miteinander verbunden sind. Zugleich muss es verschiedene Schichten des Unbewussten geben, zu denen der Mensch ebenfalls über morphische Felder Zugang hat.

Synchronizität

In Zusammenarbeit mit dem Quantenphysiker Wolfgang Pauli kam Jung zu dem Ergebnis, dass sich auf den Ebenen des kollektiven Unbewussten letztlich auch Geist und Psyche einerseits und Materie andererseits begegnen. Gestützt wurde dieses Ergebnis durch Jungs Beobachtung von Synchronizitäten.

Jung spricht von einer Synchronizität bei »Gleichzeitigkeit eines gewissen psychischen Zustandes mit einem oder mehreren äußeren Ereignissen, welche als sinngemäße Parallelen zu dem momentanen subjektiven Zustand erscheinen und – gegebenenfalls – auch vice versa. ... Synchronische Ereignisse beruhen auf der *Gleichzeitigkeit zweier verschiedener psychischer Zustände.* Der eine ist der normale, wahrscheinliche (das heißt kausal zureichend erklärbare) und der andere der kausal aus dem ersteren nicht ableitbare Zustand, nämlich das kritische Erlebnis.«[54]

Dazu zwei Beispiele aus dem Alltag:

- Sie denken gerade an jemanden, von dem Sie lange nichts gehört haben, und im nächsten Moment klingelt das Telefon, und die Person ruft Sie an. – Wirklich nur ein Zufall?
- Sie haben mit jemandem dringend etwas zu besprechen und denken intensiv daran, und dann kommt Ihnen diese Person an der nächsten Ecke entgegen. – Nichts weiter als ein Zufall?

Natürlich kann ein Skeptiker ein solches Zusammentreffen als Zufall abtun. Allerdings sind zahlreiche solcher »Zufälle« beobachtet und dokumentiert worden, die eine innere Gesetzmäßigkeit vermuten lassen.[55] Und auch Jung berichtet, dass er bei »der Untersuchung der Phänomene des kollektiven Unbewussten immer wieder auf Zusammenhänge stieß, die ich nicht mehr als zufällige Gruppenbildung … zu erklären vermochte. Es handelte sich nämlich um ›Koinzidenzen‹, die sinngemäß derart verknüpft waren, dass ihr ›zufälliges‹ Zusammentreffen eine Unwahrscheinlichkeit darstellt«[56]. Wenn Sie selbst einmal auf solche Ereignisse achten, werden Sie feststellen, wie häufig solch eine Abfolge von Innerem und Äußerem auftritt. Im Übrigen besagt der Begriff des Zufalls doch nur, dass wir die wirklichen Kausalzusammenhänge nicht kennen und identifizieren können.

Es kann zunächst dahingestellt bleiben, ob diese Synchronizitäten kausaler Natur sind, das heißt, ob das äußere Ereignis das innere oder umgekehrt das innere das äußere Ereignis bewirkt hat. Für Jung war Synchronizität zunächst nur eine akausale sinngemäße Verknüpfung, die auf allgemeingültige Ordnungsprinzipien hinweist.

Zwei Wege der Erkenntnis über die Einheit der Dinge

Die Existenz von Synchronizitäten als sinnhafte Verknüpfungen von objektiver äußerer und subjektiver innerer Welt widerlegt einen zentralen Glaubenssatz: Entgegen unserer Annahme sind wir nicht von unserer Außenwelt getrennt. Vielmehr besteht eine Verbindung zwischen uns und unserer Umwelt. Diese Auffassung vertrat beispielsweise auch der Physiker Werner Heisenberg: »Dieselben organisierenden Kräfte, die die Natur in all ihren Formen gestaltet haben, sind auch verantwortlich für den Aufbau unseres Geistes.«[57]

Dass letztlich alles mit allem verbunden ist und Körper und Geist bzw. Materie und Energie eine Einheit bilden, haben unter anderem die Quantenphysik mit ihrer Erforschung der Materie bis in die kleinsten nachweisbaren Größenordnungen, Sheldrake mit seiner Theorie der morphischen Felder und Jung mit seiner Analyse von Bewusstsein und Unbewusstem nachgewiesen. Forscher unterschiedlichster Fachrichtungen sind immer wieder zu dem Ergebnis gekommen, dass Bewusstsein und Materie zwei Seiten derselben Medaille sind. Wenn das zutrifft, müsste man über den Weg der Materie und den Weg des Bewusstseins zu gleichen Ergebnissen und Erkenntnissen kommen. Schließlich meinte auch der große Physiker Albert Einstein, dass Körper und Seele nicht zwei verschiedene Dinge sind, sondern nur zwei Wege, dasselbe wahrzunehmen.

Interessanterweise sind die östlichen Philosophien wie Hinduismus, Buddhismus, Taoismus und Zen schon lange vor dem Entstehen der westlichen Welt zu ganz ähnlichen Ergebnissen wie die moderne Physik gekommen.[58]

»Die Grundelemente der Weltanschauung in all diesen Traditionen sind die gleichen«, schreibt Fritjof Capra in seinem Buch *Das Tao der Physik*. »Diese Elemente scheinen auch die Grundzüge der Weltanschauung zu sein, die aus der modernen Physik hervorgeht. ... Das wichtigste Merkmal der östlichen Weltanschauung – man könnte es ihre Essenz nennen – ist das Gewahrsein der Einheit und gegenseitigen Beziehungen aller Dinge und Ereignisse, die Erfahrung aller Phänomene in der Welt als Manifestation einer einzigen fundamentalen Identität. Alle Dinge werden als von einander abhängige und untrennbare Teile des kosmischen Ganzen gesehen, als verschiedene Manifestationen der gleichen letzten Wirklichkeit. Die östlichen Traditionen beziehen sich ständig auf diese letzte, unteilbare Wirklichkeit, die sich in allem manifestiert, und alle Dinge sind Teile von ihr.«[59]

Vermutlich ist dieses Wissen um die von der westlichen Welt über viele Jahrhunderte negierte Einheit alles Seins der Grund, warum sich die fernöstlichen Ganzheitslehren und ihre Übungen und Anwendungen (Meditation, Tai Chi, Chi Gong, Akupunktur etc.) einer solchen Beliebtheit erfreuen. Eine Lehre, die (nur) über die Bewusstseins- und Erfahrungsebene zu Erkenntnissen gelangt, die denen der modernen Physik entsprechen und ihr weit vorausgehen, muss sehr wirkungsvoll und mächtig sein!

Eine weitere Parallele der Synchronizität zur Quantenphysik besteht offensichtlich in deren Nichtlokalität, wie sie in den oben erwähnten Überlegungen von Einstein, Podolsky und Rosen erkannt sowie mit den Versuchen von Alain Aspect belegt wurde. Sowohl bei der Synchronizität als auch in der Quantenphysik kann ein Ereignis A unmittelbar mit einem Ereignis B verbunden sein, ohne dass ein messbarer

Energie- oder Informationsaustausch stattfindet. Das gleiche Phänomen tritt bei den morphischen Feldern auf, wenn zwei voneinander unabhängige Mitglieder einer Spezies dem gleichen strukturierenden Einfluss unterliegen.

Die Vernetzung

Wir haben einige erstaunliche Phänomene in der Natur kennengelernt:

1. Elementarteilchen mit gleichen Quantenzuständen zeigen eine simultane Kopplung ihrer Zustände, auch über größere Distanzen hinweg. Die Korrelation zwischen den Teilchen erfolgt ohne messbare zeitliche Verzögerung.

2. Organismen haben eine Vorgabe für ihren Bauplan, mit dem die Struktur aufgebaut, erhalten und zum Teil wiederhergestellt wird.

3. Synchronizitäten zwischen inneren Zuständen und äußeren Ereignissen zeigen, dass das Bewusstsein in Verbindung mit der äußeren Welt steht und nicht auf das eigene Gehirn oder Körper beschränkt ist.

4. Die Ergebnisse eines Zufallszahlengenerators können gedanklich beeinflusst werden.

Wie sind diese Phänomene zu erklären?

Das fünfte Feld

All diese Phänomene lassen sich plausibel erklären, wenn man ein gemeinsames System oder einen gemeinsamen Bereich annimmt, der die einzelnen beteiligten Objekte (Elementarteilchen, Zellen, Organismen, Bewusstsein etc.) miteinander verbindet. Über eine solche Vernetzung wären ein Informationsaustausch und eine Interaktion möglich. In diesem Zusammenhang spricht man von der Suche nach dem fünften Feld.[60] Die Wissenschaft kennt bereits vier Felder: das Gravitationsfeld, das elektromagnetische Feld, die Felder der starken und der schwachen Kernkraft.

Besagtes fünftes Feld müsste, wie erläutert, zeit- und raumübergreifend sein, weil unabhängig von der räumlichen und zeitlichen Entfernung Übertragungen erfolgen. Gleichzeitig müsste es wie ein Gedächtnis Informationen speichern und später weitergeben können. Denn wenn ein Ereignis A auf ein Ereignis B einwirkt, geht Ereignis A dem Ereignis B voraus, sodass eine Art Gedächtnis die Informationen von A speichern muss, um sie anschließend auf B zu übertragen. Ferner müsste ein solches Feld imstande sein, die Informationen von allen Ereignissen und Objekten an jedem Ort des Raumes gleichzeitig zur Verfügung zu stellen.

Diese Art der Informationsspeicherung ist uns bereits von Hologrammen bekannt: Bei einer holografischen Fotografie enthält jeder Bildausschnitt die Information des gesamten Bildes, sodass man aus jedem Bildausschnitt das gesamte dreidimensionale Bild erzeugen kann. Ein holografischer Informationsspeicher benötigt allerdings noch ein Medium, damit die holografischen Interferenzmuster gespeichert werden können.

Über die genaue Beschaffenheit des fünften Feldes wird derzeit heftig debattiert, aber der Systemtheoretiker und Zukunftsforscher Ervin Laszlo geht von einer Analogie zum Hologramm aus: »Das Gedächtnis der Natur muss sich auf ein Feld gründen, das Information holografisch speichert und überträgt – auf ein Holofeld.«[61]

Auch in den Wellenmustern von Gewässeroberflächen sind außerordentlich große Informationsmengen über Schiffsbewegungen, Windrichtungen, Küstenlinien usw. enthalten. Dazu Robert G. Jahn und Brenda J. Dunne: »Sich ausbreitende und stehende Wellen besitzen eine Reihe von Eigenschaften, die bei Teilchen nicht zu beobachten sind. Am wichtigsten ist dabei, dass die von ihnen beförderte Information und Energie über weite Bereiche von Raum und Zeit verteilt sein können, anstatt in einem eng begrenzten Gebiet lokalisiert zu sein.«[62]

Renommierte Physiker wie David Joseph Bohm, Harlow Shapley, William Tiller und Biologen wie Alexander Gurvitch, Brian Goodwin, V. M. Inyuschin haben ähnliche Beobachtungen gemacht und kommen zu ähnlichen Schlussfolgerungen wie Ervin Laszlo. Sie nehmen an, dass das gesuchte und alles verbindende Holofeld eine spezielle Erscheinungsform des uns bereits bekannten Vakuum- oder Nullpunkt-Energiefeldes ist. Wie erwähnt gilt dieses Quantenvakuum als Ursprung der übrigen Energien, die als Masse gebunden, das heißt in Form von Materieteilchen im Universum existiert. Wo immer es Materie oder Quanten gibt, gibt es auch das Quantenvakuum. »Das beobachtbare Universum«, erläutert Ervin Laszlo, »schwimmt sozusagen auf der Oberfläche dieses Ozeans.«[63]

Das Quantenvakuum mit dem ständigen Auf- und Abtauchen der Elektron-Positron-Paare ist quasi der Schoß, aus dem das Universum geboren wurde und ständig geboren wird, aber auch der Bereich, in den die Materie laufend verschwindet. Es weist eine extrem hohe Energiedichte auf, die einem Äquivalent an Materie von 10^{94} g/ccm entspricht. Dies ist höher als die bekannte Gesamtmenge an Materie im Universum (ein Atomkern hat dagegen »nur« eine Energiedichte von 10^{13} g/ccm).

Die Erforschung des Quantenvakuums hat mittlerweile ergeben, dass der mit ihm erfolgende Austausch sowohl für atomare Vorgänge als auch für die makroskopische, mit unseren Sinnesorganen wahrnehmbare physikalische Welt, also für die Welt der uns umgebenden Objekte, allumfassend und für das Verständnis der Realität fundamental ist.

Torsionsfeldtheorie

Nach Auffassung der Physiker Anatoly E. Akimow, Gennady I. Schipow und V. N. Binghi hat das Vakuum den Rang einer physikalischen Substanz, die das gesamte Universum erfüllt und die Spuren aller Teilchen und Objekte überträgt.[64] Diese Hypothese wird als Torsionsfeldtheorie des Vakuums bezeichnet. Ihr zufolge erzeugen alle Objekte im Vakuum Felder. Diese Felder sind Informationsträger (ähnlich wie die Wellen auf der Wasseroberfläche über Schiffsbewegungen informieren) und breiten sich als Wellen (Torsionswellen) im Vakuum mit einer Geschwindigkeit von etwa 10^9 C (C steht für die Lichtgeschwindigkeit) aus, also mit milliardenfacher Lichtgeschwindigkeit und damit nahezu verzögerungsfrei. Mit anderen Worten: Durch die Torsionswellen und deren hohe

Geschwindigkeit sind die einzelnen Teilchen unabhängig von der Entfernung nahezu verzögerungsfrei gegenseitig über ihren Zustand informiert.

Eine Reihe von Physikern (zum Beispiel Myschkin oder Belyajew) hat inzwischen versichert, die physikalische Manifestation dauerhafter Torsionsfelder in der Natur bereits entdeckt zu haben.[65] Damit würde eine Erklärung für die erwähnten Ergebnisse der Versuche einer willentlichen Beeinflussung von Materie, etwa Zufallsgeneratoren, vorliegen.

Vor dem Hintergrund des Gesagten leuchtet es ein, dass auch mentale Prozesse (Denken, Fühlen, Träumen etc.) etwa über die Vorgänge in den Neuronen des Gehirns Torsionswellen erzeugen. Wenn aber solche wellenförmigen Muster erzeugt, das heißt ausgesendet werden können, muss es umgekehrt auch möglich sein, diese zu empfangen. Dabei sind nicht nur Teilchen gegenseitig über ihren Zustand informiert, sondern auch die aus Teilchen zusammengesetzten Menschen.

Das Gehirn wäre demnach ein Torsionsfeldsender und -empfänger. Dies würde nicht nur die beobachtete Nichtlokalität der Quanten erklären, sondern auch eine Begründung dafür liefern, dass das Bewusstsein durch die Bildung von strukturierten Torsionsfeldern Einfluss auf die Materie nehmen kann, wie am Beispiel des Welle-Teilchen-Dualismus, der PEAR-Experiment oder der Synchronizität beschrieben.

Der Physiker Vladimir Poponin hat durch Experimente bewiesen, dass die Torsionsfelder sehr beständig sind. Das Torsionsfeld besteht auch dann weiter, wenn das zugehörige Objekt (im Experiment eine DNS-Probe) nicht mehr existiert. Diese Feststellung bestätigt letztendlich Sheldrakes Hypothese, dass zum Beispiel das Feld eines Menschen auch dann noch existiert, wenn dieser bereits gestorben ist. Vladimir Poponin

84

und seine Mitarbeiter stellten ferner fest, dass durch die mechanische Veränderung der DNS-Probe ein neues, verändertes Feld entstand.[66]

Die Schlussfolgerungen, die sich für das allgemeine Weltbild daraus ableiten lassen, sind umwälzend und überwältigend! Denn das bedeutet nichts anderes, als dass alles Existierende durch die subtilen Wechselwirkungen von Materie (oder Quanten, d. h. Wellenpakete) und dem sie umgebenden und alles vernetzenden Vakuumfeld miteinander verbunden ist. In dem Vakuumfeld sind die jeweiligen Felder aller Objekte (materieller Objekte ebenso wie Gedanken, Gefühle, Archetypen usw.) als Substrukturen angelegt bzw. initiiert.

Nach der Torsionsfeldtheorie des Vakuums haben sich Bewusstsein und Materie aus der grundlegenderen Ebene des Quantenvakuums heraus entwickelt. Mit der Entwicklung der Träger (Atome, Moleküle, Zellen, Organismen) entwickelte sich entsprechend das jeweilige Feld, das heißt, auch auf diesen unteren Ebenen verfügen die Objekte über eine Form von »Bewusstsein«.[67] Durch die Vernetzung über das Quantenvakuum sind alle diese Bewusstsein-Materie-Systeme unmittelbar miteinander verbunden. Also ist auch der Mensch letztlich mit allen anderen Trägern von Bewusstsein und Materie vernetzt.

Diese Ansicht wird von einzelnen Physikern geteilt, etwa von Alan Wolf, nach dessen Erkenntnis Geist und Bewusstsein auch in einem weiten Feld außerhalb des individuellen Körpers bestehen und wirken. Unsere Wahrnehmung über die Vorgänge und Eigenschaften der Welt beschränkt sich demnach nicht nur auf unsere Sinneseindrücke, sondern umfasst zugleich Wellen, die vom Holofeld des Quantenvakuums ausgehen.[68]

Interessanterweise wurde auch diese Auffassung bereits von den alten östlichen Kulturen vertreten. So wird etwa in den vor über zweitausend Jahren entstandenen indischen *Upanishaden* als Urquelle für alles Sein ein mit Energie aufgeladener Raum genannt, der zusammen mit dem Kosmos entstand.

Zwischen dem eigenen Bewusstsein und der übrigen Welt besteht demnach ein permanenter Informationsaustausch. Die Gedanken und Gefühle des Einzelnen strahlen auf andere Menschen aus, wie umgekehrt die Gedanken und Gefühle von anderen Menschen vom Einzelnen empfangen werden. (Achten Sie also darauf, was Sie denken!)

Die Aktivitäten des Bewusstseins werden in den entsprechenden Feldern des Quantenvakuums gespeichert. Alle Speicherungen im Quantenvakuum sind umgekehrt dem eigenen Bewusstsein zugänglich bzw. werden von diesem empfangen. »Was wir denken und fühlen, wirkt sich auch jenseits von Worten und Verhaltensweisen auf die anderen aus. Unser Einfluss ist subtil, aber deswegen nicht weniger wirkungsvoll«, meint denn auch Ervin Laszlo.[69]

Wäre es bei Kenntnis dieser Zusammenhänge nicht notwendig und sinnvoll, sich nach einem veränderten Weltbild auszurichten und ein verändertes Denken zu praktizieren?

DENKEN WIRKT.
WARUM SIE BEKOMMEN,
WAS SIE DENKEN

Wer zu lesen versteht,
besitzt den Schlüssel zu großen Taten,
zu erträumten Möglichkeiten,
zu einem berauschend schönen,
sinnerfüllten und glücklichen Leben.

Aldous Huxley

Das mentale System.
Die tiefere Sicht der Zusammenhänge

Die in den vorigen Kapiteln skizzierten Erkenntnisse sollen nun zu einem in sich stimmigen System zusammengesetzt werden, das umwälzende neue (alte?) Sichtweisen der Welt und ihrer Funktionsweise ermöglicht. Dies ist nicht nur von akademischem Interesse, denn wie und warum ein subatomares Teilchen so funktioniert, wie es funktioniert, könnte uns eigentlich gleichgültig sein – wenn diese Funktionsweisen nicht für den gesamten Menschen, also auch für unsere Gedanken und Gefühle, gelten würden.

Das sich daraus ergebende Modell verändert unser gewohntes Weltbild grundlegend. Die Schulwissenschaft wird dieses Modell kritisieren, obwohl die genannten Fakten nachweisbar sind. Doch im Laufe der Jahrhunderte mussten wissenschaftliche Lehrmeinungen immer wieder revidiert werden, etwa die als unumstößliche Tatsache geltende Behauptung, die Erde sei eine Scheibe. Wissenschaftliche Erkenntnisse sind eben genauso wie die sie umgebende Gesellschaft einem ständigen Wandel unterworfen. Dabei beeinflusst die Wissenschaft die vorherrschende Weltanschauung in deutlich geringerem Maße als umgekehrt die vorherrschende Weltanschauung die Wissenschaft. Und häufig gilt, dass nicht sein kann, was nicht sein darf!

Trauen Sie einer wissenschaftlichen Lehrmeinung also nicht blind. Überprüfen Sie auch das Folgende vielmehr mit dem eigenen kritischen Verstand, aber auch mit Ihrem Gefühl und Ihrer Erfahrung. Hören Sie auf Ihre innere Stimme, auf Ihr intuitives Wissen. Dies gilt insbesondere für den Teil der folgenden Ausführungen, in dem es um die Übertragung und Anwendung der beschriebenen Zusammenhänge geht. Denn hier werden Sie vermutlich an vielen Stellen intuitiv wissen und fühlen, dass die Ausführungen zutreffen, auch wenn sich Ihr von den herrschenden Lehrmeinungen geprägter Intellekt dagegen sträubt.

Um das Verständnis der folgenden Argumentation zu vereinfachen, wird das System und das aus ihm abgeleitete neue Modell der Welt zunächst thesenhaft auf der Basis der zuvor gewonnenen Erkenntnisse beschrieben und dann seine Anwendungsmöglichkeiten dargestellt. Dabei sollen folgende Fragen beantwortet werden: Woher kommen die Dinge? Warum sind die Dinge so, wie sie sind? Wie sind die Dinge miteinander verbunden? Wie können wir die Dinge gestalten?

Vakuumenergie

Ausgangspunkt für alles Existierende ist die Vakuumenergie. Sie ist ein alles umfassender und alles durchdringender Ozean an Energie. Dieser Energieozean umgibt uns und durchdringt alle Dinge – auch uns als Menschen. Wir sind Teil dieses Ozeans. Auf dessen brodelnder Oberfläche werden laufend Teilchen ausgestoßen, und es tauchen Teilchen in

90

diese Oberfläche zurück. Es ist ein Tanz virtueller Teilchen. Stellen Sie sich vor, wie Sie auf die Oberfläche dieses Ozeans schauen, die durch die unendliche Zahl entstehender und vergehender Teilchen brodelt und flimmert.

Aus diesen Teilchen der Vakuumenergie baut sich alles auf. »Diese verborgene Domäne der Potenzialität und Quanten-Verbundenheit«, so der Wissenschaftsautor Marco Bischof, »muss als eine grundlegende Dimension der Realität betrachtet werden, als ein präphysikalischer Bereich universeller dynamischer Verbundenheit, ein Raum der Möglichkeiten, aus dem die Aktualität der Formen und Muster der physikalischen Welt entspringt.«[70]

Die aus der Vakuumenergie emittierten Energieteilchen bauen sich zu größeren Teilchen auf, zu Tachyonen, Myonen, Pre-Quarks, Quarks, Atomen, Molekülen, Baum, Fisch, Mensch usw. Dies ist kein einmaliger Prozess. In jedem bestehenden Objekt werden laufend Teilchen ausgetauscht. Das heißt, auch jetzt, in diesem Moment, tauchen unzählige Teilchen Ihres Körpers in die Vakuumenergie ab und werden durch neu auftauchende Teilchen ersetzt. Die Schöpfung findet permanent und auch genau jetzt statt.

Sie sind untrennbar mit dieser Vakuumenergie verbunden. Da letztlich alles mit der Vakuumenergie im Austausch steht, ist über diese Vakuumenergie auch alles miteinander vernetzt. Alles Bestehende ist eine Ausprägung aus und in demselben Medium der Vakuumenergie. Sie und die Sie umgebenden Dinge und Lebewesen sind Ausprägungen desselben Mediums, über das Sie mit ihnen verbunden sind. – Das Medium betrachtet sich selbst.

Schon der griechische Philosophen Plotin entwickelte die Idee des beseelten Raumes. »Welches ist nun die *eine* gemeinsame Ordnung?«, heißt es in seinen *Enneaden*. »Alles muss miteinander in Zusammenhang stehen, und es findet nicht bloß in jedem einzelnen wohlgegliederten Organismus eine Übereinstimmung und Harmonie statt, sondern noch vielmehr und früher im Weltall, und *ein* Prinzip muss den vielgliedrigen Organismus zu einem Einheitlichen, und zwar zu einem Einheitlichen aus allen Teilen, gestalten; und wie in jeder Einheit die Teile jeder eine bestimmte Aufgabe empfangen haben, so müssen auch im All die einzelnen Teile jeder ihre bestimmten Aufgaben haben, und zwar noch mehr als jene, insofern sie nicht bloß Teile, sondern auch Ganze und von größerem Umfange sind. So geht denn jedes einzelne, das seine besondere Aufgabe erfüllt, aus *einem* Prinzip hervor, und eins begegnet dem andern … Doch geht es nicht zufällig oder aufs Geratewohl hervor, denn aus ihm resultiert wieder ein anderes u. s. f., eins nach dem andern in naturgemäßem Verlaufe.«[71]

Felder: das fünfte Feld

Die aus der Vakuumenergie emittierten Teilchen werden nach einem Bauplan zu den einzelnen Objekten zusammengesetzt. Diese Baupläne der Teilchen sind in morphischen Feldern festgelegt, die wiederum als Substrukturen durch das Vakuumenergiefeld vorgeprägt sind. Jedes Objekt ist einem entsprechenden Feld zugeordnet, und jedes Feld ist holografisch aufgebaut. Das heißt, dass jeder Teil des Feldes die Informationen des gesamten Feldes enthält.

Wenn ein virtuelles Teilchen aus der Vakuumenergie ausgeprägt wird, ist dies mit einer entsprechenden Feldausprägung aus dem Vakuumenergiefeld verbunden. So wie die einzelnen Objekte sind auch die entsprechenden Felder hierarchisch aufgebaut und überlappen einander. Auch die Hierarchie der Felder ist holografisch. Das heißt, ein Teil eines Feldes enthält die Information der gesamten Feldhierarchie, also der unter- und übergelagerten Felder. Die Felder stehen in ihrer Gesamtheit als fünftes Feld neben den bekannten vier Feldern der Gravitation, der starken und schwachen Kernkraft und des elektromagnetischen Feldes.

Der Aufbau alles Bestehenden erfolgt nach dem Prinzip der Selbstähnlichkeit. Die gleiche Struktur des Organisationsmusters wiederholt sich also auf jeder Stufe der Organisationseinheit. Dies gilt für »feste« materielle Objekte ebenso wie für dynamische innere Prozesse (Gedanken, Gefühle): Auf jeder Stufe wiederholen sich die gleichen Organisationsmuster! So wie die Objekte nach dem Prinzip der Selbstähnlichkeit aufgebaut sind, sind auch die entsprechenden Felder durch die Wiederholung von Feldmustern geprägt.

Resonanz

Die einzelnen Objekte stehen miteinander in zweifacher Resonanzbeziehung. Zum einen stehen sie in Resonanz mit ihrem eigenen Feld (Eigenresonanz). Die Ausprägung eines Baumes wird durch die Ausprägungen der vorangegangenen Bäume seiner Art bestimmt, die im entsprechenden Feld gespeichert sind. Umgekehrt wird die aktuelle Ausprägung des Baumes wieder in dem Feld gespeichert und prägt die künftigen Ausprägungen seiner Art. Auch eine zum Beispiel durch die Umwelteinflüsse verursachte Veränderung des Baumes wird in dem Feld gespeichert und ändert die künftige Ausprägung der Art. Das Feld speichert alle Vorgänge und gibt diese über die Eigenresonanz an das betreffende Objekt zurück.

Gleichzeitig stehen alle Objekte einer Art untereinander in Resonanz. Ein Objekt einer Art, zum Beispiel ein einzelner Mensch, wird durch eine Vielzahl von Feldern in seiner Ausprägung bestimmt und prägt über seine Resonanz mit diesen Feldern die Ausprägung der anderen Mitglieder dieser Spezies. So werden die Merkmale der Spezies Mensch durch das entsprechende morphische Feld »Mensch« geprägt. Einzelmerkmale wie zum Beispiel Familienähnlichkeit, Sozialverhalten im Sportverein etc. werden durch die entsprechenden Felder Familie und Verein geprägt.

Durch seine Aktivitäten und sein Verhalten beeinflusst der Einzelne aber auch die Struktur der jeweiligen Felder – Mensch und Felder stehen in ständiger Resonanz miteinander. Jeder Mensch steht über die entsprechenden Felder mit den anderen Menschen in Resonanz.

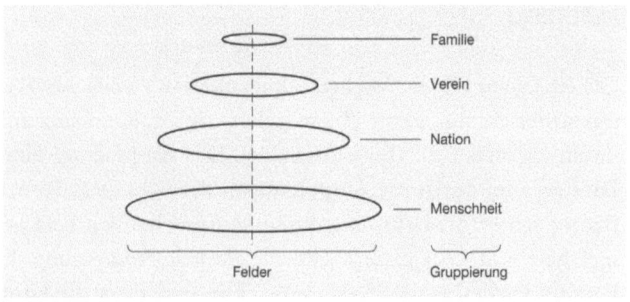

Abbildung 5: Feldbeziehungen

Je ähnlicher sich die Mitglieder einer Gruppierung sind, desto größer ist deren Resonanz. Die Resonanz innerhalb der Familie ist größer als die Resonanz zwischen den Mitgliedern einer Nation.

Torsionswellen

Alle Objekte eines Feldes stehen über dieses Feld miteinander in Verbindung. Jedes Objekt, jede Aktion, jede Handlung, jeder Gedanke, jedes Gefühl, jeder Vorgang erzeugt in diesem Feld ein weiteres Unterfeld (Torsionsfeld). Diese Torsionsfelder sind in ihrer Eigenschaft als Felder Informationsträger und breiten sich im Vakuum wellenförmig mit milliardenfacher Lichtgeschwindigkeit, das heißt nahezu verzögerungsfrei aus.

Teilchen im gleichen Quantenzustand sind demselben Feld zuzuordnen. Über dieses Feld wird Information über das eine Teilchen durch die Torsionsfelder nahezu verzögerungsfrei auf das zweite Teilchen übertragen. Die Wirkung des Feldes ist unabhängig vom Raum: Ein Objekt hat an jeder Stelle des Raumes Verbindung mit und Zugang zu den gesamten Informationen des holografisch aufgebauten Feldes. Das Feld speichert die Informationen eines Objekts und besteht über die physische Existenz des Objekts hinaus fort. Das Feld ist damit unabhängig von der Zeit. Die Wirkung auf das zweite Teilchen vollzieht sich zudem scheinbar ohne Ursache oder Auslöser, das heißt akausal.

Verbindung

Jedes Objekt (Baum, Fisch, Mensch, Blume, Gedanke, Gefühle usw.) steht über die entsprechenden Felder und die gemeinsame Basis der Vakuumenergie mit den Objekten seiner
Gattung und allen anderen existierenden Objekten in unmit-
telbarer Verbindung. Nichts besteht für sich allein.

Übertragung

All diese Erkenntnisse sind deshalb so interessant für uns, weil
sie nicht nur für Atome, Moleküle und Zellverbände, sondern
für alle Objekte im Universum und damit auch für uns gelten,
für unser Bewusstsein, Denken, Fühlen und Handeln.

Wir bestehen aus hierarchisch angeordneten Teilchen und
Teilen – Pre-Quarks, Quarks, Atomen, Molekülen, Zellen,
Organen usw. Diese materiellen Strukturen werden durch die
entsprechenden Felder vorgegeben. Die einzelnen Felder haben sowohl einen kollektiven als auch einen individuellen
Charakter. So sorgt das Feld »Mensch« dafür, dass der Einzelne
aussieht und handelt wie ein Mensch; es lässt aber gleichzeitig
eine individuelle Ausprägung zu.

Über die Resonanzbeziehungen prägt das Feld, zu dem alle Menschen gehören, den einzelnen Menschen, der wiederum seine Eigenschaften (Aussehen, körperliche Fähigkeiten
usw.) in das Feld aller Menschen einbringt. Je größer die Ähnlichkeit, desto größer ist die Resonanz.

Für uns sind zwei Felder von besonderer Bedeutung:

1. Das Bewusstseinsfeld

Der Mensch verfügt über ein individuelles Bewusstsein. Hier wird er sich »seines Selbst bewusst« und steuert seine Gedanken mehr oder weniger aktiv und willentlich. Die Denkprozesse erfolgen in dem individuellen Bewusstseinsfeld, die messbaren neuronalen Bewegungen sind Ausprägungen dieses Feldvorgangs. Das mit dem individuellen Bewusstsein interagierende Feld weitet sich über Zeit und Raum aus, das heißt es ist nicht auf das Gehirn begrenzt, sondern geht weit darüber hinaus!

Das individuelle Bewusstseinsfeld hat daher Wirkungen auf Dinge und Vorgänge, die sich außerhalb des Gehirns befinden bzw. ereignen. Diese Aussage wird durch die Ergebnisse des oben beschriebenen PEAR-Projekts eindrucksvoll gestützt.

Das Gehirn lässt sich mit einem Empfänger – etwa einem Radio oder Fernseher – vergleichen, der an allen Punkten des Raumes ein Programm empfängt, wenn er auf den entsprechenden Sender eingestellt ist, das heißt die richtige Wellenlänge oder Resonanz vorliegt. Das Gehirn ist im Bewusstsein und nicht das Bewusstsein im Gehirn!

In dem individuellen Bewusstseinsfeld sind alle individuellen Erfahrungen gespeichert. Grundsätzlich stehen also jederzeit alle Informationen und Erlebnisse aus der Vergangenheit zur Verfügung. Ferner ist dieses Bewusstseinsfeld – wie jedes Feld – holografisch. Das bedeutet, dass an jedem Punkt des Raumes der gesamte Inhalt empfangen werden kann.

2. Feld des Unbewussten

Der Bereich des Unbewussten steht uns nicht direkt offen. Wir haben im Allgemeinen nur über Träume, Gefühle oder Intuition Zugang zu ihm.

Wie bereits dargestellt gibt es ein individuelles und ein kollektives Unbewusstes. Das Feld des individuellen Unbewussten ist der Speicher für die nicht bewusst wahrgenommenen, verdrängten oder vergessenen Erfahrungen und Bewertungen des einzelnen Menschen. Das Feld des kollektiven Unbewussten übernimmt die gleichen Funktionen, aber bezogen auf die Gesamtheit der Spezies Mensch. Es bildet den Speicher für die unbewussten Erfahrungen und Bewertungssysteme der Menschheit. Aus diesem Feld speisen sich die für die gesamte Menschheit gültigen Muster, die in der Form der von C. G. Jung beschriebenen Archetypen (Mutter, Freund, Feind usw.) immer wieder auftauchen und die Träume und Fantasien aller Menschen beeinflussen.

So wie die Felder materieller Objekte sind auch die mentalen Felder hierarchisch aufgebaut und überlappen einander. Es sind keine voneinander getrennten Bereiche, sondern vielmehr Bereiche eines Ganzen, die sich durch unterschiedliche Eigenschaften voneinander abgrenzen, deren Übergänge aber fließend sind.

Hierzu finden wir eine Analogie in den Abstufungen der Hirnwellen, die jeweils bestimmten Feldern zugeordnet werden können. Das Gehirn produziert vier unterschiedliche Typen von Gehirnwellen: Beta-, Alpha-, Theta- und Delta-Wellen. Diese Wellen werden durch eine Elektroenzephalografie (EEG) gemessen und haben unterschiedliche Eigenschaften:[72]

Beta-Wellen:

14 bis 40 Hz, dominieren im Wachzustand: offene Augen, Fokus auf die äußere Welt, Wachheit, Konzentration, Besorgnis, Angst.

Beta-Wellen gehören zum Feld des bewussten Denkens.

Alpha-Wellen:

8 bis 13 Hz, dominieren im Zustand der Entspannung: geschlossene Augen, Abwesenheit von Stress.

Alpha-Wellen eröffnen den Zugang zum Feld des Unbewussten, der Intuition und der Autosuggestion.

Theta-Wellen:

4 bis 8 Hz, dominieren in der Einschlafphase: Dämmerzustand zwischen Wachen und Schlafen, oft von traumartigen mentalen Bildern begleitet.

Theta-Wellen ermöglichen den Zugang zu unbewusstem Material, zu Träumereien, freien Assoziationen, verborgenem Wissen und kreativen Ideen.

Delta-Wellen:

Unter 4 Hz, dominieren im Tiefschlaf und bei tranceähnlichen Zuständen.

Delta-Wellen lassen ungehörte und ungesehene Dinge in Form von hypnagogen Erinnerungen auftreten, erzeugen also Pseudohalluzinationen.

Theta-, Delta- und Alpha-Wellen stellen einen Kontakt zum Unbewussten her. Der Mensch hat über die verschiedenen Hirnwellen offenbar Zugang zu den einzelnen Bereichen der jeweiligen Felder, indem er sein Gehirn durch eine Modula-

tion seiner Hirnwellen auf die einzelnen Bereiche des individuellen Bewusstseins, des individuellen Unbewussten und des
kollektiven Unbewussten einstellt.

Verbindung der Felder

Das Dargestellte bedeutet, dass der Mensch in ein System
sowohl materieller als auch mentaler Felder eingebettet ist.
Materielle und mentale Felder gehen auf das grundlegende
fünfte Feld der Vakuumenergie zurück und sind über dieses
Feld miteinander verbunden.

Der Mensch ist über die sich auf materielle Objekte be-
ziehenden und die mentalen Felder mit allen anderen gegenwärtigen und vergangenen Angehörigen seiner Spezies verbunden. Die Verbindung ist über die Resonanz umso enger,

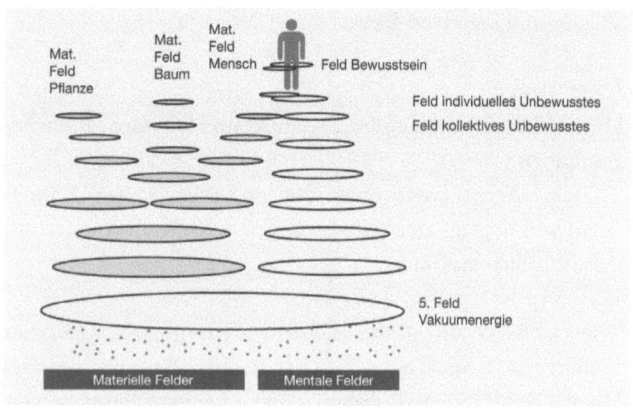

Abbildung 6: Feldsystem

je ähnlicher sich die Mitglieder sind, das heißt bei einer Familie oder einem Verein ist die Resonanz höher als zwischen zwei Menschen unterschiedlicher Kulturen. Ferner existiert über die gemeinsame Wurzel der Felder in der Vakuumenergie eine Verbindung des Menschen zu allen anderen Objekten.

Wenn Sie daher in Zukunft einen Baum oder den Mond betrachten, dann denken Sie daran, dass Sie in letzter Konsequenz ein Stück von sich selbst betrachten und dass Sie und diese Objekte denselben Ursprung haben. Zwar nehmen wir uns über unsere Sinnesorgane als getrennt von anderen Menschen und Objekten wahr. Über die Feldhierarchie aber sind wir miteinander verbunden. Wenn wir uns zum Beispiel unter eine Decke legen und nur den Kopf und die Hände hervorstrecken, sieht es so aus, als wären die Hände vom Kopf getrennt, obwohl sie über den Körper miteinander verbunden sind. Entsprechend sind etwa ein Baum und ein Mensch unterschiedliche Ausprägungen eines gemeinsamen Vakuumenergiefeldes. Letztlich ist alles miteinander verbunden, die getrennte Wahrnehmung entspricht nicht der Realität.

Absolutes Bewusstsein und Mehrdimensionalität

Alle Objekte des Universums, alle Menschen, Tiere und Elementarteilchen sind jeweils mit einem sie prägenden Feld verbunden. Dies gilt in gleichem Maße für alles Immaterielle wie etwa Gedanken und Gefühle, die ebenfalls durch ein Feld strukturiert werden.

Die Felder sind Substrukturen des Quantenvakuums. So wie das Quantenvakuum im gesamten Universum verteilt ist und alles Bestehende durchdringt und umgibt, gilt dies auch für die Felder als Substrukturen des Quantenvakuums. Alle Felder haben grundsätzlich die gleiche Struktur und den gleichen Aufbau. Sie unterscheiden sich lediglich in ihrem Fokus auf das oder die Objekte, auf das oder die sie einwirken.

Was macht nun vor dem Hintergrund dieser Erkenntnisse das Wesen der Dinge – beispielsweise das Wesen des Menschen – aus?

In unserer materiellen Sichtweise meinen wir meist, die materielle Erscheinungsweise des Menschen sei das Wesentliche. Wenn wir uns dagegen die für die Existenz der Dinge grundlegende Natur der morphischen Felder vor Augen halten, müssen wir wohl eher annehmen, dass die zu dem einzelnen Menschen gehörenden Felder das Wesentliche sind. Genau genommen *hat* der Mensch nicht ein Feld, sondern er *ist* ein Feld. Bei den immateriellen Phänomenen wie etwa dem Bewusstsein ist dies offensichtlich, da das Bewusstsein keine unmittelbare (jedoch in jedem Fall eine mittelbare) Ausprägung in der Realität hat. Bewusstsein ist ein Feld.

Wenn alle Felder die gleiche Struktur haben, sind alle Felder demzufolge auch Bewusstseinsfelder. Danach müsste selbst ein Baum ein Bewusstsein haben, allerdings nicht als im menschliche Sinne denkender Baum. Vielmehr ist auch der Baum ein Feld, und dieses Feld ist mit unserem Bewusstseinsfeld verwandt und unterscheidet sich lediglich in der Ausprägung von diesem.

Da die Felder zugleich hierarchisch und holografisch aufgebaut sind, steckt in jedem Feld jedes Feld. Die einzelnen

Felder sind so voneinander abgegrenzt wie etwa Licht- von Radiowellen. Beides sind elektromagnetische Wellen, die sich nur durch Frequenz und Wellenlänge unterscheiden, die uns aber ganz verschiedenartig erscheinen.

Die Felder sind Substrukturen des Quantenvakuums und haben ihre gemeinsame Basis in diesem Quantenvakuum. Auf der untersten, ersten Ebene haben alle Felder das gleiche Grundfeld – das Quantenvakuum. Das Quantenvakuum *hat* hier kein Feld, das Quantenvakuum *ist* hier ein Feld. Das Quantenvakuum ist demnach auch das grundlegende Bewusstseinsfeld. Es ist das noch undifferenzierte Feld des sogenannten absoluten Bewusstseins. Im Folgenden wird dieses Feld daher je nach Zusammenhang als grundlegendes Feld, als Feld des absoluten Bewusstseins und als Feld des Quantenvakuums bezeichnet.

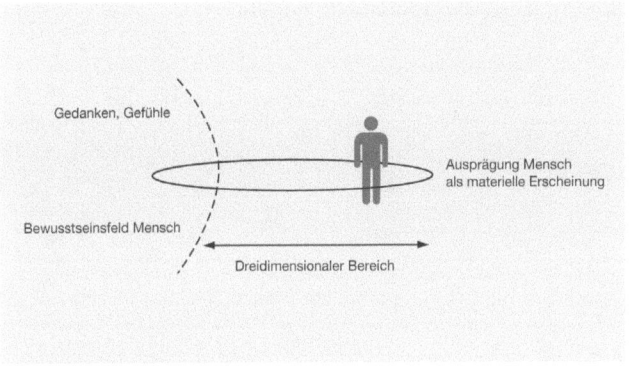

Abbildung 7: Feldausprägung

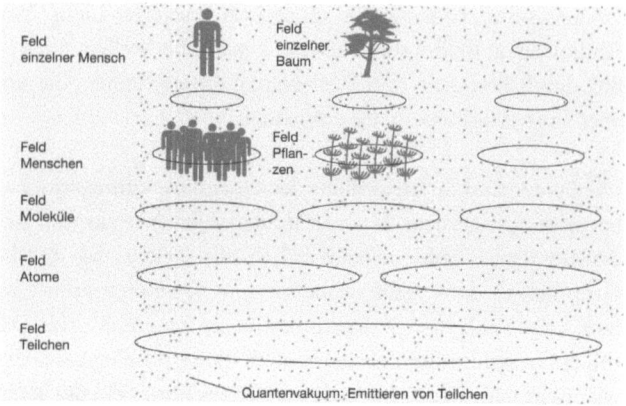

Abbildung 8: Feldstruktur

Aus dem Quantenvakuum werden Felder und Teilchen emittiert. Daraus baut sich in zunehmender Differenzierung alles Bestehende, Materielles wie Immaterielles, auf. Den Feldern kommt dabei die wesentliche Funktion zu.

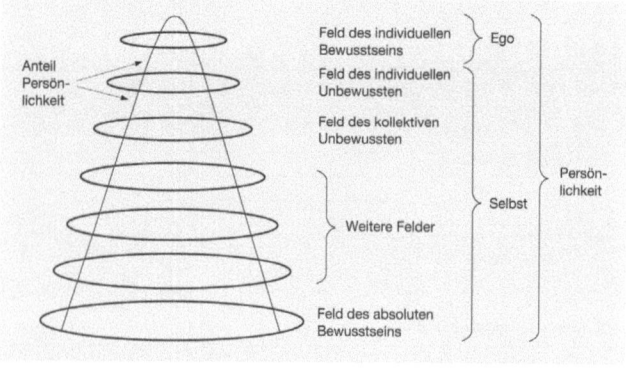

Abbildung 9: Feldaufbau, Bewusstsein

Der Mensch hat an einer Vielzahl von Feldern Anteil. Das von uns am stärksten wahrgenommene immaterielle Feld ist unser individuelles Bewusstseinsfeld, das unterlegt ist vom Feld des individuellen Unbewussten, dem Feld des kollektiven Unbewussten usw. bis hin zum Feld des absoluten Bewusstseins. Durch diesen Feldaufbau ist der Mensch – wie jedes andere Wesen oder Objekt auch – mehrdimensional angelegt.

So wie das elektromagnetische Feld ein Kontinuum von Wellenlängen darstellt und wir daraus direkt nur einen bestimmten Ausschnitt als Licht wahrnehmen, so nehmen wir aus unserem Feldaufbau direkt nur einen bestimmten Ausschnitt wahr, nämlich die physische Erscheinung und vielleicht noch das individuelle Bewusstsein und das individuelle Unbewusste. Der Aufbau der Felder legt allerdings nahe, dass der Mensch über weitere Dimensionen verfügt, in denen er Zugang zu Feldern hat, die bis zum absoluten Bewusstsein reichen.

Denkwirkungen.
Die Magie von Ursache und Wirkung

Auf Basis des beschriebenen Systems und der damit verbundenen Zusammenhänge – und es spricht alles dafür, dass sie in der beschriebenen Form Gültigkeit haben –, können wir uns jetzt an die Beantwortung unserer zentralen Fragen heranwagen.

Zunächst einmal eine grundsätzliche Frage: Wie wirken das bewusste Denken und das Fühlen in diesem System?

Auch wenn in unserer Gesellschaft meist kategorisch zwischen Denken als bewusster, gesteuerter Handlung und Fühlen als aus dem Unbewussten kommendem, nicht steuerbarem Vorgang unterschieden wird, ist eine strikte Trennung zwischen beidem nicht möglich. Bis auf Phasen gezielter Sammlung und Konzentration erfolgt unser Denken eher ungesteuert.

Untersuchungen zufolge haben wir rund 60 000 Gedanken pro Tag. Viele davon steigen aus dem Unbewussten in das individuelle Bewusstsein hoch. Die Chinesen vergleichen dieses ungesteuerte Denken mit einer Wagenladung plappernder Affen. Andererseits sind die ebenfalls in uns hochsteigenden Gefühle durchaus zum Teil bewusst steuerbar. Denken und Fühlen scheinen ähnliche Prozesse zu sein, die nur auf verschiedenen Ebenen ablaufen: das Denken auf bewusster Ebene, das Fühlen auf unbewusster Ebene. Aber beide sind eng miteinander verbunden.

Wir kennen das: Positive Gedanken erzeugen positive Gefühle, so wie negative Gefühle negative Gedanken heraufbeschwören. Diese Ansicht vertritt auch der Psychologe Daniel Goleman. In seinem Bestseller *Emotionale Intelligenz* verweist Goleman darauf, dass bei Denkprozessen sowohl in den für die rationalen Vorgänge als auch in den für die emotionalen Vorgänge zuständigen Hirnrealen Aktivitäten gemessen wurden. Es gibt also kein Denken ohne Gefühle.

Zudem macht es für die Intensität eines Gedankens offensichtlich einen erheblichen Unterschied, ob dieser Gedanke den eigenen Glaubenssätzen entspricht oder nicht. So wird zum Beispiel der Gedanke »Ich gewinne in der nächsten Lotterie« kaum eine Bedeutung erlangen, wenn man den Glaubenssatz vertritt: »Ich habe nie Glück im Spiel.«

Die im tiefsten Innern verankerten Glaubenssätze bestimmen die Erwartung. Wenn im Folgenden von Denken und Fühlen die Rede ist, wird davon ausgegangen, dass dieses Denken oder Fühlen den eigenen Glaubenssätzen entspricht, das Denken also mit der Erwartung übereinstimmt.

Das Denken erzeugt in dem zugehörigen Feld (Feld des individuellen Bewusstseins) einen Impuls, das beschriebene Torsionsfeld. Auf der physischen Ebene verläuft dieser Impuls über die Neuronen im Gehirn. Der Impuls wird zum einen in dem individuellen Bewusstseinsfeld gespeichert und steht dort für alle Zeit abrufbereit zur Verfügung. Zum anderen durchläuft er die einzelnen hierarchisch aufgebauten Felder als Torsionswelle nahezu verzögerungsfrei, erreicht das grundlegende Feld der Vakuumenergie und über dieses die darauf aufgebauten materiellen Felder.

Ein einzelner Gedanke und damit ein einzelner Impuls hat nur eine Informationsfunktion für die übrigen Felder, er entfaltet keine aktive Wirkung, allenfalls eine passive Reaktion der Feldmitglieder. Der einzelne Gedanke wird als instabiles Feld von den übrigen Feldern absorbiert und bleibt nicht als eigenständiges Subfeld bestehen. Allerdings kann er eine unterschiedliche Intensität haben und durch diese Intensität über die bloße Informationsfunktion hinausgehen.

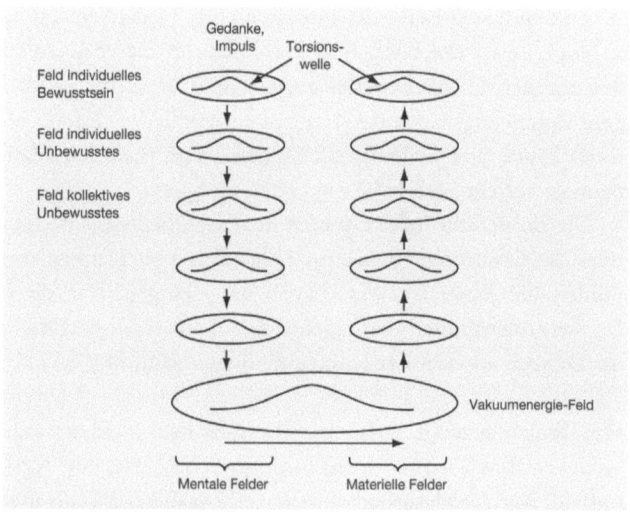

Abbildung 10: Impulswanderung

Die Intensität eines Gedankens wird im Wesentlichen von zwei Faktoren bestimmt: seiner Häufigkeit und seiner Übereinstimmung mit den individuellen Überzeugungen.

1. Wiederholung des Gedankens

Je öfter ein Gedanke wiederholt wird, desto intensiver wirkt das entsprechende Feld und desto stärker prägt sich das Muster ein. Man kann dies mit einem Wasserlauf vergleichen. Je öfter das Wasser durch ein Flussbett fließt, desto tiefer gräbt es sich in die Erde ein. Ein einmaliger Gedanke ist wie Wasser, das einmal über das Land fließt und den vorhandenen Unebenheiten der Landoberfläche folgt, ohne sich ein Flussbett zu graben.

2. Übereinstimmung mit dem Glaubenssystem

Jeder Mensch vertritt bewusste und unbewusste Annahmen, Vorstellungen, Meinungen usw. über sich selbst und die Welt. Sein Glaubenssystem ist die Folge der Eindrücke, Erlebnisse und Gedanken, die in der Vergangenheit im Feld des Bewussten und Unbewussten abgelegt worden sind.

Ein bewusster Gedanke, der diesem Glaubenssystem widerspricht, kann nicht machtvoll und prägend sein. Wir kennen das: Ein Gedanke kann noch so positiv sein – wenn wir ihm insgeheim keinen Glauben schenken, wird er nicht umgesetzt. Der Gedanke »ich bin erfolgreich« hat keine Chance zur Umsetzung, wenn wir uns tatsächlich für einen ausgemachten Verlierer halten. Denn nur wenn ein Gedanke mit dem Glaubenssystem übereinstimmt, gelangt dieser als eigenständiges Subfeld in das Feld des Unbewussten und die übrige Feldhierarchie.

Die Glaubenssysteme wirken wie ein Filtersystem. Diese Filterwirkung kann man sich als wellenförmige, strukturierte Oberfläche eines Feldes vorstellen. Ein Impuls kann nur dann durch diese Oberfläche dringen, wenn seine Energie hinreichend stark ist oder wenn seine Struktur (Modulation) mit der des Feldes übereinstimmt. Stimmt ein Gedanke mit dem individuellen Glaubenssystem überein, wird er Teil des individuellen Unbewussten. Über die Resonanzbeziehung wird das Subfeld des individuellen Unbewussten künftig seinen Einfluss ausüben. Stimmt der Gedanke auch mit den kollektiven Glaubenssystemen der unterschiedlichen Umfelder des Individuums überein (Familie, Freundeskreis usw.), so sinkt er in das entsprechende kollektive Unbewusste ab und wird dort zum allgemeinen Bestandteil.

Da das individuelle Glaubenssystem immer auch Teil des kollektiven Glaubenssystems ist, bewirkt eine Änderung des individuellen Systems eine – wenn auch zunächst geringfügige – Änderung des kollektiven Glaubenssystems. Wenn ein Gedanke mit dem individuellen Glaubenssystem in Einklang steht und zum Beispiel durch Wiederholungen eine hohe Intensität hat, wird er selbst zu einem Feld, das heißt, er wird nicht durch die übrigen Felder absorbiert, sondern bleibt als eigenständiges Subfeld bestehen und wird zum integralen Bestandteil des individuellen Bewusstseinsfeldes.

Dieser Integrationsprozess verändert dann indirekt auch das kollektive Bewusstseinsfeld, da sich nach dem Prinzip der Selbstähnlichkeit der Inhalt dieses Feldes in den nächsthöheren Feldern wiederfindet. Um die Analogie zum Wasser erneut aufzugreifen: Das Wasser ist jetzt sehr kraftvoll und in großer Menge oder sehr oft über das Land geflossen und hat sich sein eigenes Flussbett geschaffen. Man kann sich den

Übergang von Impuls zu Feld wie den Übergang von einer einmaligen Welle zu einer stehenden Welle vorstellen, die immer wieder an den gleichen Stellen die gleichen Ausprägungen in Raum und Zeit hat.

Das Gedankenfeld wird in die Feldhierarchie als Subsystem integriert. Nach dem Prinzip der Selbstähnlichkeit wird es in einer sich wiederholenden Folge zum integralen Bestandteil aller Felder. – Ist das nicht ein machtvoller und motivierender Gedanke?

Vor diesem Hintergrund nun die Beantwortung der übrigen Fragen.

I. Wie wirkt das Denken auf den Menschen selbst?

Jeder Gedanke wird zum Bestandteil des eigenen Bewusstseinsfeldes. Der einzelne Mensch steht mit diesem Feld in einer sehr hohen Eigenresonanz, da sein jeweiliger Zustand dem unmittelbar vorhergegangenen Zustand sehr ähnlich ist. Das, was ein Mensch heute denkt, prägt sein Bewusstseinsfeld, und dieses prägt aufgrund der Eigenresonanz das Bewusstsein, das er morgen haben wird. Mit anderen Worten: Der Mensch ist, wie er ist, weil er war, wie er war; und der Mensch wird, wie er wird, weil er ist, wie er ist!

Dies entspricht dem Gedanken des Karma in den östlichen Philosophien und wird im christlichen Glauben mit dem Satz »Was du säst, wirst du ernten« ausgedrückt. Der Buddhismus betrachtet das Karma als eine Art Lagerhaus, in dem die Eindrücke unserer Handlungen wie Samen aufbewahrt sind. Unter den passenden Bedingungen keimen sie und manifestieren sich schließlich als Umstände und Situationen in unserem Leben.[73]

Aufgrund der Eigenresonanz verstärken sich Denken und Bewusstseinsfeld ständig gegenseitig: Je häufiger das Wasser ein Flussbett durchspült, desto ausgeprägter wird das Flussbett, und je ausgeprägter das Flussbett ist, desto häufiger wird das Wasser diesen Weg wählen.

Diese Gesetzmäßigkeit ist der Grund dafür, warum man seine Denkgewohnheiten nicht von heute auf morgen ändern kann – das würde eine Änderung und Durchbrechung der Resonanzmuster erfordern. Hier ist vermutlich auch der Grund dafür zu suchen, dass bestimmte Menschen dauerhaft Erfolg an Erfolg reihen, während andere beständig Misserfolge einsammeln und es scheinbar nicht ändern können. Wer Erfolg hat, erwartet Erfolg und bekommt ihn dann auch. Wer Misserfolg hat, erwartet Misserfolg, der dann auch eintrifft. Über das Denken erhält der Mensch durch die Eigenresonanz mit dem Bewusstseinsfeld das, was er erwartet und denkt.

Wie Experimente von Physikern nahelegen, »sind wir durch unsere inneren Zustände, unser Denken, Fühlen und Vorstellen, unsere Intuition usw. ständige Mitgestalter dieser unsichtbaren feinstofflichen Umwelt, die konkrete Wirkungen auf die materielle Umwelt und unseren leiblichen und psychischen Zustand hat«.[74] Augenfällig wird dies, wenn ein Unglück ein anderes oder gar mehrere andere geradezu anzieht: Ein Unglück kommt selten allein!

Welche Ziele der einzelne Mensch auch verfolgt – Harmonie, Erfolg, Reichtum oder was auch immer –, es kommt entscheidend darauf an, das aktuelle Denken und Fühlen so zu wählen und zu steuern, dass über die Eigenresonanz in der Zukunft die gewünschte Feldwirkung erreicht wird, nämlich durch ein intensives und kontinuierliches Denken und Fühlen auf das Angestrebte hin. Nur so entstehen die zur Zielerreichung erforderlichen Felder und Feldwirkungen.

Dazu kann es nötig sein, vorhandene Denk- und Verhaltensmuster zu durchbrechen, um auf diese Weise eine Eigenresonanz mit negativen, die Zielerreichung behindernden Feldern zu durchbrechen. – Wenn der Wasserlauf verändert werden soll, muss ein neues Flussbett geschaffen und das alte Flussbett zerstört werden, damit immer mehr Wasser durch das neue Flussbett fließt. Im Kapitel »Denken wirkt. Wie Sie denken, was Sie wollen« wird ausführlich beschrieben, wie diese Erkenntnis praktisch umgesetzt werden kann.

Mit der Wirkung des Denkens auf den einzelnen Menschen hat sich etwa Joseph Murphy Anfang der Sechzigerjahre in seinem Weltbestseller *Die Macht Ihres Unterbewusstseins* auseinandergesetzt. Murphy hat seine noch immer hochaktuellen Erkenntnisse über die Wirkung des Denkens aus der eigenen Erfahrung abgeleitet. Da ihm die heute zur Verfügung stehenden wissenschaftlichen Erkenntnisse damals noch nicht vorlagen, meinte Murphy, die von ihm beschriebenen Phänomene seien letztlich unerforschlich.[75] Im Licht des heutigen Wissens betrachtet werden Murphys Beobachtungen erklärbar und können zugleich als Bestätigung und Erläuterung unseres Modells dienen. So schreibt Murphy etwa: »Ein ebenso universelles Gesetz ist aber auch, dass jeder auf Ihr Unterbewusstsein wirkender Eindruck in Zeit und Raum Ausdruck findet als Umweltbedingung, Erfahrung und Ereignis … Was immer Sie erleben und tun, alle Ereignisse und Umstände Ihrer

Existenz sind Reaktionen des Unbewusstseins auf Ihre Gedanken.«[76]

Weiter führt Murphy aus: »Jeder Gedanke ist deshalb eine
Ursache, und jeder innere oder äußere Umstand eine Wirkung … Sobald Sie richtig denken und die Wahrheit begreifen gelernt haben, und wenn die in Ihrem Unterbewusstsein
eingepflanzten Gedanken positiver, harmonischer und friedli-
cher Art sind, wird die magische Wirkungskraft Ihres Unterbewusstseins zur Geltung kommen und angenehme, harmonische Lebensbedingungen schaffen … Denken Sie stets daran,
dass es die Welt Ihres Innenlebens ist – also Ihre Gedanken,
Gefühle und Vorstellungen –, die die äußere Welt erschafft …
Und was immer in der Welt unserer Sinne Ausdruck findet,
wurde – bewusst oder unbewusst – durch die Kraft des Geistes und insbesondere des Unterbewusstseins geschaffen. …
Wandeln Sie Ihre Denkgewohnheiten, und Sie wandeln Ihr
Schicksal.«[77]

Damit knüpft Murphy an alte, aber gleichzeitig hochaktu-
elle und sehr machtvolle Erkenntnisse an, um die wir intuitiv
wissen, die wir aber in unserer angeblich rationalen Welt viel
zu lange nicht gelten lassen wollten.

II. Wie wirkt sich das eigene Denken auf andere Menschen aus?

Ein Gedanke hat zunächst immer eine Informationsfunktion für andere Mitglieder der entsprechenden Felder. Jeder
Mensch steht mit jedem anderen Menschen in einer sehr
subtilen Art und Weise in Verbindung, indem er über das

gemeinsame Feld permanent Informationssignale sendet und empfängt.

Da das Bewusstseinsfeld holistisch ist und sich der Mensch (mit seinem Gehirn) in diesem Feld befindet und sich ein Impuls in dem Feld mit milliardenfacher Lichtgeschwindigkeit als Welle über Raum und Zeit ausbreitet, hat jeder Mensch jederzeit und überall Zugang zu allen Informationen. Diese Informationen können zu einer Reaktion des Einzelnen oder vieler Angehöriger einer Gruppe oder Art führen.

Hat der Gedanke Feldcharakter, und wird er zum integralen Bestandteil des kollektiven Unbewussten, so beeinflusst er die Mitglieder dieses Feldes des kollektiven Unbewussten und ihr Denken und Verhalten über die Resonanzbeziehung zwischen Feld und Feldmitglied. Dies erklärt das am Ende des zweiten Hauptkapitels beschriebene Phänomen der Synchronizität. Wenn Sie an jemanden denken, und diese Person ruft an, oder Sie treffen diese Person kurze Zeit später zufällig, so hat Ihr Denken die Feldwirkung initiiert, oder das Feld hat Ihnen das Ereignis schon vorher angekündigt.

Sie können das Wissen um die Feldbeziehung zwischen den Feldmitgliedern auf zweierlei Weise gezielt für sich nutzen:

1. Kommunikation

Die Mitglieder eines Feldes kommunizieren über die Feldbeziehung ständig miteinander. Neben der verbalen Kommunikation und der nonverbalen Körpersprache ist dies eine dritte Art sehr machtvoller Kommunikation. Denn auf der Feldebene werden die tatsächlichen, ehrlichen Informationen direkt ausgetauscht, da sie unverfälscht und ohne Filter zu den anderen Feldmitgliedern gelangen. Das ist vermutlich die Ursache dafür, warum man manchmal intuitiv (aus dem kollektiven Unbewussten heraus) bei einem Menschen oder einer Sache ein »komisches« oder auch »gutes« Gefühl hat. Denken Sie daher daran, wenn Sie jemandem gegenübertreten: Auf subtile Weise kommunizieren Sie bereits, bevor Sie das erste Wort gesagt oder die erste Geste gemacht haben.

In diesen Bereich der Kommunikation fällt auch das Phänomen der persönlichen Ausstrahlung eines Menschen. Mit dem in der Alltagssprache sehr oft verwendeten Begriff der positiven Ausstrahlung meinen wir das unbestimmte, unspezifische Gefühl, dass jemand eine positive Wirkung auf uns ausübt. Die hieraus zu ziehende Schlussfolgerung kann nur lauten: Kommunizieren Sie auf allen Ebenen ehrlich und authentisch. Dies wiederum erfordert, dass Sie zunächst einmal herausfinden, was Sie wirklich wollen. Denn nur dann können Sie wirklich ehrlich zu sich selbst und zu anderen sein.

Es geht also um die Beantwortung der alten Frage: Wer bin ich wirklich? Im vierten Hauptkapitel dieses Buches werden Sie hierzu ausführliche Hilfestellungen erhalten. Doch zunächst einmal zum zweiten wichtigen Anwendungsbereich des beschriebenen Wissens:

2. Zielformulierung

Wenn Sie ein Ziel verfolgen, werden Sie es nur erreichen, wenn Ihnen die damit verbundenen Inhalte und Bedingungen so klar sind, dass beides auch für andere über die Kommunikation in dem kollektiven Feld erfahrbar wird. Nur so können

Sie Ihre Mitmenschen zu einem Handeln bewegen, das Ihnen die Erreichung Ihres Ziels ermöglicht. Nur wenn Sie selbst genau wissen, was Sie wollen und wie Sie es erreichen wollen, stimmen Sie über das kollektive Feld auch die anderen Feldmitglieder darauf ein. Dies ist letztlich eine Frage der system-, das heißt feldgerechten Zielformulierung und Planung. Auch hierauf wird das vierte Hauptkapitel noch genauer eingehen.

An dieser Stelle soll nun ein umstrittenes Phänomen untersucht und vor dem Hintergrund der gewonnenen Erkenntnisse erklärt werden: die transpersonale Kommunikation, die auch als Telepathie bezeichnet wird. Sie ist ein Rätsel, weil sie nicht über Auge, Ohr oder andere Sinnesorgane und auch nicht über technische Kommunikationsgeräte erfolgt.

Viele von uns haben solche Erlebnisse der transpersonalen Kommunikation, etwa wenn einem nahestehenden Menschen etwas Schwerwiegendes zustößt – eine plötzliche Krankheit oder ein Unfall – und man davon weiß oder es ahnt, bevor man es direkt erfährt.[78] In einer Umfrage des Allensbacher Instituts für Demoskopie gab beispielsweise jeder fünfte westdeutsche Erwachsene an, selbst bereits einmal oder mehrmals solche indirekten Informationen über räumlich entfernte Vorgänge und/oder künftige Ereignisse empfangen zu haben, ohne sagen zu können, woher diese Information stammte.[79]

Die Existenz dieses Phänomens wurde durch zahlreiche wissenschaftliche Experimente hinreichend belegt.[80] Der Physiker Hal Puthoff etwa führte folgendes Experiment durch: Eine als Sender fungierende Versuchsperson wurde in regelmäßigen Abständen Lichtblitzen ausgesetzt. Die Fragestellung lautete, ob eine zweite, davon vollständig abgeschirmte Person, die als Empfänger fungieren sollte, dies in irgendeiner Form registrieren würde. »Die Gehirnwellen beider Versuchspersonen wurden mit einem Enzephalografen aufgezeichnet. Erwartungsgemäß zeigten sich beim Sender die bekannten rhythmischen Gehirnwellenmuster, wie sie normalerweise von regelmäßigen hellen Lichtblitzen ausgelöst werden. Doch nach kurzer Zeit produzierte auch der Empfänger diese Muster, obwohl dieser Proband den Blitzen nicht ausgesetzt war und keinerlei mit den fünf Sinnen wahrnehmbare Signale vom Sender zu ihm gelangen konnten.«[81]

Inzwischen ist eine Vielzahl solcher und ähnlicher Experimente unter genau definierten Bedingungen und wissenschaftlicher Aufsicht durchgeführt worden. Die Ergebnisse sind eindeutig: Das Phänomen der Telepathie existiert. Hal Puthoff jedenfalls stellte angesichts der Ergebnisse seiner Experimente fest, »dass (wir) bis heute nicht einen Menschen gefunden haben, der unfähig wäre, Fernwahrnehmung zur Zufriedenheit zu demonstrieren. Natürlich sind die einzelnen unterschiedlich begabt – das ist beim Singen oder Klavierspielen nicht anders. Die einen sind beständiger und zuverlässiger, die anderen verbessern sich rascher. Die Anzeichen sprechen dafür, dass es sich um eine weitverbreitete menschliche Befähigung handelt.«[82]

Selbst die amerikanische CIA experimentierte zeitweise mit der Nutzung der Telepathie für die »Fernaufklärung«. Dabei versuchte der betreffende Proband, Information von entfernten Orten und Personen zu erhalten.

Eine ähnlich geartete Verbindung hat der Psychiater John Diamond zwischen Mensch und Umwelt festgestellt. Der Arzt befasste sich eingehend mit der Rolle des Unbewussten bei der Entstehung von Krankheiten und gehört zu den Pionieren der Kinesiologie. Die Kinesiologie ist ein alternatives Diagnoseinstrument und basiert auf der Annahme, dass sich gesundheitliche Störungen unter anderem in Form einer Schwäche bestimmter Muskelgruppen manifestieren. Um die Stärke des negativen oder positiven Einflusses bestimmter Dinge wie etwa Lebensmittel auf das Einzelindividuum zu messen, steht die Testperson beispielsweise aufrecht und hebt einen Arm seitlich, bis dieser zum Oberkörper in einem 90-Grad-Winkel steht. Eine zweite Person drückt von oben in Höhe des Handgelenks der Testperson gegen deren ausgestreckten Arm und ermittelt die Kraft, die notwendig ist, um den Arm herunterzudrücken. Dann wird die Testperson einem positiven (hier einem gesunden Lebensmittel) oder einem negativen (hier einem minderwertigen oder verdorbenen Lebensmittel) Reiz ausgesetzt.

Es zeigt sich, dass bei einem positiven Reiz deutlich mehr und bei einem negativen Reiz deutlich weniger Kraftaufwand notwendig ist, um den Arm der Testperson nach unten zu drücken. Diamond führt diesen Effekt auf eine durch positive Reize gestärkte oder und durch negative Reize geschwächte Lebensenergie des Menschen zurück. Die Muskelkraft ist ein Indikator für diese Lebensenergie, die nach Diamond in direktem Zusammenhang mit der Thymusdrüse steht.

Diamond hat diesen Effekt der Stärkung oder Schwächung auch festgestellt, wenn zwei Personen miteinander in Kontakt treten. »Irgendwie wurde die Lebensenergie der ›starken‹ Person durch den persönlichen Kontakt mit einer Person mit schwachem Thymus geschwächt. Das ist jedoch nicht alles: Wenn Sie verschiedene Meridianpunkte (Energiesystem) auf dem Körper der interagierenden Personen testen, werden Sie feststellen, dass eine spezifische Unausgeglichenheit von einer Person auf die andere übertragen werden kann.«[83]

Diesen energiezehrenden oder –spendenden Effekt kennt jeder, der zu bestimmten Menschen einen besonders engen Kontakt hat oder besonders sensibel auf die Ausstrahlung anderer Menschen reagiert. Auch in der Medizin oder in der Unternehmensführung weiß man darum.

III. Welche Auswirkung hat das Denken auf die Materie und die Gegenwart?

Alle Objekte in der realen Welt sind hierarchisch aufgebaut und werden durch entsprechende hierarchisch aufgebaute Felder beeinflusst. Diese Felder sind grundlegend und primär, die materiellen Objekte nur eine Folge der durch die Felder gesteuerten Quantenfluktuation. Bei einer Veränderung der Felder verändern sich auch die materiellen Objekte.

Wie beschrieben wirkt ein Gedanke, aber auch ein Gefühl bei entsprechender Intensität über die mentalen Felder auf das Vakuumenergiefeld und damit auf die materiellen Felder ein. Diese Einwirkung verändert die Struktur der Quantenfluktuation und damit Inhalt, Aussehen und Eigenschaften der Objekte. Die Wirkung von Denken und Fühlen auf die Materie hat in sehr eindrucksvoller Weise der Japaner Masuro Emoto in seinem Buch *Die Botschaft des Wassers* beschrieben.

Zunächst hatte Emoto auskristallisiertes Wasser fotografiert und festgestellt, dass die Kristalle eine einfache oder mehrfache Dreiecksstruktur aufweisen. Diese Strukturen sind umso klarer, je reiner und hochwertiger das Wasser ist. Emoto hat dann in einer langen Reihe von Versuchen Wasserproben mit Worten positiven und negativen Inhalts (zum Beispiel positiv: Liebe, Freundschaft; negativ: Hass, Dummkopf) beschriftet. Die Kristallstruktur der Proben veränderte sich auf eindeutige Weise: Während positive Worte eine klare, harmonische Kristallstruktur entstehen ließen, wurde die Kristallstruktur bei den Proben mit einer negativen Aufschrift ungeordnet und disharmonisch. Dazu der Elektroingenieur und Heilpraktiker Günther Mayer: »Auch menschliches Bewusstsein verändert die Kristallstruktur des Wassers. Positive Gedanken bringen ein klares, schönes Kristallbild, bei negativen Gedanken, Angst, Panik und Traurigkeit dagegen sind die Kristalle total zerstört.«[84]

Wenn man bedenkt, dass der Mensch zu 70 Prozent aus Wasser besteht, kann man im Interesse einer guten Gesundheit jedem nur raten, in Zukunft nicht mehr leichtfertig mit seinen Worten und Gedanken umzugehen.

Ein weiterer eindrucksvoller Beweis für die Wirkung des Denkens auf die Materie ist das Feuerlaufen. Dabei kann ein Mensch – nach entsprechender mentaler und meditativer Vorbereitung – ohne Verletzungen über einen drei bis fünf Meter langen Teppich aus glühenden Kohlen laufen. Ermöglicht wird dies durch eine Technik der Visualisierung: Man stellt sich vor, man ginge über frisches Moos. Ohne solch eine professionell begleitete Vorbereitung würde man sich zweifellos erhebliche Verbrennungen zuziehen. Also bitte nicht bei der nächsten heimischen Grillparty ausprobieren!

Der Lauf über glühende Kohlen ist ein altes Ritual der Südsee-Insulaner und wurde von Anthony Robbins in seinen Feuerlaufseminaren praktiziert. »Der Gang über das

Feuer vermittelt … die Erfahrung der eigenen Macht und ist darüber hinaus eine Metapher für das, was möglich ist, eine Gelegenheit, das zu erreichen, was die meisten bis dahin für unmöglich gehalten haben«, erläutert Robbins. »Die Botschaft ist, dass Menschen so gut wie alles tun können, wenn sie nur ihre Ressourcen so organisieren, dass sie wirklich daran glauben und dann auch handeln können. All das weist auf eine einfache, unausweichliche Tatsache hin: Erfolg ist kein Zufall. Wir müssen nur lernen, unsere geistige und körperliche Kraft so vorteilhaft einzusetzen, wie es tatsächlich möglich ist.«[85]

Denken und Bewusstsein haben also Einfluss auf die Materie. Im Rahmen des oben beschriebenen PEAR-Projektes hatte man festgestellt, dass die Probanden in einem entspannten Zustand die stärkste gedankliche Einflussnahme auf materielle Prozesse ausüben konnten. Auch diese Feststellung stimmt mit unseren theoretischen Überlegungen überein: In einem entspannten Zustand dominieren im Gehirn Alpha- und/oder Theta-Wellen.

Mit spielerischer Leichtigkeit erzielt man oft die besseren Resultate. Tun Sie also weniger, und erreichen Sie mehr!

Die Alpha- und Theta-Wellen eröffnen einen unmittelbaren Zugang zum Feld des Unbewussten, sodass die »Wegstrecke«, die der Impuls zu überwinden hat, deutlich verkürzt wird. Das jeweilige Glaubenssystem wird auf diese Weise entweder umgangen oder verstärkend eingesetzt, sodass das kritische, bewusste Denken der Beta-Wellen in den Hintergrund gedrängt wird.

Auch das geschilderte Phänomen, dass der Beobachter darüber bestimmt, ob sich Licht als Welle oder als Teilchen zeigt, wird vor diesem Hintergrund erklärbar. »Man kann ein Geschehen allein durch den Vorsatz herbeiführen, sofern man das Gewollte ganz aufmerksam beobachtet«, bestätigt der Physiker Fred Alan Wolf angesichts dieses umfassend belegten Beobachtungseffekts in seinem sehr verständlich geschriebenen Buch *Die Physik der Träume*. Und er ergänzt: »Das heißt mit intensiver Beobachtung in sehr kurzen Zeitabständen, also mehr oder minder pausenlos, aber auf einer neuen, unerwarteten Spur. Unter Beobachtung kommt ein Topf auch auf einem Eisstück zum Sieden, wenn man es will.«[86]

Im Experiment führt letztlich die Beobachtung des einen Teilchens zum Zusammenbruch der Wellenfunktion des zweiten Teilchens. Dies ist nicht nur ein Indiz für die Verbindung von allem Bestehenden, sondern auch für den Einfluss der Beobachtung, das heißt des Bewusstseins auf das Teilchen. Allerdings stellt sich hier die Frage, wieso das Ergebnis nur Welle oder Teilchen lauten kann, wenn es doch vom Bewusstsein des Beobachters abhängt und damit letztlich beliebig sein könnte?

Die Erklärung der Quantenphysik lautet, dass hier eine Überlagerung zweier Quanten theoretisch wahrscheinlicher Wellenfunktionen zu einer Superposition vorliegt und diese Wellenfunktion durch das bewusste Beobachten kollabiert und Welle oder Teilchen in Erscheinung tritt. Dies beantwortet jedoch nicht die Frage, warum nicht auch noch andere Möglichkeiten in der Superposition überlagert sind. Wie könnte eine feldgerechte Erklärung aussehen?

Das Elektron verfügt wie jedes andere Objekt über ein Feld mit den darin befindlichen Eigenschaften, darunter die Möglichkeit des Elektrons, sowohl als Teilchen als auch als Welle aufzutreten. Da dies bereits viele Male geschehen ist, hat das Elektron aufgrund der Eigenresonanz eine starke Tendenz, eine dieser Möglichkeiten auch künftig auszuprägen. Dabei handelt es sich um die quantenphysikalischen Wahrscheinlichkeiten des Elektrons.

Der Beobachter kann mit seinem Bewusstsein eine dieser beiden Ausprägungen hervorrufen, aber kann er auch eine dritte oder vierte Ausprägung bewirken? Ist das Feld des Bewusstseins letztlich stärker als das Feld des Elektrons?

Wie dargelegt kann jedes Feld auf ein anderes Feld Einfluss nehmen. Das Feld eines Objekts legt dessen Eigenschaften fest. Im weiteren Sinne ist dieses Feld das »Bewusstsein der Materie«. Bewusstsein ist in dem Sinne zu verstehen, dass hier Verhalten und Informationen gesendet, empfangen und verarbeitet und Eigenschaften grundlegend festgelegt werden. Ervin Laszlo führt aus: »Selbst die Elementarteilchen hatten (und haben noch) eine Art Proto-Bewusstsein, eine Vorform des Geistes … Moleküle, Atome und Elementarteilchen haben je nach dem Grad ihrer Entwicklung einen mehr oder minder ausgeprägten Geist.«[87] Das ist allerdings nicht so zu verstehen, dass sich Materie ihrer selbst bewusst wird.

Felder sind demnach in der Lage, Neues zu erschaffen. Schon lange bevor der Mensch mit dem Bewusstsein seiner selbst aufgetreten ist, hat es Neu- und Weiterentwicklungen gegeben, und es gibt sie auch jetzt noch überall, selbst am entferntesten Rand des Universums. Die Neuentwicklungen entstehen dadurch, dass ein Feld über die Feldhierarchie und das Vakuumenergiefeld mit einem anderen Feld interagiert. Dabei können grundsätzlich zwei Fälle auftreten:

1. Feld A überlagert Feld B und führt zu einer in Feld B bereits enthaltenen Ausprägung.

Dazu ein Beispiel:

Der Wissenschaftler A bewirkt durch Beobachtung beim Feld B eines Elektrons dessen Ausprägung als Welle. Die Welle war neben der Ausprägung als Teilchen als Möglichkeit in dem Teilchenfeld vorhanden. Entscheidende Voraussetzung dafür ist nicht, dass diese Ausprägung in der Vergangenheit am häufigsten, sondern dass sie überhaupt schon einmal aufgetreten bzw. in dem Feld angelegt ist; sie kann also auch am Rand einer Häufigkeitsverteilung liegen.

Betrachten Sie Abbildung 11, »Häufigkeitsverteilung«: Die Eigenresonanz des Feldes würde zur Ausprägung von A 4 führen; durch die Überlagerung mit einem anderen Feld kann

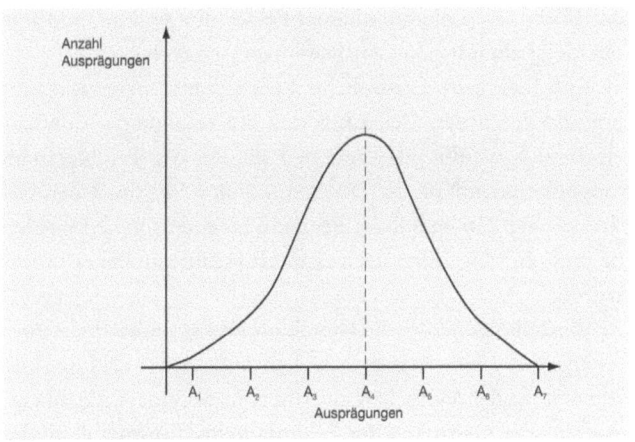

Abbildung 11: Häufigkeitsverteilung

aber auch die Ausprägung A1 oder A6 realisiert werden, wenn diese grundsätzlich im Feld angelegt sind.

2. Feld A überlagert Feld B und führt zu einer neuen, in Feld B noch nicht enthaltenen Ausprägung.

Auch hierzu ein Beispiel:

Der Wissenschaftler A erwartet und sucht eine dritte Ausprägung eines Elektrons. Vorausgesetzt, dass sich die Erwartungshaltung des Physikers als Feld etabliert und eine Überlagerung mit dem Feld des Elektrons erfolgt, kann das Feld des Elektrons eine neue Ausprägung hervorbringen, wenn diese im Möglichkeitsspektrum des Feldes liegt. Dies dürfte im Wesentlichen von der Einbindung des einzelnen Feldes in die Feldhierarchie abhängen, da durch diese Hierarchie in Form der über- und untergeordneten Felder nur system- und hierarchieerhaltende neue Ausprägungen möglich sind.

Auf Ihre ganz persönliche Lebenspraxis angewandt: Sie können durch den Gedanken »ich bin erfolgreich« durchaus erfolgreich werden, da dies im Rahmen der Feldhierarchie möglich und zulässig ist. Dagegen können Sie durch den Gedanken »ich bin eine lila Kuh« nicht zu einer solchen werden, da dies ein Umstoßen der gesamten Feldhierarchie erfordern würde.

Vorstellungen über die Gestalt und das grundsätzliche Aussehen eines Menschen sind in dem kollektiven Feld des Unbewussten aller Menschen enthalten, in das eine Vielzahl entsprechender Gedanken der Feldmitglieder Eingang gefunden hat. Wenn ein einzelner Mensch nun ein davon abweichendes

Bild entwickelt, ist der Einfluss auf das kollektive Feld nur gering. Wenn das Denken eines Einzelnen allein dessen individuellen Bereich betrifft (ich bin erfolgreich), ohne den Grundbildern des kollektiven Unbewussten zu widersprechen (was bei dem Gedanken »ich bin eine lila Kuh« der Fall wäre), ist der Einfluss dieses Gedankens des Einzelnen prägender, als wenn er den kollektiven Bereich betrifft (etwa das kollektive Bild vom Menschen), da sich die Mehrzahl der übrigen Feldmitglieder mit dieser individuellen Frage nicht beschäftigt und folglich auch keine entgegengesetzten Gedanken dazu entwickelt. Der Einfluss individueller Gedanken ist besonders groß, wenn die Vorstellungen des Einzelnen auch für die übrigen Feldmitglieder »denkbar« sind (etwa die Vorstellung vom eigenen Erfolg).

Der Einfluss des Denkens auf die Materie und auf die übrigen Menschen und damit auch auf sich selbst ist daher nicht beliebig. Die einzelnen Glaubenssysteme wirken als Filter, und die Einbindung der Felder in umfassendere Systeme lässt nur bestimmte Ausprägungen zu. Gott sei Dank, denn ein Mensch hat wissenschaftlichen Schätzungen zufolge durchschnittlich etwa 60 000 Gedanken pro Tag.

Wir sollten unseren Gedanken und unserer Art und Weise des Denkens also in jedem Fall mehr Aufmerksamkeit schenken! Denn Denken wirkt auf den Menschen selbst (Eigenresonanz), auf die Mitmenschen (Resonanz, kollektives Unbewusstes), auf die Materie und auf Immaterielles (Modulation der Quantenfluktuation, Feldüberlagerung).[88]

Es gibt aber noch einen weiteren höchst interessanten Aspekt: Wenn das Denken in den Feldern Torsionswellen verursacht, die sich mit einem Tempo von 10^9 C, also einem Vielfachen der Lichtgeschwindigkeit C, ausbreiten, dann ist diese Informationsübertragung milliardenfach schneller als die Abläufe und Vorgänge in der Raumzeit, also der Dimension, in der wir uns bewegen und in der sich nach der Relativitätstheorie nichts schneller als mit Lichtgeschwindigkeit C bewegen kann. Folglich eilen die Torsionswellen und die damit transportierten Informationen den Abläufen in unserer Raumzeit voraus. Das aber bedeutet, dass diese Wellen künftige Ereignisse und Vorgänge beeinflussen können.

Diese Ereignisse der Zukunft verursachen ihrerseits Torsionswellen. Da diese Wellen keine bestimmte Bewegungsrichtung haben, sondern sich gleichmäßig in alle Richtungen ausbreiten, können die durch zukünftige Ereignisse (die ihrerseits durch das gegenwärtige oder frühere Denken bewirkt werden) ausgelösten Torsionswellen in der Zeit zurücklaufen und Ereignisse in der Gegenwart beeinflussen. Die Zukunft hätte damit eine Wirkung auf die Gegenwart, die ihrerseits durch die Gegenwart induziert ist.

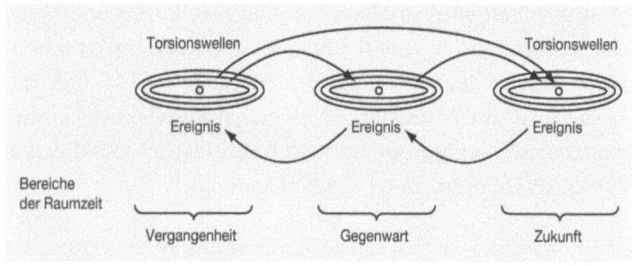

Abbildung 12: Zurücklaufende Torsionswellen

Gegenwärtige Ereignisse erscheinen uns dann als akausal, da deren Ursache in der Zukunft und die Wirkung in der Gegenwart liegt, obgleich die eigentliche Ursache im Denken der Vergangenheit und/oder Gegenwart zu finden ist. Im Ergebnis entsteht ein Regelkreis, da das gegenwärtige Ereignis seinerseits Torsionswellen in Gang setzt und damit wiederum zukünftige Ereignisse beeinflusst werden.

Die Vorstellung, dass durch unser heutiges Denken und Handeln zukünftige Ereignisse folgen, die ihrerseits die Gegenwart beeinflussen, ist natürlich höchst provokant und verwirrend. Aber dieser Gedanke findet sich bereits in der Bibel: »Was du säst, wirst du ernten.« Diese Vorstellung ist für uns deshalb so irritierend, weil sie unserem Verständnis von einem linearen Ablauf der Zeit in Form einer festen, unverrückbaren Abfolge von Vergangenheit, Gegenwart und Zukunft widerspricht. Doch schon dieses Zeitverständnis erscheint sehr fragwürdig, wenn man sich klarmacht, dass Vergangenheit und Zukunft lediglich geistige Konstrukte sind. Sie existieren nur in unserer Vorstellung, in unserer Erinnerung oder Erwartung. Tatsächlich vorhanden ist nur die Gegenwart.

Nur: Wann ist Gegenwart? Gegenwart ist eine beliebig kleine Zeiteinheit, ein Ausschnitt aus der Zeit. In der Physik werden Modelle diskutiert, die verschiedene Zeitbegriffe einführen. Durch Einsteins Relativitätstheorie kennen wir bereits die Möglichkeiten einer ausgedehnten oder verkürzten Zeit. Neuere Ansätze gehen von einem nicht linearen Zeitverlauf aus. Danach bestehen Vergangenheit, Gegenwart und Zukunft nebeneinander, wodurch den Wirkungen des Denkens eine noch größere Bedeutung zukäme.

Halten wir fest: Denken beeinflusst die Materie und Vorgänge auf immaterieller Ebene. Die Wirkungen sind in entspanntem Zustand (Alpha- oder Theta-Hirnwellen) größer als in angespanntem Zustand. Die Möglichkeiten der Beeinflussung sind durch die Feldeigenschaften grundsätzlich vorgegeben, aber erweiterbar. Damit findet eine alte Erkenntnis Bestätigung: Der Geist herrscht über die Materie.

In der medizinischen Fachliteratur finden sich hierzu zahlreiche Belege in Form von Spontanheilungen. Schwer erkrankte, teilweise von der Medizin bereits aufgegebene Patienten genesen unerwartet, ohne dass sich dies mit entsprechenden Therapien erklären ließe. Häufig glaubten die Patienten fest an ihre Genesung und befanden sich dadurch in einer entspannten, freudigen Erwartungshaltung. Dieser Glaube gründete sich auf ihre religiösen oder persönlichen Überzeugungen oder auch auf die positive Ausstrahlung des behandelnden Arztes. Für die Erzielung solcher Wirkungen müssen offenbar zwei Voraussetzungen gegeben sein:

* eine genaue Vorstellung des gewünschten Zustandes,
* eine entspannte und freudige, aber auf das angestrebte Ziel konzentrierte Erwartungshaltung.

Das vierte Hauptkapitel des vorliegenden Buches wird darauf eingehen, wie Sie diese Erkenntnis für Ihren eigenen Lebenserfolg in die Praxis umsetzen können. Doch zuvor zur vierten Frage:

IV. In welcher Weise beeinflusst das Denken immaterielle Objekte?

Nachdem ausführlich dargelegt wurde, dass und wie Denken externe materielle und immaterielle Felder beeinflusst, wollen wir uns jetzt noch einmal intensiv mit der Frage beschäftigen, wie das Denken und die Felder des individuellen und kollektiven Unbewussten aufeinander einwirken.

Wie bereits erörtert speichert das kollektive Unbewusste mythologische Motive und menschheitsgeschichtliche Symbole, die Carl Gustav Jung als Archetypen bezeichnet hat. Hierzu gehört etwa die Urgestalt der »großen Mutter« als Sinnbild des Weiblichen, dem der »große Krieger« als Inbegriff des Männlichen gegenübersteht. Zu den immer wiederkehrenden kollektiven Themen der Menschheit gehören auch Fruchtbarkeitsbräuche, Trauerriten und dergleichen. »Man kann die archetypischen Vorstellungen als bildgewordene psychische Abläufe bezeichnen, als Urmuster menschlicher Verhaltensweisen«[89], führt der Psychotherapeut Sylvester Walch in seinem Buch *Dimensionen der menschlichen Seele. Transpersonale Psychologie und holotropes Atmen* aus.

Es gibt so viele Archetypen wie es Situationen im Leben gibt. Dazu der Psychologe David Fontana: »Die Archetypen sind … die Ursymbole, die zu allen Zeiten und für alle Rassen von Bedeutung waren, wie ihr beständiges Wiederkehren in Märchen, Mythen, Legenden und in Kunstformen aller Kulturen bezeugt.«[90] Dies zeigt sich unter anderem daran, dass diese archetypischen Symbole schon in dem ersten Gekritzel von Kleinkindern auftauchen.[91]

Wie entstehen solche Archetypen? Durch die vielfache Wiederholung gleicher und ähnlicher Situationen durch verschiedene Menschen, das heißt durch gleiches oder ähnliches Denken, Fühlen und Erleben von gleichen oder ähnlichen Situationen zu verschiedenen Zeiten und an verschiedenen Orten entsteht im Feld des kollektiven Unbewussten ein Überlagerungsmuster, ein Archetyp. Wenn nun ein Mensch eine bestimmte Situation erlebt, die vor ihm in ähnlicher Weise schon eine Vielzahl von Menschen in ähnlicher Form erlebt haben, wird der entsprechende Archetyp durch Resonanz aktiviert.

Das ähnliche Denken vieler Menschen führt also offensichtlich dazu, dass im Feld des kollektiven Unbewussten bestimmte Muster eingeprägt werden, die dann durch Resonanz beim einzelnen Menschen in Erscheinung treten. Dies erklärt, warum verschiedene Menschen beim Betrachten eines bestimmten Kunstwerkes, dem Hören eines bestimmten Musikstücks oder dem Besuch einer alten Kirche von gleichen oder ähnlichen Empfindungen erfasst werden: Wenn ein Kunstwerk, etwa ein Gemälde, einen bestimmten Archetyp entspricht, wird der Archetyp aktiviert und wirkt durch Resonanz auf den Betrachter zurück. (Ein Gemälde, das mit keinen Archetypen korrespondiert und bewusst mit kollektiven Fantasien und Bildern bricht, löst aus genau diesem Grund bei den meisten Menschen Befremden und Ablehnung aus – bis sich hinreichend viele Menschen mit ihm befasst und es auf diese Weise in das kollektive Bildinventar integriert haben.) Auf diese Weise wird die Wirkung dieses Gemäldes immer machtvoller, wie dies etwa bei dem Gemälde der Mona Lisa von Leonardo da Vinci der Fall ist.

Dies kann auch eine Erklärung dafür sein, wieso Menschen beispielsweise unabhängig voneinander bestimmte religiöse

Visionen haben, bei denen ihnen konkrete Heilige erscheinen, die sich in überraschender Weise gleichen: Wenn Menschen immer wieder zu einem bestimmten Heiligen beten, wird jedes Mal durch das Denken und vor allem durch die beim Beten entstehenden starken Gefühle ein entsprechendes Bild oder Muster in das kollektive Unbewusste eingespeist. Dadurch entsteht ein Feld im Feld, auf das sich der einzelne Mensch einstimmen kann, sodass sich in seinem individuellen Bewusstseinsfeld ein entsprechendes Bild ausprägt. Dieses Bild hat durchaus eine eigene reale Existenz, da es von mehreren Menschen unabhängig voneinander wahrnehmbar ist.

Dies entspricht Platons Auffassung, dass jeder einzelne Gedanke eine reale Existenz besitzt, die ebenso real ist wie ein Tisch oder ein Stuhl. Über das Feld des kollektiven Unbewussten ist der Gedanke wahrnehmbar und entfaltet Wirkung. Dadurch erhält er eine reale Existenz. Allerdings wird das geprägte Bild nur von solchen Menschen wahrgenommen, die sich auf dieses Feld und dessen Resonanzmuster einstimmen können und wollen, weil sie einen entsprechenden Glauben haben und demgemäß handeln (beispielsweise meditieren oder beten). Damit sind diese Bilder für den Gläubigen real, aber für den Andersgläubigen nicht existent.

Das kollektive Unbewusste ist voll von Göttern, Engeln, Geistern, Dämonen usw. – eben allem, was in der menschlichen Existenz eine Rolle spielt oder gespielt hat. Letztlich wird man darin finden, was man darin sucht. Wer ein gütiges Wesen sucht und erwartet, wird einen Engel finden. Und wer ein böses Wesen sucht und erwartet, wird einen Teufel finden.

Auch der Kernphysiker und Molekularbiologe Jeremy Hayward hat sich hiermit auseinandergesetzt und kommt zu dem Schluss: »Die archetypischen Götter existieren nicht so, wie wir es von Dingen gewohnt sind, als sichtbare materielle Objekte. Dennoch existieren sie, und zwar unabhängig von unserem individuellen Geist, denn sie besitzen die Macht, unser Leben tiefgreifend zu beeinflussen – im schlechten wie im guten Sinne, und das hängt davon ab, wie wir ihnen gegenüber eingestellt sind.«[92]

Durch die Einstimmung auf ein bestimmtes Feld – hier auf einen bestimmten Archetypen – wird eine Resonanzbeziehung hergestellt, die umso stärker ist, je ähnlicher sich der Einstimmende und das Feld (der Archetyp) sind. Es besteht eine hohe Affinität des Ähnlichen: Ähnliches zieht Ähnliches an! Durch seine Gedanken (etwa in Form von Gebeten) erzeugt der Einzelne Felder (beispielsweise archetypische Götter), die über die Resonanzbeziehung wiederum auf den Einzelnen zurückwirken.

Im Bereich der kollektiven Mythen sind vermutlich auch die zahllosen Ufo-Berichte und die Erzählungen über freiwillige und unfreiwillige Kontakte zu Außerirdischen anzusiedeln. Auch diese Berichte gleichen sich in Inhalt, Ablauf und Beschreibung der Außerirdischen. Wenn man ausschließt, dass es solche Kontakte wirklich gegeben hat, lässt sich die Ähnlichkeit der Darstellungen mit der Existenz entsprechender Bilder im Feld des kollektiven Unbewussten erklären.

Die Überlegungen gehen aber noch weiter. Henry H. Price, Professor für Logik in Oxford, hat die Ansicht vertreten, jede Idee sei »ihrem Wesen nach psychogenetisch« und habe »die Tendenz, sich in einer Gestalt oder Form zu materialisieren«. Es sei denkbar, »dass, wenn unsere Ideen telepathisch interagieren und dergestalt kollektive Gedankenprozesse hervorbringen, diese Prozesse ein noch größeres psychogenetisches Potenzial besitzen. Demnach könnte ein Mythos wie das Ufo sich von Zeit zu Zeit unter bestimmten Voraussetzungen in Raum und Zeit vergegenständlichen und bestimmte, allgemein erfahrbare physikalische Eigenschaften annehmen.«[93]

Der Physiker Fred Alan Wolf berichtet davon, dass tibetische Buddhisten Tulpas erzeugen können – Wesen, die zunächst in der Fantasie entstehen und dann durch intensive Visualisierung eine physische Realität erlangen, die auch von anderen wahrgenommen werden kann. In der nächsten Stufe entwickelt dieses Geistwesen eine eigenständige, vom Erzeuger unabhängige Existenz.[94]

Diese Materialisierung muss sich aus der Vakuumenergie speisen, die durch das Fantasiebild angeregt wird. Das hier vorhandene Energiepotenzial scheint unerschöpflich.

Wenn aber alles Bestehende aus diesem Potenzial geschöpft wird, so ist auch diese Schöpfung unerschöpflich. Mit anderen Worten: Es ist genug für alle da. Bekommt Person A etwas, so hat Person B deshalb nicht weniger. Wir müssen uns von der alten Vorstellung trennen, dass es nur einen Kuchen mit einer begrenzten Anzahl von Stücken zum Verteilen gibt. Für jeden ist ein großes Stück Kuchen zu haben.

Die Theorie von den Wirkungen der Archetypen ermöglicht uns interessante Schlussfolgerungen. Wenn es für jede Lebenssituation entsprechende Archetypen gibt, so gilt dies auch für Situationen und Zustände wie Reichtum, Erfolg, Glück, Harmonie, Gesundheit, Partnerschaft, Ehe und Familie usw. Solche Lebensumstände sind für die Menschheit von so zentraler Bedeutung, dass es dafür sehr differenzierte und ausgeprägte Archetypen geben muss.

Ebenso wie zu den anderen Archetypen wird der Zugang jedoch erst dann möglich, wenn die entsprechende Einstellung vorhanden ist. Erst wenn man sich auf den jeweiligen Archetyp, zum Beispiel Erfolg, eingestimmt hat, das heißt Resonanz herstellt, wird dieser Archetyp des kollektiven Unbewussten real und entfaltet Wirkung. Der alte Satz »Jedem geschehe nach seinem Glauben« ist letztlich nur eine andere Formulierung des allgemeinen Grundsatzes der Affinität des Ähnlichen.

Um das Verständnis zu erleichtern, wurden die Auswirkungen des Denkens auf den einzelnen Menschen, auf dessen Mitmenschen, auf die Materie und auf immaterielle Vorgänge isoliert voneinander untersucht. Natürlich finden diese Wirkungen nicht einzeln statt. Über die Einheit der Felder wirkt auch das Denken auf alle Bereiche.

Wenn also ein bestimmtes Ziel (Erfolg, Harmonie, Glück oder Ähnliches) durch Denken und Verhalten erreicht werden soll, müssen die beschriebenen Regeln und Bedingungen in ihrer Gesamtheit beachtet werden. Hier noch einmal eine Zusammenfassung:

Beharrlichkeit und Intensität
Wenn man etwas haben will, muss man über einen langen Zeitraum intensiv daran denken. Ein Gedanke muss, wie am Beispiel des Flussbettes erläutert, hinreichend oft wiederholt werden, um Feldcharakter zu bekommen.

Übereinstimmung mit dem Glaubenssystem

Die auf das angestrebte Ziel bezogenen Gedanken müssen mit dem eigenen Glaubenssystem übereinstimmen. Dazu sind möglicherweise neue Muster herzustellen und alte Muster zu durchbrechen.

Eigenresonanz

Jeder Mensch hat mit seinen Feldern eine hohe Eigenresonanz. Das aktuelle Denken und Verhalten prägt das künftige Denken und Verhalten.

Resonanz

Ein gewünschter Zustand (Erfolg, Glück etc.) wird nur erreicht, wenn eine Einstimmung auf das entsprechende Feld, also auf den entsprechenden Archetyp, durch Herstellen von Resonanz erfolgt. Es gilt die *Affinität des Ähnlichen*: Ähnliches zieht Ähnliches an.

Kommunikation

Die Kommunikation auf der Feldebene erfolgt offen und ungefiltert. Entsprechend authentisch und ehrlich müssen die Kommunikation und das Handeln sein. Dazu ist Selbsterkenntnis und ein Wissen um die eigenen Ziele notwendig.

Zielkenntnis und -formulierung

Nur ein formuliertes Ziel wirkt über die Feldebenen auf die übrigen Feldmitglieder ein (*Synchronizitäten*). Zielformulierung kann daher auch bedeuten: Visualisieren des gewünschten Zustandes.

Entspannung

Im entspannten Zustand öffnet sich ein direkter Weg zum Feld des Unbewussten und den übrigen Feldern. Daher sollten Sie sich den Leitsatz zu eigen machen: »Tue weniger und erreiche mehr.«

Selbstähnlichkeit

Ein kontinuierlicher Gedanke – oder ein grundlegendes Feld – wiederholt sich auf jeder höheren Feldstufe. Ein Gedanke, der auf der untersten Feldstufe eingebracht wird, hat daher ein großes, machtvolles Potenzial, da er sich durch die Selbstähnlichkeit auf jeder Stufe wiederholt und verstärkt.

Verbundenheit

Über die Resonanzbeziehungen in den jeweiligen Feldern und durch die gemeinsame Basis im Vakuumenergiefeld ist alles mit allem verbunden. Die Wahrnehmung des Getrenntseins ist eine Täuschung.

Unbegrenztheit

Die Vakuumenergie (Potenzial) ist unerschöpflich. Die Vorstellung von dem nur einmal zu verteilenden, begrenzten Kuchen hat keine Berechtigung.

Verantwortung

Die Schlussfolgerung aus den dargestellten Regeln lautet: Jeder ist für seine Entwicklung, seine Erfahrungen und seine Umstände verantwortlich. Die persönliche Art und Weise des Denkens, Fühlens und Handelns bestimmen die individuellen Erfahrungen und Umstände. Das Verhalten bestimmt die Verhältnisse, nicht die Verhältnisse das Verhalten.

Wachstum und Veränderung

Auch diese Regel ergibt sich aus den vorstehenden Regeln. Durch die Resonanz der Felder und der Feldmitglieder besteht ein ständiger gegenseitiger Austausch von Impulsen, die sich gegenseitig verstärken. Damit sind Wachstum und Veränderung der Felder und der Feldmitglieder Naturgesetze. »Panta rhei – alles fließt.« Etwas Statisches oder Unveränderliches gibt es nicht.

Innere Erfahrung.
Eine erste Bestätigung

Mit der Frage nach der Wirkung des Denkens auf die immateriellen Felder des Bewusstseins stellt sich auch die Frage nach dem Aufbau und der Struktur des Bewusstseins in seiner Gesamtheit, das heißt nach der Abfolge der Felder vom individuellen bis zum absoluten Bewusstsein.

Wenn unser Modell des Feldaufbaus, der Resonanz und der Feldwirkungen zutrifft, muss das Bewusstsein eine diesem Modell entsprechende feste Struktur haben, die von verschiedenen Personen in gleicher Art und Weise wahrgenommen wird. Das Bewusstsein – die Innenwelt, das Selbst – muss eine Art Landschaft sein, von der man eine Landkarte zeichnen und die von verschiedenen Personen in gleicher Weise begangen und erforscht werden kann.

Mit diesen Fragen nach dem Aufbau und der Struktur des Bewusstseins, des tiefsten Inneren, des Selbst befasst sich die transpersonale Psychologie als Erfahrungswissenschaft. Im Folgenden soll dargestellt werden, welche weiteren Hinweise und Hilfestellungen sie für die Entwicklung eines systemgerechten Denkens und Verhaltens gibt.

Erweitertes Bewusstsein – die Innenwelt

Die transpersonale Psychologie untersucht und analysiert die Erfahrungen, die von einzelnen Menschen im Zustand eines erweiterten Bewusstseins gemacht werden. Solche Bewusstseinszustände gehen über das normale Bewusstsein einer Person hinaus, es ist also ein transpersonales Bewusstsein.

Erweiterte Bewusstseinszustände sind nichts Unnatürliches und kommen nicht nur im Drogenrausch vor. Viele Spitzensportler berichten, dass sie ihre Spitzenleistungen in Zuständen vollbringen, die mystischen Ekstasen ähneln und ihnen wunderbare und ans Übernatürliche grenzende Fähigkeiten verleihen. Sie haben ihren Schilderungen zufolge dann das Gefühl, ihre individuellen Grenzen zu verlieren und mit ihrer Umgebung zu verschmelzen.[95] In diesem Zustand gelingt es den Sportlern, »über sich selbst hinauszuwachsen«[96], denn es ist ein »Zustand jenseits der gewöhnlichen Fähigkeiten«.[97]

Bekannt und von fast jedem von uns schon einmal erlebt ist dieses Phänomen auch im Kunstbereich, wenn etwa Musiker oder auch Hörer von Musikstücken ihre Grenzen verlieren und mit der Musik verschmelzen. Ähnliches gilt für die Fälle von Intuition und plötzlichen Eingebungen, wie sie jeder von uns kennt, wo ein erweitertes Bewusstsein aufblitzt. Während diese Zustände im Sport durch die Konzentration auf die Bewegung und den Gleichklang von Bewegung und Atmung erzeugt werden – ähnlich wie bei Yoga, Tai Chi oder Chi Gong – setzt die transpersonale Psychologie eine besondere Atemtechnik, das holotrope Atmen, ein, um gezielt Zustände erweiterten Bewusstseins hervorzurufen.[98]

Bei dieser von dem Medizinphilosophen, Psychiater und Psychotherapeuten Stanislav Grof entwickelten Technik wird mit immer höherer Frequenz, das heißt immer schneller und immer tiefer ein- und ausgeatmet. »Durch tieferes und schnelleres Atmen (erhöhte Energieproduktion) kommt es zu einer Lockerung und Veränderung des Bewusstseinszustandes«, erläutert der Psychotherapeut Sylvester Walch. »Die neurobiologische Gehirntätigkeit zeigt in der Hyperventilation vorwiegend Theta- und Deltawellen, die wiederum die Selbstheilungskräfte und visionären Fähigkeiten des Bewusstseins aktivieren.«[99] Diese Theta- und Deltawellen öffnen, wie oben ausgeführt den Zugang zu den Bereichen des individuellen und des kollektiven Unbewussten.

Auffällig ist die Übereinstimmung der Berichte über die Erfahrungen, die Menschen machen, wenn sie sich in solchen holotropen Zuständen befinden: Die Betreffenden durchwandern dann verschiedene Wirklichkeitsebenen, wobei eine Identifikation mit den Elementen der verschiedenen Ebenen erfolgt – mit den Atomen, Molekülen, Körperzellen, Personen, Personengruppen etc. »In transpersonalen Zuständen können alle Seinsobjekte, wie sie sich auf verschiedenen Ebenen und Feldern der Wirklichkeit manifestieren, unter bestimmten Bedingungen der bewussten Erfahrung potenziell zugänglich werden.«[100]

Das Durchwandern dieser verschiedenen Ebenen kann bis zur letzten, grundlegenden Ebene gehen, die Stanislav Grof als »das Höchste«, »das Absolute«, »das göttliche Prinzip« oder das »absolute Bewusstsein« bezeichnet.[101] Die verschiedenen Wirklichkeitsebenen sind die beschriebenen morphische Felder, die durch Einstimmung in Resonanz mit dem Erfahrenden treten.

Dieses absolute Bewusstsein wird häufig als strahlende Lichtquelle von unvorstellbarer Intensität und als unermessliches

Bewusstseinsfeld beschrieben, das erfüllt ist von unendlicher Intelligenz und Schöpfungskraft. Aus dieser ursprünglich undifferenzierten Einheit des absoluten Bewusstseins bilden sich die einzelnen Bewusstseinseinheiten. Aus ihnen entstehen laut Stanislav Grof »schließlich Erfahrungswelten mit zahllosen eigenständigen Wesen darin, die mit bestimmten Bewusstseinsformen ausgestattet sind und eine selektive Selbstwahrnehmung besitzen«.[102]

Denken Sie an die Oberfläche eines Ozeans, die sich plötzlich hebt, weil sich eine Welle herausbildet. Diese Welle kann als ein einzelnes Objekt betrachtet werden und ist doch ein integraler Bestandteil des Ozeans.

Auch dies stimmt mit dem bereits Gesagten überein: Das absolute Bewusstsein ist mit unserem grundlegenden fünften Feld des Quantenvakuums identisch. Aus dem Quantenvakuum entfalten sich alle weiteren Felder und die entsprechenden materiellen und immateriellen Objekte und Ereignisse, und in dieses Feld tauchen letztlich alle wieder ein.

Die übereinstimmenden Erfahrungen zahlreicher Menschen weisen darauf hin, dass es außer den uns bekannten noch weitere Dimensionen der Wirklichkeit gibt, die in unserer Alltagswelt nicht direkt in Erscheinung treten und dass unser normales, waches, rationales Bewusstsein nur ein spezieller Bewusstseinszustand ist. Wenn wir dessen Grenzen überschreiten, erfahren wir weitere, völlig anders geartete Bewusstseinsformen.[103]

Neben der materiellen Welt gibt es offenbar Seinsdimensionen, die der normalen Wahrnehmung verborgen sind. »Dazu gehören Gottheiten und Dämonen, mythische Bereiche, körperlose und übermenschliche Wesen und das göttliche schöpferische Prinzip selbst«, meint Stanislav Grof und kommt zu dem Schluss: »Derartige Erfahrungen führen deutlich vor Augen, dass die kosmische Schöpfung nicht auf unsere materielle Welt begrenzt ist, sondern sich auf vielen verschiedenen Ebenen und in vielen Dimensionen manifestiert.«[104]

In den Dimensionen dieser Gesamtwirklichkeit ist auch die Dimension der Urmuster, der Archetypen, enthalten, die in den holotropen Zuständen direkt erfahrbar ist – etwa in Gestalt von Göttern, Engeln, Dämonen, Freund- und Feindbildern. Die in der materiellen Welt nicht direkt wahrnehmbaren Archetypen sind mit ihr dennoch eng verflochten und haben einen entscheidenden Anteil an deren Struktur. Die Dimension der Archetypen stellt, so Grof, »eine übergeordnete Dimension dar, die die Erfahrung unseres Alltagslebens gestaltet und durchdringt. Der archetypische Bereich bildet mithin eine Brücke zwischen der Welt der Materie und dem undifferenzierten Feld des kosmischen Bewusstseins.«[105]

Holotrope Erfahrungen zeigen, dass die Archetypen kein reines Produkt menschlicher Fantasie sind, sondern eine eigene Existenz und ein hohes Maß an Autonomie besitzen. Wie gesagt findet alles, was auf einer oberen Ebene geschieht, auch in den unteren Ebenen seine Entsprechung, es wirkt nach dem Hermes Trismegistos zugeschriebenen Satz »Wie oben, so unten«: Was auf der oberen Ebene geschieht, wirkt auf die untere Ebene ein.

Andererseits werden die Archetypen des kollektiven Unbewussten bewusst oder unbewusst durch Denken, Fühlen, Wiederholung und Resonanz als Felder im Feld des kollektiven Unbewussten geschaffen. Durch die Resonanz wirken die Archetypen auf den einzelnen Menschen, und der Mensch wirkt auf diese zurück. Diese Felder beeinflussen somit den betreffenden Menschen, dessen dadurch beeinflusstes Verhalten wiederum den Archetypen verändert.

Aus dem absoluten Bewusstsein werden einzelne Bewusstseinseinheiten (zum Beispiel ein Mensch) abgespalten, die immer mehr den Kontakt zu ihrem Ursprung und das Wissen um ihre eigentliche Natur verlieren. Sie entwickeln eine eigene Identität und ein Gefühl der Getrenntheit. Doch dieses Gefühl der Trennung ist subjektiv, wie holotrope Zustände zeigen, in denen der Einzelne erfährt, »dass auf einer tieferen Ebene die ungeteilte und undifferenzierte Einheit weiterhin der gesamten Schöpfung zugrunde liegt«.[106] Die holotropen Erfahrungen zeigen ferner, dass die Grenzen zwischen der individuellen menschlichen Psyche und den übrigen Dimensionen willkürlich und überwindbar sind. Über die Feldverbindung und die Feldhierarchie ist alles mit allem verbunden und alles erfahrbar. Der Mensch ist nicht nur Teil des Universums, sondern er ist zugleich auch – wie jedes andere Objekt – das gesamte Feld der Schöpfung.

Der Teil ist das Ganze

Über die Verbindung des Menschen mit dem absoluten Bewusstsein ist »der gesamte Kosmos auf geheimnisvolle Weise der Psyche eines jeden von uns eingeschrieben … und … der tiefen systematischen Selbsterforschung zugänglich«[107], so Grof. Wie mehrfach erläutert speichern die Felder des individuellen und des kollektiven Unbewussten alle Vorgänge, Ereignisse und Informationen in holografischer Form, unabhängig von Raum und Zeit. Gelegentlich gelangen diese

Informationen durch Intuition in das Bewusstsein. Durch Herstellen von Resonanz können diese Informationen gezielt angezapft und genutzt werden, denn jedem Menschen wohnt die Gesamtheit des Seins und damit das absolute Bewusstsein inne.[108]

Wenn das absolute Bewusstsein als Göttlichkeit verstanden wird, dann begründet die Identität mit dem kosmischen Ursprung die eigene Göttlichkeit des Menschen. Es wird deutlich, »dass unsere alltägliche Identifikation mit dem ›haut-umschlossenen Ich‹ … eine Illusion ist und dass unser wahres Wesen in der kosmischen Schöpfungsenergie besteht«[109], schlussfolgert Grof.

Die Erkenntnis, dass der Mensch über die Verbindung mit der Feldhierarchie Teil des Göttlichen ist, wird in fast allen Religionen formuliert. Auch in der Bibel heißt es: »Ich und der Vater sind eins.« und: »Das Reich Gottes ist in dir.« Ähnliche Einsichten wie das Christentum vertritt der Buddhismus: »Schau nach innen, du bist der Buddha«, der Siddha-Yoga: »Gott wohnt in dir als Du«, der Hinduismus: »Atman (das individuelle Bewusstsein) und Brahman (das universelle Bewusstsein) sind eins« oder der Islam: »Wer sich selbst kennt, kennt seinen Herrn.«[110]

Diese kosmische Dimension des Seins verlangt nach einer anderen Lebensstrategie des Menschen, die sowohl die weltlichen als auch die kosmischen Dimensionen berücksichtigt. Nach Auffassung von Carl Gustav Jung sollte jede Entscheidungsfindung auf einer kreativen Synthese aus pragmatischem Wissen über die materielle Welt und tiefer, durch systematische innere Selbsterforschung gewonnener Weisheit basieren, die sich aus dem kollektiven Unbewussten speist. Durch Ausrichtung unserer Aufmerksamkeit nach innen könnten wir

»Anschluss an einen höheren Aspekt unseres Wesens finden …
und uns seine Führung zunutze machen. Auf diese Weise
könnten wir aus den immensen Ressourcen des kollektiven
Unbewussten schöpfen, in denen die Weisheit aller Zeiten
enthalten«[111] ist.

Nahtod – Zugang zur Innenwelt

»Weise Menschen sagen, dass Es (das Selbst) immer bei uns ist,
weder geboren ist noch sterben wird, unzerstörbar und unver-
wundbar ist und von den Zeitläuften unbeeindruckt bleibt«,
schreibt Sylvester Walch.[112] Auch diese von allen Religionen
vertretene Überzeugung lässt sich mit der diesem Buch zugrunde gelegten Theorie erklären: Ein Feld besteht unabhängig von Raum und Zeit, und seine Energie kann nicht zerstört
werden: Die Feldenergie und das Feldmuster (die Feldinfor-
mation) bleiben holografisch in dem übergeordneten Feld des
kollektiven Unbewussten bestehen, auch wenn die physische
Existenz des Feldträgers erloschen ist.

Diese Sichtweise eröffnet den Blick auf ein erfüllteres und
kreativeres Leben: Der Mensch steht fest in der materiellen
Welt und ist sich dennoch seines eigenen höheren (göttlichen)
Seins bewusst.

Bei der Identifikation mit dem absoluten Bewusstsein geht
man über die individuelle Existenz, das individuelle Ich, hinaus. Dieser Vorgang erfolgt im Falle des Todes oder der
Todesnähe zwangsläufig. Aufschlüsse hierüber geben die Zustände bei Nahtoderlebnissen, die seit vielen Jahren systematisch erforscht werden.

Bekannte Vertreter der Thanatologie, der Wissenschaft von Tod und Sterben, sind unter anderem Elisabeth Kübler-Ross und Raymond A. Moody. Sie und andere befassten sich mit den Erfahrungen und Erlebnissen von Personen, die als klinisch tot galten und wieder ins Leben traten. Etwa ein Drittel der befragten Personen berichtete über sehr ähnliche Erfahrungen: einen gerafften Überblick über das eigene Leben mit allen Details, das Gehen durch einen Tunnel, ein sehr helles, warmes und anziehendes Licht, den Kontakt mit archetypischen Wesen und die Wahrnehmung anderer Wirklichkeiten.

Viele der befragten Personen schilderten außerkörperliche Erfahrungen, zum Beispiel während einer Operation, und konnten nach dem Erwachen über Vorgänge sprechen, die sich zur gleichen Zeit an anderen Orten oder in ihrer Umgebung ereigneten. So wird von einzelnen Patienten berichtet, die während ihrer Operation von oben auf ihren eigenen Körper sahen und anschließend das Geschehen in allen Details beschreiben konnten. Besonders eindrucksvoll sind die Berichte, die blinde Personen mit Nahtoderlebnissen anschließend von bestimmten Orten oder von ihrer Umgebung abgaben.

Interessanterweise scheint bei den Nahtoderlebnissen eine Dehnung der Zeit einzutreten. Obwohl sich die Betroffenen meist nur wenige Minuten auf der Schwelle zum Tod befinden, haben viele das Gefühl, es sei eine lange Zeit verstrichen. Der Betreffende scheint außerhalb der Zeit zu stehen, und die Abfolge der Ereignisse wird nicht mehr rein linear erlebt.[113] Durch die Nahtodsituation wird das Ich überwunden und die Ebene des absoluten Bewusstseins erreicht. Dazu Stanislav Grof: »Auf den Ebenen, auf denen die kosmische Schöpfung stattfindet, bestehen Vergangenheit, Gegenwart und Zukunft nebeneinander, statt hintereinander zu folgen, und ereignen sich folglich alle Stadien des Prozesses gleichzeitig.«[114]

Wenn alle Felder aus dem grundlegenden fünften Feld des Quantenvakuums abgeleitet sind, so gilt das auch für die Felder von Raum und Zeit. Auf der Ebene dieses fünften Feldes gibt es daher keine Ausdehnung in Raum und Zeit. Alle Vorgänge erfolgen zur gleichen Zeit und am gleichen Ort.

Durch veränderte Hirnwellen im Nahtodstadium (vermehrt Delta- und Theta-Wellen) wird der Zugang zu den Feldern des Unbewussten möglich. Die Erfahrungen – Tunnel, gerafftes eigenes Leben, Licht usw. – werden möglicherweise während der Passage durch die verschiedenen Felder individuelles Bewusstsein, individuelles Unbewusstes und kollektives Unbewusstes gemacht. Das Sterbeerlebnis selbst ist holografisch, das heißt, der Sterbende sieht alles Erlebte auf einmal.[115]

Die Erweiterung der Identifikation bis zum absoluten Bewusstsein wird immer wieder mit den gleichen Assoziationen in Verbindung gebracht: »Erwachen, Selbsterforschung, Gotteserfahrung, Mitgefühl, Gelassenheit, Gewissheit, Weite, Tiefe, Achtsamkeit, Konzentration (Sammlung), Stille, Gleichmut, Energie, Begeisterung, nicht an Bedingungen gebundene Liebe, Nicht-Anhaften an Wahrnehmungen und Gefühlen, umfassende Verbundenheit, intimes Erkennen der inneren Zusammenhänge und Gnade in der Realisation der mystischen Schau.«[116]

Die hohe Übereinstimmung der Berichte von Menschen aus allen Zeiten und Kulturen deutet auf eine einheitliche Struktur der erlebten Dimensionen hin. Offensichtlich gelangt man bei der Überwindung des individuellen Ichs von der ersten Stufe (eigenes Unbewusstes) über den Bereich der

Archetypen (kollektives Unbewusstes) bis zum absoluten Bewusstsein – dies jeweils über eine Vielzahl von Zwischenstufen – in einen festen, vorgegebenen, erforschbaren Bereich, quasi eine innere Landschaft.

Die eigene Innenschau eröffnet damit eine Erfahrungswelt, die alles andere als willkürlich ist. Hier gibt es Gesetzmäßigkeiten, Wesen und Regionen, die ihre eigene Existenz haben. Es gibt außer der materiellen Wirklichkeit andere erfahrbare Wirklichkeiten. Die Innenschau ist kein Rückzug in sich selbst, sondern über die Überwindung des Ichs und die zunehmende Identifikation mit anderen Seinsformen bis hin zum absoluten Bewusstsein vielmehr eine Öffnung nach außen. – Sieh in dich selbst, und du siehst in die Welt!

Was der Mensch bei der Innenschau lernen muss, ist zu sehen, und zwar nicht physisch mit seinen Augen, sondern in Form eines inneren, gefühlten Sehens. Und so wie ein Kind sein physisches Sehen entwickeln muss, muss der Mensch, der mit der Innenschau beginnt, sein inneres Sehvermögen erst ausbilden.[117]

Nach dem jetzigen Stand der Untersuchungen kann diese Innenwelt vereinfacht wie folgt skizziert werden: Der Mensch kann sein individuelles Ich horizontal und vertikal überwinden (transzendieren), indem er seine Identifikation erweitert.[118] Mit dieser Erweiterung der Identifikation wächst der Mensch buchstäblich über sich selbst hinaus.

Er kann seine Identifikation auf horizontaler Ebene ausweiten, das heißt auf andere Menschen, die Familie, einen Verein, ein Land etc. Er kann seine Identifikation aber auch in vertikaler Ausrichtung erweitern über die Stufen individuelles Bewusstsein, individuelles Unbewusstes, kollektives Unbewusstes (Archetypen) und schließlich absolutes Bewusstsein. Der Mensch ist also ein mehrdimensionales Wesen, das den Gesetzen des Feldaufbaus und der Feldhierarchie unterliegt.

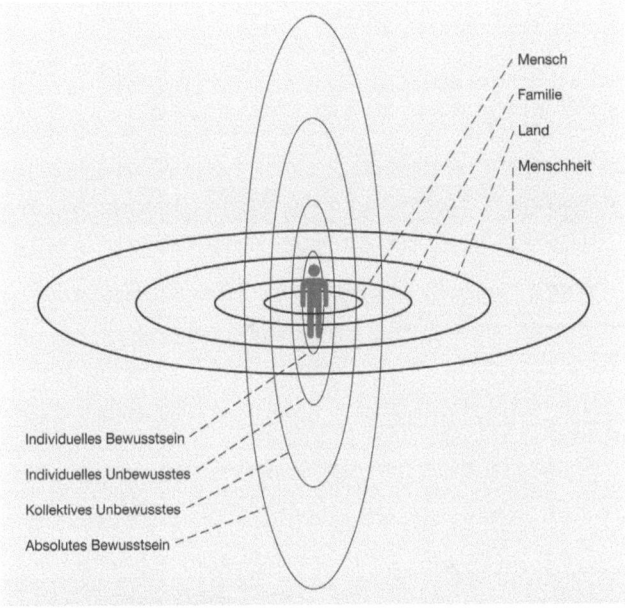

Abbildung 13: Felddimensionen

DENKEN WIRKT.
WIE SIE DENKEN,
WAS SIE WOLLEN!

Was weiß ein Fisch von dem Wasser,
in dem er sein ganzes Leben lang schwimmt?

Albert Einstein

Mentalprinzip und Erfolgssteuerung

Nachdem die Argumente und Belege aufgeführt wurden, die für eine neue Sicht der Welt sprechen, soll nun dargelegt werden, welche konkreten Konsequenzen aus diesen machtvollen Erkenntnissen für unsere Lebensführung und -gestaltung sowie für unsere Zielfindung und -realisierung zu ziehen sind und welche Bedeutung sie für Glück und Unglück, Erfolg und Misserfolg, Gesundheit und Krankheit haben. Wenn die Dinge so sind, wie in den vorhergehenden Kapiteln beschrieben, dann gilt:

1. Jeder Gedanke entfaltet Wirkung.

2. Die Innenwelt der Gedanken, Erwartungen und Gefühle ist real und begehbar, sie wird durch Gesetze und Regeln bestimmt. Der Mensch erschafft diese Gesetze und Regeln der Innenwelt durch die Art seines Denkens und Fühlens. Die Außenwelt ist die materielle Auswirkung der Innenwelt. Das, was der Einzelne in seinem Innersten erwartet, bestimmt daher seine äußere Realität und seine Erfahrungen.

3. Jeder schafft sich seine eigene Realität.

4. Niemand ist seiner Realität schutzlos ausgeliefert.

5. Jeder ist für sein Schicksal verantwortlich.

6. Der Einzelne ist mit allem verbunden – das Erleben des Getrenntseins ist eine Täuschung.

7. Der Mensch ist ein mehrdimensionales Wesen.

Es liegt nun an uns, diese Erkenntnisse in unser Alltagsleben umzusetzen und die Wirkungen zu testen. Nur durch den Test und die dabei gewonnenen Erfahrungen finden die Erkenntnisse eine individuelle Bestätigung, wie sie schon viele andere Menschen zuvor erlebt haben.

Wenn die Erkenntnisse und die auf ihnen aufbauende Theorie richtig beschrieben sind, dann wird die Theorie durch ihre Anwendung bestätigt. Die Erwartung der Funktion wird durch die Funktion bestätigt, das heißt, wer Positives erwartet, wird Positives erfahren, und wer Negatives erwartet (dass die Theorie nicht funktioniert), wird auch Negatives erfahren, denn die Wirkung zeigt sich in beide Richtungen.

Das System stellt beide Nutzungsmöglichkeiten zur Verfügung. Das Gesagte zeigt, dass Sie bewusst und mit Absicht wählen können. Da Sie vermutlich weniger an der Theorie selbst als vielmehr daran interessiert sind, Ihre Lebensumstände zu verbessern und Ihren eigenen Erfolg und Ihr Glück zu steigern, sollten Sie danach streben, sich die positive Funktion bestätigen zu lassen.

Tatsache ist, dass wir alle die beschriebenen Erkenntnisse bereits anwenden. Nur tun wir dies oft unbewusst und vor allem unreflektiert und ungesteuert, zufällig und eher mit negativer Intention. Wir alle haben unbewusste Glaubenssätze und entsprechende Erwartungen, die oft genug unseren bewussten Zielen widersprechen.

Wir haben zum Beispiel das Ziel: »In der nächsten Verhandlung werde ich Herrn XY überzeugen.« Doch Herr XY ist älter als wir, hat ergraute Haare und macht einen würdigen und weisen Eindruck, obwohl er über keinerlei Sachkenntnis verfügt. Und einer unserer unbewussten, von unseren Eltern übernommenen Glaubenssätze lautet: »Ältere, grauhaarige Männer haben mehr Erfahrung, und ihnen steht deshalb eine Führungsrolle zu.« Unsere unbewusste Erwartung bezüglich der Verhandlung lautet daher: »Herr XY wird uns überzeugen!« Vermutlich werden wir daher unser bewusstes Ziel, Herrn XY zu überzeugen, nicht realisieren.

Unsere Glaubenssätze sind wie unser gesamtes Verhalten stark von unseren in der Vergangenheit gemachten Erfahrungen geprägt. Der Grund hierfür liegt darin, dass eine erhöhte Eigenresonanz zwischen dem entsprechenden Erfahrungsfeld und dem individuellen Feld der jeweiligen Person besteht.

Interessanterweise werden wir stärker von vergangenen negativen als von vergangenen positiven Erfahrungen beeinflusst. Wir können uns negative Erlebnisse um ein Mehrfaches besser merken als positive Situationen (etwa siebenmal besser). Vermutlich handelt es sich hierbei um ein für die Arterhaltung notwendiges biologisches Prinzip: Das Einprägen und Vermeiden von Gefahrensituationen – etwa die lebensbedrohlichen Begegnungen unserer Vorfahren mit überlegenen Raubtieren – ist in der Natur wichtiger als die Erinnerung an Glücksmomente. Als Folge dieser unbewussten Vorgänge werden wir im Laufe der Zeit immer stärker von negativen Erwartungen geprägt.

Wenn wir das ändern wollen, müssen wir die bestehenden Muster und Eigenresonanzen verändern oder durchbrechen und durch neue Felder und neue Eigenresonanzen ersetzen. Auf die gleiche Weise, in der gezielt neue Felder und neue Resonanzen aufgebaut werden können, können bestehende Resonanzen verändert oder durchbrochen werden.

Im Folgenden werden Sie nun erfahren, wie Sie die (Eigen-) Resonanz mit alten, bestehenden Feldern durchbrechen und neue Felder und neue Resonanzen aufbauen können. Dabei geht es zunächst darum, dass Sie sich darüber klar werden müssen, welche Glaubenssätze, Felder und Resonanzen für Sie in Zukunft wirksam werden sollen und gegen welche bestehenden Widerstände in Form von alten Glaubenssätzen, Feldern und Resonanzen Sie dabei möglicherweise anzukämpfen haben. Dazu ist eine Betrachtung Ihrer eigenen Innenwelt, das heißt eine Kommunikation mit Ihrem eigenen Selbst erforderlich.

Kommunikation mit dem Mentalbereich

Die Kommunikation mit dem Mentalbereich, das heißt der eigenen Innenwelt, hat an dieser Stelle zwei wesentliche Funktionen. Erstens geht es darum, die in den vorhergehenden Kapiteln gewonnenen Erkenntnisse jetzt zu verifizieren, also selbst zu erfahren.

Das Wissen um einen Sachverhalt ist die eine Seite, die persönliche Erfahrung mit der Realität dieses Wissens die andere. Wenn Sie im Folgenden Ziele definieren, entsprechende neue Erfolgsfelder generieren und Resonanzen herstellen wollen, müssen Sie von der Funktionsweise dieser Mechanismen nicht nur »vom Kopf her«, sondern auch »vom Bauch her« überzeugt sein. Sie müssen Ihr Wissen in Erfahrung umsetzen.

Zweitens benötigen Sie für das Finden und die Definition der für Sie richtigen Ziele Informationen und Intuitionen aus den Schichten und Feldern Ihres tiefsten Inneren, Ihres Selbst.

Die Begriffe Mentalbereich, tiefstes Inneres, Innenwelt und Selbst sind Synonyme und bezeichnen die Anteile der Felder des individuellen Bewusstseins, des individuellen und kollektiven Unbewussten und des absoluten Bewusstseins, die den

Menschen als mehrdimensionales Wesen in seiner Gesamtheit bestimmen. Es geht dabei um die Lenkung der Aufmerksamkeit auf die tieferen Schichten des Unbewussten bis hin zum absoluten Bewusstsein.

Diese Schichten sind für das Wesen des Menschen zentral. Dennoch bleiben sie im Alltagsleben allzu oft unbeachtet, und nur das individuelle Bewusstsein wird als zentraler Bereich verstanden. Dieser Teil – das Ego – ist jedoch nur der kleinere Teil der Innenwelt, aber in der Wahrnehmung ist er der lauteste und übertönt oft die größeren und wesentlicheren Teile. In der Kommunikation mit der gesamten Innenwelt muss man dieses Ego daher überwinden, wenn man zu den tieferen Schichten vordringen will.

Die Kommunikation mit Ihrer Innenwelt gewährt Ihnen Antworten auf die Fragen: »Was will ich wirklich?« und: »Wer bin ich wirklich?«

Die Beantwortung dieser Fragen ist erforderlich, damit Sie nicht hinter den falschen Zielen herjagen. Wenn Sie zum Beispiel glauben, sich ein großes Auto zulegen zu müssen, nur weil Ihr Nachbar eines hat, Sie mit einem wirtschaftlichen Mittelklassewagen aber besser bedient wären, so wird Ihnen die Anschaffung der Luxuskarosse eher Frust statt Lust verschaffen. Denn dann handeln Sie getreu dem Motto: »Wir kaufen Dinge, die wir nicht brauchen, mit Geld, das wir nicht haben, um Menschen zu beeindrucken, die wir nicht mögen!« – Denken Sie doch einmal an die Fälle, in denen Sie ein Ziel erreicht haben, ohne dass Ihnen dies eine nachhaltige Befriedigung verschafft hätte.

Bei der Beantwortung der Frage »Wer bin ich wirklich?« müssen Sie zunächst einmal klären, welches Ich gemeint ist. Ihr jetziges Ich unterscheidet sich vermutlich ganz erheblich von Ihrem Ich vor zehn Jahren, und es wird in zehn Jahren wieder ein ganz anderes Ich sein. Das Ich oder Ego ist ständigen Veränderungen und Entwicklungen unterworfen. Es ist ein erlerntes Konstrukt, eine Ansammlung von Eigenschaften, Erfahrungen, Einstellungen usw.[119] Es produziert permanent Wünsche und Ziele, die aus unterschiedlichsten Motiven wie zum Beispiel Geltungsbedürfnis, Sicherheitsstreben, Eifersucht, Angst, Wut, Hoffnung, Liebe, Hass usw. resultieren. Durch die Kommunikation mit der eigenen Innenwelt gilt es, diese Strukturen zu erkennen und gegebenenfalls zu verändern.

Die Innenwelt besteht aber nicht nur aus dem Ego, denn neben dem Ego gibt es noch eine Vielzahl von Bewusstseinsebenen und entsprechenden Feldern. Außerdem ist eine Ausdehnung der Betrachtung sowohl in horizontaler (transpersonaler) als auch in vertikaler Richtung (Bewusstsein, individuelles Unbewusstes, kollektives Unbewusstes usw.) möglich. Durch die Kommunikation mit der Innenwelt werden diese Erkenntnisse nicht nur durch das Wissen, sondern auch durch die Erfahrung bestätigt.

Meditation als Mittel der Kommunikation

Der Begriff Meditation ist für manche Menschen negativ besetzt, weil sie ihn aus Unkenntnis mit Räucherstäbchen, Esoterik und indischen Gurus verbinden. Durch derartige Vorurteile verschließt man sich jedoch den Zugang zu einem sehr einfach anzuwendenden und dennoch höchst machtvollen und segensreichen Instrument.

Meine Empfehlung lautet: Tun Sie einfach, was Ihnen nützt, und fragen Sie nicht nach der Meinung der Nachbarn dazu. Die ist einem dauernden Wandel unterworfen. Vor dreißig Jahren joggte beispielsweise noch kaum jemand durch den Wald. Damals hieß das noch Waldlauf, und die wenigen, die tatsächlich durch den Wald keuchten, galten als etwas verschrobene Sonderlinge und bestenfalls als Gesundheitsapostel. Oder denken Sie an den Spott, den die ersten Walker einstecken mussten. Und heute? Jeder, von der Hausfrau bis zum Greis, walkt oder joggt durch Wälder und Parks, und auf jedem Familienfest berichtet wenigstens ein Großvater von seinem letzten Marathon. Also meditieren Sie – jetzt sind Sie noch Trendsetter!

Beobachten Sie ein Kind, wie es selbstversunken spielend in der Sonne sitzt und dabei Umwelt und Zeit vergisst – das ist Meditation. Meditation ist etwas sehr Einfaches und Natürliches. Auch Sie praktizieren bereits Meditation!

Beispiel gefällig? Bitte sehr:

- Sie gehen im Urlaub am Strand spazieren, eingefangen von der Sonne, dem Wind und dem Rhythmus der Wellen. Sie denken an nichts mehr und verschmelzen vollkommen mit dem Wind und dem Wasser.
  Dieser Zustand bleibt eine ganze Weile stabil. Nach einiger Zeit werden Sie von spielenden Kindern herausgerissen. Sie »wachen auf«, haben an nichts bewusst gedacht und fühlen sich wunderbar entspannt und erholt. Sie haben meditiert in der Bewegung!

Ein zweites Beispiel:

- Sie befinden sich auf Ihrer samstäglichen Joggingtour, und nach anfänglichem Unbehagen laufen Sie plötzlich wie von selbst. Sie vergessen Ihre Umgebung, die Zeit und identifizieren sich mit der Bewegung. Sie haben keinen bewussten Gedanken.

In solchen und ähnlichen Situationen meditieren Sie in der Bewegung. Diesen Effekt nutzen die sehr alten Verfahren des Tai Chi und des Chi Gong, die Meditation in der Bewegung durch die Konzentration auf die Bewegung erzeugen. Ähnliche Erlebnisse machen Sie vielleicht, wenn Sie sich selbstversunken Ihrem Hobby widmen und sich dabei selbst vergessen.

Sie sehen: Meditation ist etwas sehr Einfaches und völlig Natürliches. Sie ermöglicht die Kommunikation mit der inneren Welt und führt zu einer tiefen Entspannung. – Wäre es nicht wunderbar, diesen Zustand auch im Alltag herbeizuführen und aufrechtzuerhalten?

Bei der Kommunikation mit seinem Inneren macht man erstaunliche Erfahrungen. Durch vermehrte Intuition und Synchronizität erhält man Antworten auf Fragen und erkennt Lösungen für Probleme. Die inneren Sinne für die Wahrnehmung dieser Vorgänge werden verfeinert. Noch bemerkenswerter sind allerdings die Fälle, in denen man bemerkt, dass ein bestimmter Gedanke, der – unter noch zu beschreibenden Bedingungen – dem Innersten eingepflanzt wurde, in der äußeren Welt in Erscheinung tritt, das heißt sich realisiert.

Sind dies alles esoterische Träumereien? Ganz sicher nicht! Doch schauen Sie selbst:

Technik der Meditation

Es gibt zahlreiche Techniken und Wege der Meditation, von Hatha-Yoga über Tai Chi und Zazen sowie der Koan-Meditation bis zu den Techniken des Schamanismus, der christlichen Mystik, der Mysterienreligionen und der Kabbala. Es gibt Meditationen im Sitzen und Meditationen in der Bewegung. Allen Formen der Meditation gemeinsam ist der Zweck: Ausschalten des bewussten, aktiven Denkens – also letztlich die Überwindung des Ego – durch Konzentration auf einen Stimulus. Dieser Stimulus kann in einer Statue, einem Bild, einem Ton oder einem Laut (zum Beispiel dem bekannten Om), einer Bewegung oder ganz einfach im Rhythmus des eigenen Atems bestehen.

Schauen wir uns im Folgenden doch einmal Inhalt und Verlauf einer typischen Meditation an:

Suchen Sie einen ruhigen Ort auf und setzen Sie sich bequem, aber aufrecht auf einen Stuhl, ohne die Rückenlehne zu berühren. Die Hände liegen auf den Oberschenkeln oder auf dem unteren Bauchraum, die Füße stehen fest auf dem Boden. Legen Sie Ihre Zungenspitze an den Gaumen. Die Spitze der Zunge sollte etwa einen halben Zentimeter hinter den oberen Schneidezähnen liegen. Wenn die Zungenspitze an diesem »zentrierenden Knopf« liegt, befinden sich Ihre beiden Gehirnhälften im Gleichgewicht. Diese Technik ist durch positive Ergebnisse im Kampfsport belegt. Wenn beide Gehirnhälften zusammenarbeiten, wird erreicht, dass die Logik unserer Gedanken unsere Intuition und räumliche Wahrnehmung nicht ausschaltet.[120]

In Stresssituationen wird häufig die rechte Gehirnhälfte

ausgeschaltet, die imstande ist, Informationen gleichzeitig zu verarbeiten, während die linke Gehirnhälfte dies nur nacheinander kann. Die Folge sind weniger kreative Problemlösungen, wodurch der Stress häufig noch ansteigt. Sie kennen vielleicht auch das konzept- und intuitionslose Gestammel in Stresssituationen wie Prüfungen und öffentlichen Reden.

Lesen Sie die folgende Textpassage bitte langsam und möglichst entspannt – eben meditativ. Stellen Sie sich vor, dass Ihnen eine angenehme, sanfte Stimme diesen Text vorliest:

Konzentrieren Sie sich bitte auf Ihren Atem, und beobachten Sie Ihr Zwerchfell, wie es sich durch das Atmen hebt und senkt. Oder konzentrieren Sie sich, falls Ihnen das leichterfällt, auf Ihre Nasenlöcher, und spüren Sie das Ein- und Ausströmen der Atemluft.

Lassen Sie sich nicht durch äußere Einwirkungen oder irgendwelche Gedanken ablenken. Spüren Sie das Ein- und Ausströmen des Atems und die kurzen, natürlichen Pausen dazwischen. Bemühen Sie sich nicht um einen bestimmten Rhythmus, sondern lassen Sie alles natürlich und sanft geschehen, so, wie es geschehen will. Lassen Sie Ihren Atem ganz von selbst immer ruhiger und sanfter werden, während Geist und Körper sich entspannen. Alles fällt nach und nach von Ihnen ab, Sie sind nur noch Sie selbst. Begrenzungen, Ängste und Nöte lösen sich langsam auf.

Sie werden vor Ihren geschlossenen Augen möglicherweise Formen und Farben sehen. Registrieren Sie diese, aber ohne besonderes Interesse. Lassen Sie alles einfach geschehen.

Im Laufe der Meditation wird das Geschehen ruhiger und kann in ein strahlendes Weiß übergehen. Aber denken Sie daran: Alles muss leicht, entspannt, spielerisch und ohne Anstrengung erfolgen.

In der Meditation tauchen Gefühle, Gedanken und Bilder auf. Registrieren Sie diese Vorgänge und Objekte, aber schenken Sie ihnen keine weitere Beachtung, und verfolgen Sie sie nicht. Lassen Sie diese einfach nur durch Ihr Bewusstsein ziehen wie Wolken über den Himmel.

Wenn Sie sich trotzdem einmal ablenken lassen, kehren Sie behutsam und sanft zu Ihrer Konzentration auf den Atem zurück.

Zur Gewinnung von Einsicht in Ihre Innenwelt beobachten Sie, welche Gedanken durch Ihr Bewusstsein ziehen, aber bewerten Sie diese noch nicht. Richten Sie Ihre Aufmerksamkeit auf den Punkt, aus dem die Gedanken aufsteigen und in den sie wieder absinken, und auf den Raum zwischen den Gedanken.

Schließen Sie die Meditation bewusst mit dem Vorsatz ab, die gewonnenen Einsichten zu bewahren, und beenden Sie die Meditation mit einem tiefen Gefühl der Dankbarkeit für diese Einsichten. Legen Sie dann die Hände mit den Innenflächen auf Ihren unteren Bauch und öffnen Sie nach einigen Sekunden die Augen. Sie werden sich frisch, entspannt, beruhigt, harmonisch und voller Energie fühlen.

Meditieren Sie pro Sitzung etwa 10 bis 20 Minuten, möglichst täglich. Die obige Beschreibung ist nur ein mögliches Beispiel, im Einzelfall kann der Verlauf davon abweichen. – Meditation ist eine sehr individuelle Angelegenheit.

Fangen Sie gleich jetzt an zu üben, es gibt kein Argument für einen Aufschub. Aber erzwingen Sie nichts, sondern lassen Sie los. Lassen Sie alles einfach geschehen, sanft und entspannt.

Wirkung der Meditation

Meditation hat eine ausgesprochen positive Wirkung auf Geist und Körper. Zahlreiche Untersuchungen haben bestätigt, dass durch Meditation eine tiefe Entspannung, eine Senkung des Blutdrucks, eine Verbesserung des Stoffwechsels, eine Verlangsamung des Herzschlages, eine Steigerung der Konzentrationsfähigkeit und eine Erhöhung der Denk- und Merkfähigkeit bewirkt wird.

Allein schon diese gesundheitlichen Effekte sprechen für die Meditation. Dies dürfte ein Grund dafür sein, dass diese Praxis über Tausende von Jahren ausgeübt wurde und von den Naturvölkern als natürlicher Bestandteil des Lebens – so wie bei uns das Zähneputzen – behandelt wird. Die körperliche Hygiene, auf die wir in der westlichen Welt so großen Wert legen, ist zweifellos wichtig. Aber die mentale Hygiene sollte uns ebenso wichtig, wenn nicht noch wichtiger sein!

Die in der Meditation erfahrene Ruhe verdankt sich unter anderem der Konzentration auf das Jetzt, auf den aktuellen Augenblick. Das Unterbrechen des aktiven Denkens bewirkt ein Loslassen der Vergangenheit. Erfahrungen, Fehler, Begrenzungen aus der Vergangenheit wirken nicht mehr. Wir fühlen uns in diesem Moment nicht mehr durch die Vergangenheit beherrscht und gesteuert; das Gestern hat keinen Einfluss auf das Heute, wir können uns frei entscheiden, im Jetzt!

Das Unterbrechen des aktiven Denkens ist aber auch mit einem Loslassen der Zukunft verbunden. Der Erwartungsdruck durch selbst auferlegte oder fremdbestimmte Vorgaben fällt weg, falsche Ziele und Aufgaben sind nicht mehr da, jede Ursache von Stress ist im Jetzt verschwunden!

Denken Sie nach: Was hat jetzt für Sie tatsächlich Bestand?

Die Vergangenheit ist nichts als Erinnerung, die Sie mit sich herumtragen und der Sie gestatten, auf Sie und Ihr Tun Einfluss zu nehmen. Die Zukunft ist ein logisches Konstrukt. Dieses Konstrukt tragen Sie vor sich her und gestatten auch ihm, auf Ihr Leben Einfluss zu nehmen.

Das Einzige, was wirklich existiert, ist das Jetzt, ist dieser winzige Augenblick der Gegenwart. Die Fokussierung auf dieses Jetzt, die mit der Meditation verbunden ist, das Lösen von Vergangenheit und Zukunft, hebt Sie aus dem Strom der Ereignisse heraus und lässt Sie am Ufer dieses Flusses buchstäblich zur Ruhe kommen.

Sie beherrschen den Augenblick. Sie haben das Ego, dieses Konstrukt aus Erlerntem, Erfahrenem, Erstrebtem, Geliebtem, Gehasstem, Gewolltem und Geübtem, für den Moment überwunden.

Während der Meditation verändern sich die Gehirnwellen, die sich mit dem EEG (Elektroenzephalogramm) messen lassen, in typischer Weise. Es treten verstärkt Alpha- und Theta-Wellen auf, die kennzeichnend für eine tiefe Entspannung sind.

Ein weiterer messbarer Effekt ist die Kohärenz der Tätigkeiten in den verschiedenen Hirnbereichen. Die Gehirnwellen der linken und rechten sowie der vorderen und hinteren Gehirnareale werden synchronisiert: Sie schwingen phasengleich wie eine einheitliche Welle. Besonders kreative Leistungen und Eingebungen sind messbar mit einem synchronen Informationsaustausch von linker und rechter Gehirnhälfte verbunden. Ein hohes Maß an Kohärenz ist daher mit einem hohen Maß an geistiger Aktivität (kognitiver und affektiver) verbunden.

Meditation eröffnet also die Möglichkeit, ungenutztes Gehirnpotenzial zu erschließen. Auch dies ist zweifellos ein äußerst erstrebenswerter Effekt – jedenfalls für die Mehrzahl von uns allen. Aber das ist noch nicht alles.

Wie eingangs gesagt geht es in diesem Kapitel unter anderem darum, Ihnen einen Zugang zu Ihrer Innenwelt zu eröffnen. Sie sollen in sich hineinschauen können, »um dort in der inneren Welt die Wirklichkeit zu finden, von der alle Existenz ausgeht; eine Wirklichkeit, die zugleich unsere eigene wahre Natur ist und die schöpferische Kraft, die die äußere Welt hervorbringt und aufrechterhält«.[121]

Sie können mit dem Blick in Ihre Innenwelt erste Erfahrungen sammeln, die die Richtigkeit der zuvor dargestellten Erkenntnisse und des daraus abgeleiteten Weltbildes bestätigen. Allerdings kann an dieser Stelle lediglich die Landkarte für diese Innenwelt beschrieben werden. Begehen und entdecken müssen Sie diese innere Welt schon selbst.

Tun Sie es – tun Sie es jetzt! Erfahren Sie es!

Die Meditation bewirkt physiologisch eine Veränderung der Gehirnaktivitäten hin zu einer stärkeren Kohärenz und zu einem vermehrten Auftreten von Alpha-, Theta- und Delta-Wellen. Insbesondere die Theta- und Delta-Wellen eröffnen den Zugang zu den Feldern des individuellen und des kollektiven Unbewussten, so wie dies unter anderem in Träumen geschieht.

Sie begegnen in der Meditation zunächst Bildern, die aus Ihrem individuellen Unbewussten aufsteigen. Diese können Inhalte aus Ihrer eigenen Vergangenheit zeigen oder mit einer aktuellen Situation zusammenhängen und Lösungsmuster sichtbar werden lassen. Die Interpretation dieser Bilder darf allerdings immer erst nach der Meditation erfolgen, da sonst das aktive Denken die Meditation aufheben würde. Während der Meditation darf alles nur passiv registriert, nicht bewertet werden!

Bei fortschreitender Meditation tauchen die bekannten Archetypen auf, das heißt die Bilder, Mythen und Symbole, Götter und Dämonen, die in allen Kulturkreisen vorkommen. Sie sind jetzt im Bereich vermehrter Theta- und Delta-Gehirnwellen und haben sich auf die Frequenz des kollektiven Unbewussten eingestellt.

Verschiedene Autoren weisen darauf hin, dass von dieser Ebene des kollektiven Unbewussten aus die übersinnlichen, das heißt die nicht an die physischen Sinne gebundenen Fähigkeiten wirken. Die Existenz dieser übersinnlichen Fähigkeiten ist durch klinische Forschungen und Alltagserfahrungen vielfach belegt.

»Solche Fähigkeiten funktionieren nicht durch die normalen bewussten Kanäle, ob es sich um Telepathie handelt (Empfangen der Gedanken anderer), Hellsehen (Empfangen von Information über die Umgebung) oder Präkognition (Empfangen von Information über die Zukunft). Sie zeigen sich als ›Ahnungen‹, ›Intuitionen‹ oder ›Gefühle‹«[122], erläutert der Psychologe David Fontana.

In beiden Phasen der Meditation wird die Resonanz mit den betreffenden Feldern über eine Veränderung der Hirnwellen hergestellt. Religiös veranlagte Menschen treten auf diese Weise mit ihrem Gott oder mit verschiedenen Gottheiten in Verbindung und erhalten Visionen, Einsichten, Anweisungen oder Ähnliches. Im Christentum wird dieses tiefgreifende Verstehen auch als Kontemplation bezeichnet.

Durch die Erzeugung unterschiedlicher Gehirnwellen während der Meditation stellen Sie sich auf die verschiedenen Felder des Bewusstseins ein und empfangen die dort gespeicherten Bilder und Informationen. Sie bekommen die abgespeicherten Daten von sich (individuelles Unbewusstes), von Ihrer Familie, Ihrem Volk, der Menschheit (kollektives Unbewusstes) und von dem absoluten Bewusstsein und den verschiedenen Zwischenschichten. Sie stellen, um einen bildhaften Vergleich zu wählen, Ihren Empfänger wie ein Radiogerät auf die verschiedenen Sendeformen ein und empfangen die entsprechenden Programme.

Auf diese Weise lassen sich die vielen Berichte Meditierender erklären, die sich während der Meditation als Baum, Stein, Berg oder – unter Wegfall aller Begrenzungen – als Einheit, als »Alles« gefühlt haben. Derartige Aussagen sind bei Weitem nicht so absonderlich, wie sie zunächst klingen mögen, wenn wir uns daran erinnern, dass das Bewusstseinsfeld über die Feldhierarchien alles durchdringt. Felder breiten sich über Raum und Zeit aus. Deshalb kann sich ein Empfänger während der Meditation auf die Wellenlänge unterschiedlichster Sender an beliebigen Orten und zu verschiedensten Zeiten einstellen.

Entscheidend ist, worauf der Fokus der Aufmerksamkeit gerichtet wird. Dieses Umschalten des Fokus geschieht im Traum regelmäßig, erfolgt aber auch im Wachbewusstsein immer wieder unkontrolliert. Denken Sie an die vielen plötzlich auftretenden Gedanken, Erinnerungen, Ahnungen und Intuitionen.

Durch den Blick in die Innenwelt mithilfe der Meditation werden verschiedene Wirkungen erzielt:

Wir empfangen Bilder, Informationen und Einsichten, die vor dem Hintergrund der aktuellen Situation, Fragen oder Probleme zu interpretieren sind.

Es werden dabei keine inneren Stimmen hörbar, ebenso wenig werden die Gewinnzahlen der nächsten Lotterie auftauchen. Vielmehr entsteht ein Gespür für eine Lösung oder eine Handlung.

Für das Registrieren dieses Gespürs, dieser Ahnung, muss im Laufe der Zeit Achtsamkeit entwickelt werden. So wie wir als Kleinkind erst einmal das richtige Sehen und die Einordnung des Gesehenen lernen müssen, so muss auch das Sehen in der Innenwelt erlernt werden, das kein physisches Sehen ist.

Da wir aber nur das sehen, was wir glauben, fällt uns dieser Sehvorgang zunächst schwer, da wir uns gewöhnlich nur mit der äußeren, physischen Welt beschäftigen und daher dazu neigen, innere Bilder als Illusion und Fantasie abzutun.

Den Prozess dieses Sehenlernens hat Rudolf Steiner, der Begründer der Anthroposophie, bereits 1914 beschrieben: »Man wird neue Arten von Gefühlen und Gedanken in seinem Inneren aufsteigen sehen, die man vorher nicht gekannt hat … Und aus den Gefühlen und Gedanken, die so entstehen, bauen sich die Hellseherorgane ebenso auf, wie sich durch Naturkräfte aus belebtem Stoff Augen und Ohren des physischen Körpers aufbauen.«[123]

Folge davon ist die Aufnahme von zum Teil fragmentarischen Informationen, die man eigentlich nicht kennen und auf normalem Wege nicht bezogen haben kann, die sich aber später als richtig erweisen.

*Durch die Kommunikation mit der Innenwelt treten im Laufe
der Zeit zunehmend Fälle von Intuition, plötzlichem Wissen
und Synchronizitäten auf.*

Dies dürfte im Wesentlichen zwei Ursachen haben. Zum einen
sind die beschriebenen Kohärenzphänomene bei fortgeschrit-
tenen Meditierenden intensiver und ausgedehnter und treten
auch außerhalb der Meditation auf. Und sie erstrecken sich
über alle Frequenzbereiche.[124] Zum anderen werden wir durch
die Beschäftigung mit der Innenwelt für das Erkennen von Intuition und Synchronizitäten sensibler. Plötzlich bemerkt man
Vorgänge, die man zuvor nicht wahrgenommen oder in Unkenntnis der beschriebenen Zusammenhänge als irrelevante
Täuschungen abgetan hat.

*Die Erfahrungen, die während der Meditation im Rahmen der
Kommunikation mit der Innenwelt gemacht werden, sind in ihrer
konkreten Ausprägung höchst individuell. Der Vergleich von
Erfahrungsberichten solcher Reisen in die Innenwelt zeigt jedoch,
dass die Struktur der Erlebnisse weitestgehend übereinstimmt.*

Seit Jahrtausenden machen Menschen, die sich mit der Innenwelt befassen, vergleichbare Erfahrungen. »Diese Erfahrungen bieten uns die Gelegenheit, zu anderen Menschen, Men-
schengruppen, Tieren, Pflanzen oder sogar anorganischen
Elementen der Natur und des Kosmos zu werden«[125], erklärt
Stanislav Grof. Das mag zunächst befremdlich klingen, aber
wenn verschiedene Personen die gleichen Dinge »sehen« und
erleben, können ihre Berichte keine Produkte individueller
Fantasie sein.

Allerdings muss man sich davor hüten, jeden Gedanken und jedes Gefühl als höhere Eingebung zu werten. Nach der Meditation muss man vielmehr alles sehr genau prüfen. Aber mit der Zeit schärft sich das eigene Urteilsvermögen, und man kann den wahren Kern der Dinge erkennen.

Durch das Erleben der Innenwelt und der Kommunikation mit dem Unbewussten erschließt sich eine neue Dimension in der Wahrnehmung.

Wir erkennen, dass nicht nur das existiert, was physisch besteht, was man also physisch sehen, anfassen, schmecken, hören, riechen kann. Es gibt darüber hinaus eine nicht-physische, aber ebenso reale Ebene, die auf die physische Ebene wirkt.

Es ist eine Sache, die Tatsachen der modernen Wissenschaft zu studieren, »und eine andere, sie zu wissen, weil man sie erfahren hat. Auf dieser Erfahrungsebene geht Glauben in Wissen über und Intellektualität in Weisheit.«[126]

Die beschriebenen Erlebnisse zahlreicher Menschen zeigen, dass die Welt bzw. der Kosmos nicht auf das Materielle begrenzt, sondern in vielen Ebenen und Dimensionen existent sind. Damit unmittelbar verbunden ist die Einsicht in die Einheit aller Dinge, die über die Feldhierarchie auf der Ebene des absoluten Bewusstseins besteht. Die Wahrnehmung von Objekten als isoliert ist eine Täuschung. Alles steht mit allem in Verbindung!

Durch die Einsicht in die Innenwelt erkennen Sie letztlich, zu welchen Feldern Sie in Resonanz stehen. Sie erfahren, »was die Welt im Innersten zusammenhält« und wie und wodurch Ihre Realität und Ihre Erfahrungen geprägt werden.

Wie dargestellt steht jedes Objekt, auch der Mensch, in Eigen- und Drittresonanz mit den prägenden Feldern. Durch die Meditation und die damit verbundenen Änderungen der Gehirnwellen und ihrer Kohärenz sinken wir durch die einzelnen Bewusstseinsfelder, im Einzelfall bis zum absoluten Bewusstsein. Durch das Ausschalten der aktiven Gedanken wird der dominierende Sender überwunden, und wir erkennen, was hinter dem Hintergrundrauschen existiert – den Bereich, der hinter den aktiven Gedanken liegt.

Wir sehen dabei natürlich nichts; wir registrieren vielmehr die Wirkungen der Feldinhalte, die unser Leben, unsere Außenwelt und unsere Erfahrungen beeinflussen. Wir erfahren diese Inhalte in Form von Bildern, Gefühlen und Einsichten. Es sind die Feldinhalte, die wir selbst induziert haben (Eigenresonanz) oder die aufgrund unserer Struktur und Zugehörigkeit auf uns wirken (Drittresonanz).

Wenn wir mit den Feldinhalten und damit mit unseren Realitäten und Erfahrungen einverstanden sind, wirken die Resonanzen durch die Kommunikation mit der Innenwelt verstärkt. Dies kann so weit gehen, dass sich diese Felder zu dauerhaften und zuverlässigen Führern und Ratgebern entwickeln, die mit Intuition, Einsichten und Synchronizitäten zur Seite stehen.

Religiös geprägte Menschen erleben dies häufig bei intensiven Gebeten (Kontemplation) in Form des Auftretens von Gott oder von Engeln. Gottheiten oder Engel können als Felder aufgefasst werden, die durch die wiederholte Ansprache (Resonanz) einer Vielzahl von Menschen generiert wurden. Sie haben daher eine reale, erfahrbare Existenz.

Indem wir unsere Aufmerksamkeit nach innen lenken, können wir Anschluss an einen höheren Aspekt unseres Lebens finden und auf diese Weise, so Stanislav Grof unter Hinweis auf Carl Gustav Jung, »aus den immensen Ressourcen des kollektiven Unbewussten schöpfen, in denen die Weisheit aller Zeiten enthalten«[127] ist.

Nach Jung sollte jede Entscheidungsfindung daher eine Synthese aus pragmatischem, intellektuellem Wissen und der tiefen intuitiven Weisheit sein, die aus der Kommunikation mit der Innenwelt entsteht. Wenn wir mit unserer äußeren Realität, Erfahrung und den Feldinhalten nicht zufrieden sind, ist es daher geboten und möglich, die Wirkungen der Innenwelt zu verändern.

Es ist an dieser Stelle wichtig, dass Sie die dargelegten Erkenntnisse durch Ihre persönliche Erfahrung selbst nachvollziehen, denn nur dann wird das Dargestellte für Sie wirklich transparent und akzeptabel. Dieses Vorgehen entspricht dem Jnana-Yoga, dem Yoga oder Weg des Wissens, bei dem man zunächst daran arbeitet, die spirituellen Lehren zu verstehen, um dann eine eigene intuitive Weisheit zu entwickeln.[128]

Ein altes chinesisches Verfahren

Das *I Ging* (auch *Yi Jing*) oder *Buch der Wandlungen* ist eine sehr alte Form der Kommunikation mit dem Unbewussten. Es ist ein über 5 000 Jahre altes chinesisches Weisheits- und Orakelbuch, mit dessen Inhalt sich schon Konfuzius und Laotse befasst haben. Die Aktualität und Wirkungsweise dieses Werkes beruhen auf der Wechselwirkung zwischen Bewusstsein und Unterbewusstsein. Das Buch eröffnet einen Weg zum Unbewussten und den darin befindlichen Archetypen.

Den Kern bilden vierundsechzig vom Ratsuchenden nach genauer Anweisung durch Würfeln oder Werfen von Münzen oder Stäbchen erstellbare Hexagramme, die aus jeweils sechs verschiedenen Linien in unterschiedlichen Kombinationen bestehen. Zu jedem Hexagramm enthält das Buch eine Interpretation über die Kombination der einzelnen Linien. Antworten auf seine Fragen bekommt der Ratsuchende durch das konkrete Hexagramm, das bei seinem Würfeln oder seinen Würfen entstanden ist. Diese zum jeweiligen Hexagramm im *I Ging* aufgeführten Erläuterungen müssen dann noch auf die konkrete Situation oder Fragestellung bezogen und individuell interpretiert werden.

Im Detail geht man bei der Befragung des *Buchs der Wandlungen* folgendermaßen vor:

Zunächst müssen Sie eine möglichst präzise, mit ja oder nein zu beantwortende Frage formulieren und dafür Ihr Problem zuvor möglicherweise in mehrere Unterpunkte zerlegen. Dann können Sie das *I Ging* befragen, am einfachsten durch das Werfen dreier identischer Münzen.

Der Bildseite wird der Wert 3, der Zahlseite der Wert 2 zugeordnet. Jeder Wurf ergibt in der Summe entweder 6, 7, 8 oder 9. Diesen Zahlen werden durchgehende oder unterbrochene Linien zugeordnet, sodass nach sechsmaligem Werfen aufsteigend ein Bild aus sechs Linien – ein Hexagramm – entsteht. Der dem speziellen Hexagramm zugeordnete Text enthält in verschlüsselter Form Hinweise zur Lösung Ihres Problems beziehungsweise zur Beantwortung Ihrer Frage.

Die Formulierung der Frage, das Werfen der Münzen und die Interpretation des Textes sollten in einer möglichst entspannten, aber konzentrierten meditativen Geisteshaltung erfolgen. Das Werfen der Münzen ist lediglich ein Instrument, um durch die Konzentration auf den Wurf und die Frage die aktiven Gedanken auszuschalten. Auf diese Weise entsteht zwischen dem sich Wurf um Wurf herausbildenden Hexagramm und der formulierten Frage eine innere sinnvolle Verbindung, eine Synchronizität.

Wie ist das möglich?

Es handelt sich offensichtlich um einen Anwendungsfall des im zweiten Hauptkapitel »Denken wirkt. Überzeugung durch Erkenntnis« beschriebenen Wirkungszusammenhangs: Durch die Fragestellung im individuellen Bewusstsein wird das Unbewusste in der Erwartung einer Antwort angezapft; das heißt, wir stellen eine Resonanz mit den Feldern des Unbewussten her. Über die Feldhierarchie wirken die Resonanzen vom Feld des absoluten Bewusstseins auf die Felder des Münzwurfs und sorgen für eine sinnhafte, synchrone Ausprägung.

Die Wirkung auf den Münzenwurf wird durch das Fokussieren auf den Vorgang des Werfens erreicht. Sie kann auch auf das Ziehen oder Werfen von Stäbchen und dergleichen gelenkt werden.

Quantenphysiker würden es so formulieren, dass die überlagernde Wellenfunktion der Superposition durch Beobachtung zusammengebrochen ist und die vorgefundene Ausprägung der Münzwürfe hervorgebracht hat. Der Akt der Beobachtung lenkt die Wirkung auf ein Objekt. Dies erklärt den Zusammenhang zwischen Bewusstsein (Frage), Unbewusstem (Erwartung der Antwort) und Materie (Münzen) – ebenso wie zuvor den Welle-Teilchen-Dualismus.

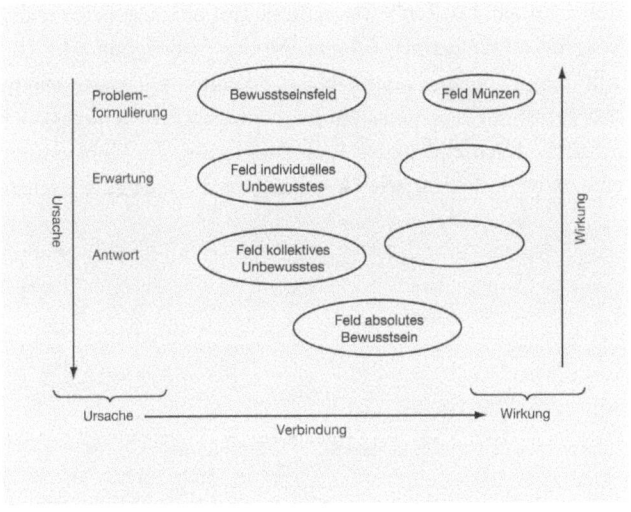

Abbildung 14: Wirkungszusammenhang

Das Bewusstsein veranlasst das Unbewusste zur Gestaltung eines realen Objekts oder Vorgangs. Dabei spielt der Akt der Beobachtung des Objekts oder Vorgangs offensichtlich eine zentrale Rolle, da die Felder des Unbewussten sonst zu einem anderen beliebigen Objekt in Resonanz treten könnten.

Dass das I Ging tatsächlich funktioniert, ist unter den Anwendern unbestritten. Auch die Tatsache, dass dieses System über einen Zeitraum von 5000 Jahren immer wieder in schwierigen Situationen zurate gezogen wurde, spricht für die Nützlichkeit dieses Verfahrens.

Offensichtlich enthält das *Buch der Wandlungen* Weisheiten, die aus den tiefsten Schichten des Unbewussten stammen und einen Zusammenhang zwischen äußerer und innerer Welt belegen, der uns nicht (mehr) bewusst ist, den wir aber oft intuitiv wahrnehmen. Das Unbewusste bestimmt offenbar einen realen Vorgang oder ein reales Objekt. An der Ausprägung oder Gestalt dieses Vorgangs oder Objekts erkennen wir passiv-reaktiv den Inhalt des Unbewussten. Es ist umgekehrt allerdings auch möglich, durch eine aktive Programmierung des Unbewussten eine aktive, zielorientierte Gestaltung der Realität zu erreichen.

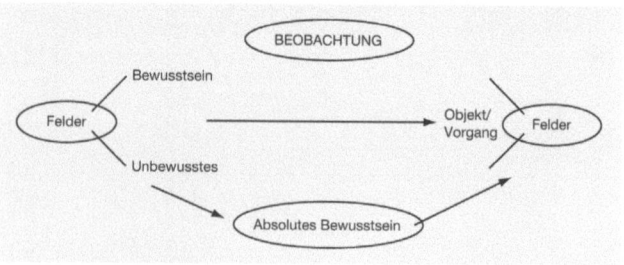

Abbildung 15: Beobachtung

Erfolgsfelder.
Jeder Erfolg ist möglich!

Vorbereitung

Zur Erinnerung: Wir haben gesehen, dass unser Denken, Fühlen und Verhalten Felder erzeugen, die ihrerseits unsere Erfahrungen und die uns umgebende Realität hervorbringen. Diese Felder sind umso wirksamer, je größer die Resonanz zwischen uns und den Feldern ist. Die Resonanz zwischen uns und den Feldern bedeutet, dass diese Felder durch uns angeregt werden, dass sie aber umgekehrt auch auf uns Einfluss nehmen. Es besteht eine sich gegenseitig bedingende und verstärkende Wechselwirkung.

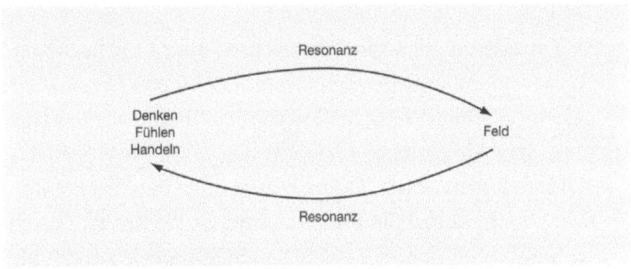

Abbildung 16: Wechselwirkung

Diese Erkenntnis drängt geradezu danach zu fragen, ob wir diese Felder und die Resonanzen nicht auch unseren Wünschen gemäß steuern oder beeinflussen können, sodass die daraus resultierende Realität unseren Zielen entspricht. Diese Frage stellt sich insbesondere, da wir wissen, dass wir von diesen Feldern nicht getrennt, sondern mit ihnen durch Resonanzen verbunden sind und unser individuelles Bewusstsein, unser individuelles Unbewusstes, das kollektive Unbewusste usw. integrale Bestandteile der Feldhierarchie bilden. Zu diesen Feldern und zu der durch sie geschaffenen Innenwelt können Sie, wie beschrieben, über die Technik der Meditation Zugang erhalten und sich so von deren realen Existenz überzeugen.

Da jedes Denken, Fühlen und Handeln Felder und Resonanzen erzeugt, nehmen wir bereits jetzt ebenso wie in der Vergangenheit auf die uns umgebende Realität gestaltenden Einfluss. Das Problem besteht allerdings darin, dass diese Einflussnahme ungesteuert und zufällig erfolgt, da wir uns der Zusammenhänge nicht bewusst sind.

Vergegenwärtigen Sie sich doch einmal die Situation, in der sich die meisten von uns befinden:

- Wir werden täglich mit Nachrichten über Unfälle, Morde, Katastrophen und dergleichen überschüttet. Diese Reize gehen ungefiltert in unser Denken ein und bewirken langsam, aber sicher eine Orientierung zum Negativen hin. Zählen Sie in Ihrer Tageszeitung oder Nachrichtensendung doch einmal die positiven und die negativen Berichte. Sie werden über die erdrückende Vorherrschaft des Negativen erstaunt sein.

- Die meisten Menschen verfolgen keine großen Ziele im Leben, sondern lassen sich von Ersatzzielen leiten, das heißt von Aufgaben, Ausrichtungen und Fixierungen, die ihnen durch andere vorgegeben wurden. Die Zielsetzung reduziert sich dann darauf, möglichst unauffällig und ohne besonders negative Erlebnisse in den Feierabend oder ins Wochenende zu kommen. Wir retten uns dann von Urlaub zu Urlaub.
Zu den von außen vorgegebenen Ersatzzielen gehören auch Mode und Lifestyle. Wir sind kurzfristig befriedigt, wenn wir die neueste Mode tragen, die neueste Musik hören oder wissen, wo bei unseren Stars (Schauspieler, Sänger oder Ähnliches) der Schuh drückt. Einige sind bereits hoch erfreut, wenn sie sich aus dem Internet einen neuen Klingelton für das Handy herunterladen können.
Für unser eigentliches Leben unbedeutende oder sogar schädliche, weil Ressourcen absorbierende Dinge werden von Dritten ins Zentrum unserer Aufmerksamkeit gedrängt, und wir wundern uns dann, wenn wir am Ende mit leeren Händen dastehen und insbesondere mental eine große Leere verspüren, um uns daraufhin der nächsten Ablenkung zuzuwenden.
- Wir lassen uns von äußeren Ereignissen steuern. Der unfreundliche Nachbar, die abweisende Verkäuferin oder der schlecht gelaunte Chef bestimmen unser Denken und Fühlen.
- Wir verhalten uns passiv und nehmen einfach hin, was der Tag, die Woche, das Leben uns bringen und für uns bereithalten. Die Folge ist, dass wir von außen gesteuert sind, weil wir fremdbestimmte Felder generieren und entsprechende Resonanzen aufbauen. Die Erfahrungen, die wir auf dieser Basis machen, halten wir für unser unabwendba-

res Schicksal. Dabei folgen wir mit unserer Passivität lediglich alten Glaubenssätzen!

Die meisten von uns lassen sich also gängeln, statt das Ruder selbst in die Hand zu nehmen. Doch das lässt sich ändern, denn die gute Nachricht lautet: Wenn wir unsere Erfahrungen und unsere Realität von außen gesteuert hervorbringen können, dann können wir das auch zielorientiert und von uns selbst gesteuert tun. Dazu müssen wir nur aktiv und gezielt unsere Felderzeugung und Resonanz beeinflussen. Indem wir uns die Zusammenhänge zwischen dem Denken, Fühlen, Handeln und der Realität vor Augen halten und darauf achten, was und wie wir denken, fühlen und handeln, können wir unser Leben tatsächlich *führen*, statt es ziellos treiben zu lassen.

Bei der Umsetzung dieser Überlegungen ist folgendes Bild hilfreich:

Stellen Sie sich die Sie umgebende Realität und Ihre Erfahrungen als ein Meer von Ereignissen vor. Sie schwimmen an der Oberfläche dieses Meeres und werden von jeder Strömung in eine andere Richtung getrieben und hin und her geworfen.
Jetzt sinken Sie langsam von der Oberfläche in die Tiefen dieses Ereignismeeres ab. Sie sinken durch die Schichten Ihres eigenen Unbewussten, durch die Schichten des kollektiven Unbewussten – hier begegnen Ihnen die Archetypen –, und sinken immer weiter, bis Sie auf dem Grund des Ereignismeeres ankommen.
Sie befinden sich nun auf dem Grund aller Möglichkeiten, auf dem Grund des absoluten Bewusstseins. Der kleinste Impuls, der von diesem Grund ausgesendet wird, hat an der Oberfläche die größte Wirkung.

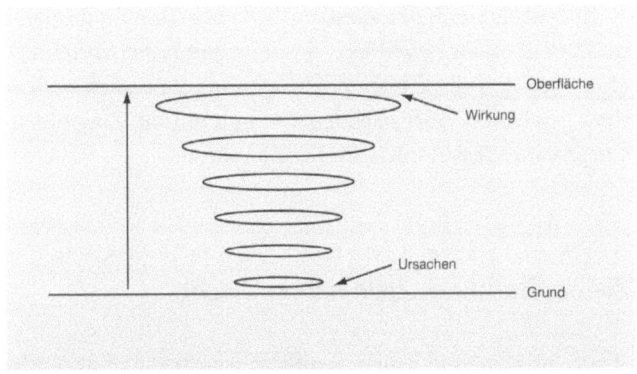

Abbildung 17: »Gehen Sie auf den Grund.«

Sie sind bis zu dieser Stelle gekommen, so weit wie nur wenige zuvor. Ein Gefühl sagt Ihnen, dass es noch weiter geht, aber dass der Mensch nicht weiter gehen sollte.

Verankern Sie sich hier; nun können Sie jederzeit zu dieser Stelle zurückkehren. Hier ist es warm, hell, still und friedlich. Alles ist sanft und harmonisch. Sie sind angekommen, Sie sind zu Hause. Dies ist der tiefste Urgrund Ihres Seins.

Was Sie hier unten in sich tragen, wird an der Oberfläche zu Ihrem Äußeren. Seien Sie daher behutsam mit dem, was Sie nach oben senden. Gedanken und Gefühle, die Sie hier am Grund in sich tragen, werden Ihnen an der Oberfläche als Ihre eigenen Erfahrungen und Realitäten begegnen – vermutlich in der Wahrnehmung getrennt von Ihnen und durch Sie in Ihrer Wahrnehmung scheinbar nicht zu beeinflussen.

Visualisieren Sie dieses Bild von Ihrem Einfluss am Urgrund Ihres Seins im Zustand tiefer, meditativer Entspannung. Achten Sie darauf, welche Ruhe, Kraft und Macht dieses Bild freisetzt.

185

Bedenken Sie: Sie bestimmen Ihr Leben, Ihre Erfahrungen und Ihre Realität bereits jetzt – nur ist dies bisher vermutlich ohne Kenntnis der Zusammenhänge und ohne Zielorientierung geschehen. Aber nachdem Sie nun um die Zusammenhänge wissen, bestimmen Sie Ihr Ziel aktiv.

Zielbestimmung. Ziele haben Macht

Wenn Sie kein Ziel haben, werden Sie auch nirgendwo oder ganz woanders als gewünscht ankommen. Wenn Sie das Ziel verfolgen, das Ihnen andere Menschen vorgeben, werden Sie auch bestenfalls nur deren Ziele erreichen. Sie bemerken dann vielleicht am Ende Ihres Lebens, dass Sie am Ziel anderer Menschen angekommen sind. Eine zweifellos unbefriedigende Situation. Lassen Sie uns im Folgenden zwei gegensätzliche Szenarien vergleichen. Prüfen Sie bitte, welches Szenario für Sie eher zutrifft:

1. Sie verfolgen keine Ziele:

a. Sie spielen im Wesentlichen, um nicht zu verlieren.
b. Statt einer aktiven Lebensführung betreiben Sie eine passive Lebenserleidung.
c. Alles außer Freizeit und Schlafen stellt für Sie ein Problem und damit eine Belastung dar.
d. Sie streben danach, den gegenwärtigen Zustand zu erhalten und möglichst problemfrei durch den Tag zu kommen. Sie leben von Wochenende zu Wochenende.

e. Sie vertreten folgende Ziele und Haltungen:
- Ohnmacht,
- Abwehr,
- Stillstand,
- Angst,
- andere sind schuld,
- re–aktiv,
- von Umständen geführt.

f. Sie haben eine kurzfristige Perspektive und leben nach dem Motto: nur nicht negativ auffallen.

g. Sie handeln nicht über den Tag hinaus. Sie werten Ihre Tagesergebnisse nicht für den nächsten Tag aus, da Ihr Ziel für den morgigen Tag dem Ziel des heutigen Tages entspricht: nur nicht negativ auffallen!

2. Sie verfolgen Ziele:

a. Sie spielen, um zu gewinnen. Sie spielen dasselbe Spiel wie im ersten Szenario, aber mit der Konzentration auf ein positives, motivierendes Ziel.

b. Sie betreiben eine aktive Lebensführung und steuern Ihre Erfahrungen.

c. Aufgaben und Tätigkeiten sind Ihnen als notwendige Schritte zur Zielerreichung höchst willkommen. Ein Problem ist für Sie nur der Impuls für die Lösung, der Ihnen die Möglichkeit der Weiterentwicklung Ihrer mentalen und physischen Fähigkeiten bietet.

d. Sie streben nach Veränderungen in Richtung auf ein bestimmtes Ziel hin. Sie haben erkannt, dass wie in der Natur nur das lebt, was auch wächst; was reif ist, stirbt ab. Verän-

187

derung ist Wachstum, und Ihre Ziele geben der Veränderung Orientierung und die Navigation.

e. Sie vertreten folgende Ziele und Haltungen:
- Macht,
- Angriff ist die beste Verteidigung,
- Veränderung und Wachstum,
- Mut,
- jeder ist selbst für sein Leben verantwortlich,
- pro-aktiv,
- die Umstände führend.

f. Sie haben klare mittel- und langfristige Ziele, eine entsprechende Strategie für Ihr Leben und wissen, wie es sein wird, wenn Sie Ihre Ziele erreicht haben.

g. Sie handeln langfristig, zielorientiert. Sie beobachten, ob Ihr Handeln Ihrer Zielerreichung dient, und korrigieren gegebenenfalls Ihr Verhalten.

Wenn Sie sich überwiegend bei der zweiten Variante wiedererkannt haben, dann herzlichen Glückwunsch! Sie können dieses Buch zur Bestätigung weiterlesen oder weil Sie eine Erklärung dafür finden wollen, warum Ihr Verhalten so erfolgreich ist.

Falls Sie sich eher beim ersten Typ wiedergefunden haben, dann ebenfalls herzlichen Glückwunsch! Diese Erkenntnis hilft Ihnen dabei, Ihr Weltbild und Ihre Situation zu verändern – jetzt!

Ziele haben eine wesentliche Funktion: Sie geben Ihnen Macht über Ihr Leben, Ihre Erfahrungen und Ihre Realität. Wer ein Ziel hat, hat Macht! Allerdings setzt dies voraus, dass Sie die richtigen, nämlich Ihre ureigensten Ziele verfolgen und diese Zielverfolgung systemgerecht, also mit Blick auf die dargestellten Zusammenhänge zwischen Denken, Fühlen, Resonanz und Feld betreiben.

Wie finden Sie nun Ihre ureigensten Ziele? Viele Zielformulierungen sind zu vordergründig. Wenn jemand sagt: »Ich will mit fünfzig leitender Direktor sein.« oder: »Ich will Millionär werden.«, so sind das in der Regel nicht die eigentlichen Ziele. Niemand sieht lediglich in der Position eines leitenden Direktors oder in einem Haufen bedruckten Papiers seine Erfüllung.

Dahinter stehen vielmehr höhere, also Metaziele. Wenn jemand nach einer hohen Position oder nach einer Menge Geld strebt, strebt er häufig Sicherheit, Macht und Unabhängigkeit an. Es ist daher zunächst zu klären, welche Metaziele Sie verfolgen.

Hier eine kleine Auswahl:

- Macht
- Ansehen
- Ruhm
- Ehre
- Anerkennung
- Sicherheit
- Unabhängigkeit
- Weisheit
- Freude
- Liebe

Eines der vorstehenden Metaziele lautet »Sicherheit«. Man kann auch sagen: Abwesenheit von Angst. Angst ist ein machtvolles Gefühl, das uns in der Zielerreichung und oft schon in der Zielformulierung behindert und einschränkt. Dies ist umso erstaunlicher, als etwa 90 Prozent aller Ängste unbegründet sind oder zur Kategorie Luxusangst oder Perfektionsangst gehören.

Zur Luxusangst gehört etwa die Befürchtung, eine bestimmte Beförderung oder eine Einladung zu einem bestimmten gesellschaftlichen Ereignis nicht zu erhalten. Wenn wir alle im Paradies leben und alles haben würden, was das Herz begehrt, würden wir vermutlich bald die Angst verspüren, nicht auf der höchsten Palme sitzen zu können.

Perfektionsangst ist die Befürchtung, eine Sache nicht glänzend und überragend, sondern nur gut erledigen zu können. Die häufige Folge: Wir packen die Sache lieber gar nicht erst an.

Die meisten von uns verfolgen bewusst oder unbewusst einige der oben angegebenen Metaziele. Doch ein Ziel wie »Ich will Macht und Ansehen haben!« lässt sich nicht direkt ansteuern. Deshalb müssen solche Metaziele in Teilziele zerlegt werden, deren Erreichung eine schrittweise Annäherung an das Metaziel ermöglicht. Diese Teilziele können beispielsweise in einer bestimmten beruflichen Position, einer bestimmten Menge Geld, einem bestimmten Partner und dergleichen bestehen.

Um derartige Ziele zu definieren und zu finden, machen Sie bitte folgende Übung:

Stellen Sie sich Ihre ideale Lebenssituation vor. Wer gehört zu Ihrem Bekanntenkreis, wer ist Ihr Partner, wo leben Sie, wie sieht Ihr Haus aus, welchen Beruf üben Sie aus, wie groß ist Ihr Vermögen, steht Ihr Name in der Zeitung, wie ist Ihr Familienleben, wie sehen Sie aus?

Gehen Sie die einzelnen Facetten Ihres idealen Lebens in Ruhe durch, und achten Sie darauf, welche Vorstellungen Sie besonders motivieren. Das sind dann Ihre eigenen, persönlichen Ziele.
Lassen Sie keine Beschränkungen zu! Überlegen Sie, was Sie tun würden, wenn Sie genau wüssten, dass Sie Ihr Ziel erreichen.

Hinweise darauf, worin Ihre wirklichen Ziele bestehen, werden Sie durch eine ernsthaft betriebene Meditation aus Ihrem Unbewussten in Gestalt aufsteigender Bilder und vermehrter Intuition erhalten. Diese Bilder und die durch sie repräsentierten Ziele sind höchst individuell. Schließlich sieht längst nicht jeder seine Erfüllung darin, beispielsweise ein bekannter und vermögender Filmstar zu sein. Auch die Formulierung Ihrer Ziele ist ein höchst individueller Prozess. Allerdings gibt es einige Punkte, die Sie unbedingt beachten sollten:

1. Formulieren Sie Ihre Ziele so knapp und genau wie möglich, und schreiben Sie sie anschließend unbedingt sauber und übersichtlich auf. Beschreiben Sie in wenigen Worten, worin genau Ihre Hauptziele bestehen, und schildern Sie anschließend alle dazugehörigen Details. Legen Sie dann verbindlich fest, wann Sie welches Ziel und welche Zwischenziele erreicht haben wollen.

2. Achten Sie bei der Zielformulierung darauf, dass diese positiv ausfällt. Formulieren Sie keine Vermeidungsziele oder Verbote. Schreiben Sie sich zum Beispiel nicht auf: »Ich will nicht mehr dick sein.«, sondern formulieren Sie vielmehr: »Ich will bis Ende nächsten Jahres fünf Kilo schlanker sein!« Denken Sie daran, dass Sie spielen, um zu gewin-

nen, und nicht, um nicht zu verlieren! Statt sich also angesichts der Turbulenzen auf den Märkten vorzunehmen: »Ich will mein Vermögen nicht verlieren«, setzen Sie sich ein positives Ziel: »Ich will mein Vermögen innerhalb von zwei Jahren um fünf Millionen erhöhen!«

Die Zielformulierung muss komplementär sein. Wenn Sie Ihr erstes Ziel erreicht haben, muss Ihr nächstes Ziel qualitativ anders und umfassender sein und nicht nur quantitativ anders als Ihr erstes Ziel.

Wenn Sie zum Beispiel Ihr Einkommensziel in Höhe von X erreicht haben, kann Ihr neues Einkommensziel nicht X + 1 sein. Das neue Ziel muss das alte, bereits erreichte Ziel vielmehr beinhalten, sodass das alte Ziel mit dem neuen weiterhin realisiert wird. Es kann dann zum Beispiel die in der Abbildung 18, »Zielpyramide«, abgebildete Struktur entstehen.

Abbildung 18: Zielpyramide

Nutzen Sie bei der Zielfindung die Meditation als Mittel, um mit Ihrem Unbewussten zu kommunizieren und Ihre wahren Ziele zu erkennen. Vor oder während der Meditation können Sie eine präzise Frage stellen und auf die Antwort in Form von Bildern und Intuitionen warten. Versuchen Sie es! Es ist eine bewährte Methode, die zu überraschenden Ergebnissen führt.

Zur Zielfindung und -formulierung hat sich auch das oben beschriebene *I Ging* bewährt. Auch dieses alte chinesische Orakelbuch ermöglicht Ihnen eine Kommunikation mit Ihrem Selbst.

Wenn Sie auf diese Weise vorgehen, schaffen Sie die Voraussetzungen für den Aufbau eines Zielfeldes und die Herstellung von Resonanz mit diesem Zielfeld. Sollten Sie im Moment nicht imstande sein, konkrete Ziele für sich zu formulieren, weil Sie mit einem Haufen von Problemen zu kämpfen haben, für die Sie (noch) keine Lösung (Ziel) sehen, so finden Sie durch die im nächsten Kapitel »Selbstgespräch. Das Gespräch mit dem Selbst« beschriebene Inkubation eine Hilfestellung.

Zielfeld und Resonanz. Schaffen Sie Ihr Erfolgsfeld!

Die Erreichung eines Ziels setzt neben dem Zielfeld die Herstellung und Verstärkung der Resonanz mit diesem Zielfeld voraus. Bevor wir uns mit den Möglichkeiten dieser Herstellung und Verstärkung der Resonanz beschäftigen, sei darauf hingewiesen, dass Sie das Gefühl der Resonanz vermutlich bereits kennen. Es ist das Gefühl des Einklangs mit den Wünschen und Zielen, als könnten Sie in diesem Moment über Wasser gehen. Nichts kann misslingen, niemand kann Sie aufhalten, alles gelingt mit unfehlbarer Sicherheit, wie in einem langsam ablaufenden Film, über den Sie als Regisseur die absolute Kontrolle haben. Mit diesem Gefühl haben Sie eine Messlatte für die Beurteilung der Wirksamkeit der nachfolgend vorgestellten Konzepte und Verhaltensweisen.

Ihr formuliertes Ziel ist zurzeit noch nicht mehr als ein gedankliches Konstrukt. Allerdings ist jeder Erfolg und jedes erreichte Ziel am Anfang immer »nur« ein Gedanke. Durch das zuvor Dargestellte wissen Sie aber bereits, welche Wirkungen Ihre Gedanken auf Ihre Erfahrungen und Ihre Realität haben.

Wenn Sie mit Ihren auf Ihre zentralen Ziele bezogenen Gedanken, also mit Ihrer Zielvorstellung, ein entsprechendes Zielfeld erzeugen und zu diesem Zielfeld in Resonanz treten, wird Ihre Zielvorstellung, dieses geistige Konstrukt, in Ihrer Realität Gestalt annehmen und verwirklicht werden. Dies ist das eigentliche »Wunder« von Geist, Denken und Bewusstsein.

Sie werden ein Ziel- oder Erfolgsfeld allerdings nur dann erzeugen können, wenn die Zielvorstellung in Ihr Innerstes absinkt und Sie vom Erreichen dieses Ziels, von seiner Realisierung felsenfest überzeugt sind. Mit anderen Worten: Sie müssen die Zielerreichung wie selbstverständlich erwarten, weil nur solche Gedanken in die tieferen Schichten des Bewusstseins absinken, die Ihren Glaubenssätzen entsprechen.

Durch die Kenntnis der dargestellten Zusammenhänge zwischen Denken, Bewusstsein und Erwartung einerseits sowie zwischen Feld, Resonanz und Realität andererseits haben Sie eine wesentliche Hürde bereits genommen. Denn auf dieser Basis ist es Ihnen möglich, Ihren neuen zentralen Glaubenssatz zu formulieren. Er lautet: »Denken, Bewusstsein und Erwartung erzeugen unsere Realität!«

Damit ist die wesentliche Voraussetzung erfüllt, dass Ihre gedanklichen Ziele und Ihre Vorstellung von deren Realisierung als akzeptierte Erwartung in den tieferen Schichten des Bewusstseins aufgenommen werden können, weil die kopfgesteuerte, rational-logische Sperre überwunden ist. Nun müssen Sie noch Ihr Bauchgefühl überzeugen!

Im Folgenden werden wir uns daher nun näher ansehen, wie die Ziele den Bewusstseinsschichten präsentiert werden müssen, damit sie von diesen akzeptiert werden. Über rein rationale Argumente allein können Sie sich keinen Zugang verschaffen.

Visualisierung

Eine effiziente Methode zur gedanklichen Darstellung von Zielen ist die Visualisierung. Sie praktizieren diese Methode bereits unbewusst in Ihren nächtlichen Träumen und manchmal mehr oder minder bewusst, wenn Sie Ihren Tagträumen nachhängen und sich im Geiste beispielsweise am Strand Ihres letzten Urlaubsortes aufhalten, das Meer riechen und gleichzeitig fühlen, wie das kühle Wasser Ihre Zehen umspült, obwohl Sie gerade im Büro vor Ihrem Computer sitzen. In solchen Momenten visualisieren Sie.

Zur Visualisierung ist es notwendig, dass Sie sich Ihr angestrebtes Ziel in allen Details möglichst präzise vorstellen:

Was genau sehen, fühlen, hören Sie, wenn Sie Ihr Ziel erreicht haben?

Die Beantwortung dieser Fragen ist wichtig, weil Sie Ihre Zielerreichung in der Visualisierung erleben müssen, als wäre sie real! Denn wenn es Ihnen gelingt, sich etwas so vorzustellen, als geschähe es wirklich in der äußeren Welt, dann haben Sie einen Prozess eingeleitet, der Sie zur Realisierung Ihres Zieles führt.[129] Ihr individuelles Bewusstsein und die tieferen Schichten Ihres Unbewussten werden dann dieses vorgestellte, imaginierte Ziel wie ein Erlebnis in der realen Außenwelt wahrnehmen. Denn die Wahrnehmung unterscheidet nicht zwischen inneren und äußeren Erlebnissen.

Denken Sie nur daran, wie »real« Ihnen manche Träume erscheinen. In solchen Fällen haben Sie sie mit all Ihren Sinnen wahrgenommen – für-wahr-genommen. Sie müssen Ihrem Bewusstsein die Visualisierung allerdings so präsentieren, dass das imaginierte Erlebnis (die Zielvorstellung) einem »realen« Erlebnis in der Wahrnehmung entspricht.

Wahrnehmung: Modalitäten und Submodalitäten

Wir müssen daher jetzt herausfinden, wie wir funktionieren, das heißt wie wir mit uns selbst kommunizieren müssen, um uns selbst (unser Selbst) zu erreichen. Das klingt zunächst vielleicht ein wenig seltsam: Wenn ich mich nicht selbst erreiche, wer sollte mich dann erreichen können? Aber schließlich geht es darum, dass der bewusste Teil von uns jetzt eine Zielvorstellung so präsentieren soll, dass diese auch von den tieferen Schichten des Bewusstseins akzeptiert wird.

Jeder Mensch nimmt seine Realität und seine Erfahrungen

mit seinen Sinnen visuell, auditiv oder kinästhetisch wahr, also durch Sehen, Hören, Fühlen, Riechen oder Schmecken. Das jeweilige Wahrnehmungsmuster ist ein Mix aus den verschiedenen Möglichkeiten der Wahrnehmung und bei jedem Menschen anders ausgeprägt, das heißt die Anteile der visuellen, auditiven oder kinästhetischen Wahrnehmungen sind bei jedem unterschiedlich groß. Jeder Mensch hat in der Regel eine bevorzugte Art der Wahrnehmung. So wird ein visuell orientierter Mensch klassische Musik eher in Bildern erleben, während ein kinästhetisch orientierter Mensch diese Musik eher über seine Gefühle aufnimmt. In beiden Fällen sind jeweils auch die anderen Arten der sinnlichen Wahrnehmung vertreten, allerdings sind diese nicht dominant.[130]

Wie funktionieren Sie? Lassen Sie uns dazu eine kleine Übung durchführen:

Schließen Sie die Augen, entspannen Sie sich und denken Sie an Ihr letztes großes Erfolgserlebnis im Beruf, in der Liebe, im Sport oder dergleichen. Sie sehen jetzt vor Ihrem geistigen Auge Bilder auftauchen, Sie hören Geräusche und Stimmen und haben spezifische Gefühle. Beobachten Sie diese Details sehr genau. Wie fühlt sich für Sie Ihr Erfolg genau an? Was genau sehen Sie? Was genau hören Sie?
Beschreiben Sie die Details in allen Einzelheiten, und halten Sie diese schriftlich fest. Sind Sie eher visuell ausgeprägt, so werden Bilder Ihren Erfolg repräsentieren. Wenn Sie eher ein kinästhetischer Typ sind, ist Ihr Erfolg mit entsprechenden Gefühlen verbunden, die im Vordergrund stehen.

Achten Sie neben diesen Modalitäten der Wahrnehmung auf die Details der wahrgenommenen Szene, auf die Submodalitäten. Da diese recht vielfältig auftreten, schauen Sie sich die nachstehende Auflistung an, um einige Ihrer Submodalitäten zu identifizieren.

Liste möglicher Submodalitäten:

I. Visuell

- Bewegte Bilder oder Standbild
- Bilder mit Rahmen oder unbegrenzt
- Farbig oder schwarz-weiß
- Hell oder dunkel
- Klein oder groß
- Sie selbst als Teil des Bildes (assoziierte Darstellung) oder davon getrennt (dissoziierte Darstellung)
- Bilder entfernt oder nah

II. Auditiv

- Lautstärke
- Tonart
- Timbre der Stimmen
- Tempo der Stimmen
- Deutlichkeit

III. Kinästhetisch[131]

- Geruch
- Geschmack
- Temperatur
- Berührung
- Gewicht
- Bewegung

Wenn Sie Ihr Erfolgserlebnis jetzt mit den Modalitäten und Submodalitäten Ihrer Wahrnehmung genau beschrieben haben, sollten Sie noch etwas experimentieren. Wie verändert sich die Wahrnehmung des Erlebnisses, wenn Sie die Submodalitäten verändern?

Ziel dieses Versuchs ist es herauszufinden, ob Sie die richtigen Submodalitäten gefunden haben und ob Sie das bereits erlebte Ereignis für sich nicht noch intensiver und motivierender ausgestalten können.

Was geschieht zum Beispiel, wenn Sie die Bilder vor Ihrem geistigen Auge größer, heller und farbiger machen? Stellen Sie sich vor, dass Sie Ihre Vorstellungen wie bei einem Fernseher über Knöpfe und Regler verändern können. Für die meisten Menschen werden die Bilder umso intensiver, je größer, heller und farbiger diese werden. Was geschieht, wenn Sie nun die Lautstärke der Szene verändern oder die gefühlte Berührung? Wird das Bild dadurch anziehender, angenehmer, motivierender, intensiver oder nicht?

Gehen Sie die einzelnen Submodalitäten durch und gestalten Sie das Erlebnis in Ihrem Geist für sich so positiv wie möglich und so, dass es Ihrem Wahrnehmungstypus optimal entspricht. Übertragen Sie, nachdem Sie die für Sie motivierendste und intensivste Darstellung Ihres Erfolgserlebnisses gefunden haben, die Modalitäten und Submodalitäten Schritt für Schritt auf Ihre Zielvorstellung. Wie genau sieht Ihre Zielerreichung nach dieser Übertragung aus? Was genau fühlen und hören Sie jetzt?

Nachdem Sie die veränderten Submodalitäten präzise auf Ihre Zielvorstellung übertragen haben, sehen Sie jetzt vor Ihrem geistigen Auge ein überaus mächtiges, intensives Bild. Sie erleben dieses Bild, und es dringt in die tiefsten Schichten Ihres Inneren ein wie sonst wenige prägende Ereignisse, zum Beispiel die Geburt eines Kindes.

Wie Sie inzwischen wissen, finden Sie in einem entspannten Zustand am leichtesten einen direkten Zugang zu Ihrem Inneren, denn im entspannten Zustand produziert Ihr Gehirn vermehrt Alpha-Wellen. Die Visualisierung sollte daher während einer Meditation erfolgen:

Konzentrieren Sie sich zunächst wieder auf Ihren Atem, auf das Heben und Senken Ihrer Bauchdecke. Lassen Sie die aktiven Gedanken langsam zur Ruhe kommen, und beobachten Sie die aus Ihrem Unbewussten hochkommenden Bilder, die vorüberziehen wie weiße Wolken am blauen Himmel.
Sobald sich dieser Zustand stabilisiert hat, lassen Sie die Bilder von Ihrem Ziel mit den veränderten und angepassten Submodalitäten aufsteigen. Erleben Sie die Situation intensiv, aber achten Sie darauf, dass Sie in dem tief entspannten Zustand der Meditation bleiben; vermeiden Sie alle aktiven Gedanken.

Wenn Sie sich in einem Zustand tiefer Meditation befinden und Ihre Zielerfüllung intensiv erleben, ist das ein sehr angenehmer Zustand, den Sie möglichst oft erleben möchten. Sie müssen diesen Zustand auch möglichst oft erleben, denn je öfter Sie dies tun, also je öfter Sie visualisieren, desto häufiger wird auch Ihr Erfolgsfeld aktiviert und desto stärker wird es über die Resonanz auf Sie und Ihre Realität einwirken.

Die Aktivierung des Erfolgsfeldes muss aber nicht ausschließlich absichtsvoll fokussiert – also im Rahmen einer gezielten Meditation –, sie kann auch quasi nebenbei erfolgen. In beiden Fällen senden Sie Ihrem Unbewussten entsprechende Signale der Aktivierung.

Wir können hier einen aus der Verhaltensforschung bekannten Effekt nutzen: den Schlüsselreiz. Unser Bewusstsein und insbesondere unser Unbewusstes reagieren auf einen bestimmten Reiz automatisch mit der immer gleichen Reaktion, wenn wir auf diesen Reiz konditioniert sind.

Allgemein bekannt wurde dieser Effekt durch die Pawlow'schen Hunde, die bei der Darreichung von Futter, auf das sie mit entsprechendem Speichelfluss reagierten, gleichzeitig ein Klingelzeichen zu hören bekamen. Nach mehreren Durchläufen dieses kombinierten Reizes – Futter und Klingelzeichen – genügte schließlich das Klingelzeichen, um den Speichelfluss der Hunde zu aktivieren. Das Klingelzeichen wurde zum Schlüsselreiz.

Wir reagieren auf viele Schlüsselreize. Denken Sie an den automatischen Griff zur Zigarette, zur Kaffeetasse oder zu Süßigkeiten in bestimmten Situationen. Oder erinnern Sie sich an den Tag, an dem Sie telefonisch eine schlechte Nachrichten erhielten. Noch Monate später genügt der Schlüsselreiz »Telefonklingeln«, um in Ihnen ein tiefes Unbehagen zu erzeugen. Was geschieht hier?

Sie haben durch Ihr Erlebnis ein entsprechendes Feld aufgebaut. Dieser Vorgang war mit einem bestimmten Reiz (Telefonklingeln) verbunden. Wie oben ausgeführt bleibt ein Feld auch dann bestehen, wenn es eine Zeit lang nicht aktiviert wird. Wenn dann aber der mit dem Erlebnis verbundene Reiz (Telefonklingeln) auf uns einwirkt, bedeutet dies für unser Unbewusstes: Aktiviere das entsprechende Feld!

Dies funktioniert so lange, bis wir gelernt haben, dass uns über das Telefon wieder neutrale oder sogar positive Nachrichten vermittelt werden, wodurch der alte Schlüsselreiz durch einen neuen überdeckt wird. Verbunden damit ist die Entstehung eines neuen, jetzt neutralen oder positiven Feldes.

Wenn wir nun unsere Visualisierung mit einem solchen Schlüsselreiz verbinden, geschieht genau das Gleiche. Immer wenn dieser Reiz gesetzt wird, bewirkt das eine Aktivierung des entsprechenden Erfolgsfelds. Über den Reiz haben Sie also einen Feldschlüssel in der Hand!

Bringen Sie beispielsweise während der Meditation die Spitzen von Daumen und Zeigefinger der rechten Hand zusammen, und wiederholen Sie dies mehrfach. Diese Art der Feldaktivierung funktioniert nun auch im Alltag, sobald Sie diesen Feldschlüssel benutzen. Wenn Sie in einer für Sie schwierigen Situation – etwa in einer Prüfung oder Verhandlung – Daumen und Zeigefinger zusammenlegen, steigen sofort die positiven Gefühle, die mit der Zielvisualisierung verbunden sind, in Ihnen auf. Der Schlüssel hat das Feld aktiviert! Je öfter Sie diesen Schlüssel verwenden, desto wirkungsvoller wird er durch den damit verbundenen Feld- und Resonanzeffekt.

Die Visualisierung ist der Schlüssel zu Ihrer Innenwelt und zu den tiefsten Schichten Ihres Bewusstseins. Sie ist ein überaus mächtiges Instrument, dessen Macht vielfach belegt ist, etwa durch den beobachteten stärkenden Einfluss der Visualisierung auf den Körper bei schweren Krankheiten, der in einigen Fällen sogar zu Spontanheilungen geführt hat.

Durch die Übertragung der Modalitäten und Submodalitäten erleben Sie die Vorwegnahme Ihrer Zielerreichung. Sie wünschen sich nicht etwa, dass etwas Bestimmtes geschieht – nein, Sie erleben die Zielerfüllung in der Visualisierung! Aus dem Wunsch ist damit Gewissheit geworden, und dies ist der Unterschied, der den Unterschied macht.

Entspannung

Falls Ihnen die Visualisierung in der Meditation schwerfällt, können Sie die Visualisierung auch durchführen, während Sie klassische Musik hören oder sogenannte Brain-Machines verwenden. Es ist allgemein bekannt, dass harmonische Musik durch den Frequenzfolge-Effekt ein entsprechendes Hirnwellenmuster erzeugt und so den Zugang zu den tieferen Schichten des Bewusstseins öffnet.

Meditieren Sie mit dieser Visualisierung, solange es für Sie angenehm ist, mindestens jedoch zehn bis zwanzig Minuten und einmal pro Tag. Als Tageszeit ist der frühe Morgen, zum Beispiel direkt nach dem Aufwachen, zu empfehlen, weil Sie

dann zugleich auch die nötige Motivation mit in den Tag nehmen. Als Ergänzung dazu sollten Sie abends ohne Visualisierung meditieren. Das hilft Ihnen, Ihre Innenwelt zu erkunden
und mit dieser über die aufsteigenden Bilder und Intuitionen
zu kommunizieren.

Lösen Sie die Visualisierung am Ende Ihrer Meditation bitte vorsichtig auf, indem Sie die Bilder in den Innenraum zurückkehren lassen, aus dem sie gekommen sind. Seien Sie dabei sicher, dass die Visualisierung in den Tiefen Ihres Inneren
weiter für Sie arbeiten wird, und widmen Sie sich mit dieser
Gewissheit Ihrem Tagesgeschäft, ohne weiter an Ihre Visualisierung zu denken!

Gewissheit statt Wunsch.
Bringen Sie den Topf zum Sieden!

Wie viele Menschen wünschen sich etwas, ohne es jemals zu
bekommen? Warum bekommen sie es nicht? Der Grund liegt
darin, dass ein Wunsch dem Bewusstsein einen Mangel –
nämlich die Abwesenheit des Gewünschten – signalisiert.

Je mehr Sie es sich wünschen, desto stärker manifestiert
sich diese Lücke in Ihrem Innersten. Sie erzeugen auf diese
Weise ein Wunschfeld und kein Zielfeld! Wenn Sie dagegen
die Wunscherfüllung in der Visualisierung erleben und darüber Gewissheit herstellen, signalisieren Sie Ihrem Bewusstsein,
dass die Erfüllung Ihres Wunsches zu Ihnen gehört.

»Sich etwas wünschen und bereit sein, es zu empfangen, ist
keineswegs dasselbe«, erklärt Napoleon Hill in seinem seit
Jahrzehnten zu den Weltbestsellern gehörenden Buch *Denke
nach und werde reich*. »Die innere Bereitschaft setzt Aufge-

schlossenheit voraus, also geistige Offenheit, sowie den zuversichtlichen *Glauben*, dass man das Gewünschte auch erhalten wird. Hoffen und wünschen allein genügt nicht: Wenn Sie nicht daran *glauben*, dass Ihr Wunsch in Erfüllung gehen wird, dann werden Sie weder die nötige Ausdauer aufbringen, um auf Ihr Ziel hinzuarbeiten, noch die sich bietende entscheidende Chance wahrnehmen.«[132]

Wenn Sie also in der absoluten Gewissheit agieren, dass Sie bekommen, was Sie wollen, können Sie, um es erneut mit dem Physiker Fred Alan Wolf zu formulieren, bei entsprechendem Vorsatz quasi einen »Topf auch auf einem Eisstück zum Sieden«[133] bringen.

Gewissheit bedeutet, dass die Entwicklungsrichtung eines Ereignisses von Beginn an feststeht und nur davon abhängt, worauf Sie Ihre Beobachtung fokussieren. – Erinnern Sie sich an das Welle-Teilchen-Experiment und die entscheidende Rolle des Beobachters.

Ein bloßer Wunsch hingegen oder gar nur eine Hoffnung verfügen nicht annähernd über diese Macht. Mit ihnen setzt man lediglich eine bestimmte Entwicklung »in Gang und hofft dann das Beste. Das alte englische Sprichwort von den besten Absichten, die oft in die Irre gehen, sagt alles.«[134]

Erzeugen Sie Ihr Erfolgsfeld!

Die bei der Visualisierung von Ihnen erschaffenen und erlebten Gedanken, Gefühle und Handlungen sind ebenso wie Ihre »realen« Erlebnisse mit entsprechenden Feldern verbunden, Ihren persönlichen Erfolgsfeldern. Diese werden Bestandteil der Feldhierarchie und wirken über das individuelle

Bewusstseinsfeld, das Feld des individuellen Unbewussten, das Feld des kollektiven Unbewussten bis zum Feld des absoluten Bewusstseins auf Ereignisse, Materie, andere Menschen und auf Sie selbst.

Ihre Erfolgsfelder strukturieren Ihre Realität und Ihre Erfahrungen über die beschriebenen Effekte der Selbstähnlichkeit und der Resonanz. Sie schaffen die Voraussetzungen für die Verwirklichung Ihrer Ziele in dieser Realität. Selbstähnlichkeit und Resonanz sorgen dafür, dass das von Ihnen erzeugte Erfolgsfeld immer stärker auf die Entwicklung und Struktur Ihrer Realität Einfluss nimmt. Dadurch entsteht eine Eigendynamik, die erst dann ein Ende findet, wenn die Feldinhalte ihre Entsprechung in der Realität finden und Sie Ihre Ziele erreicht haben.

Die Felder bestehen nicht etwa nur in der eigenen Einbildung oder Fantasie, sie besitzen vielmehr eine eigene, reale Existenz. Imagination und Visualisierung vollziehen sich auf einer eigenen Realitätsebene, und diese ist durch Sie selbst und durch Dritte erfahrbar.[135] Schaffen Sie also ein Erfolgsfeld, das so mächtig ist wie die beschriebenen Archetypen oder wie feste religiöse Vorstellungen. Aktivieren Sie Ihr Erfolgsfeld, so oft Sie können, und stellen Sie Resonanz her.

Zielerreichung erfordert immer eine Veränderung von Zuständen. Wenn Sie lediglich eine physisch-materielle Veränderung anstreben, wird Ihnen dies vielleicht gelingen, wenn Sie lange genug durch physisches Handeln entsprechende Felder aktivieren – aber das ist eine Ochsentour! In den meisten Fällen wird der Versuch, Veränderungen nur über den Weg der materiellen Realität herbeizuführen, jedoch scheitern. Veränderungen sind nur über und mit den entsprechenden Feldwirkungen möglich.

Die Geschichte und zahllose Untersuchungen über erfolgreiche Menschen haben immer wieder gezeigt, dass großer Erfolg immer auch mit der richtigen mentalen Einstellung verbunden ist, mit der Gewissheit des Erfolgs schon zu Beginn des Handelns. Erfolgreiche Menschen nehmen den Erfolg ihres Handelns schon vorweg und erwarten und beobachten mit einem Gefühl der Gewissheit den erfolgreichen Verlauf ihres Handelns. Diese Menschen tun also nicht nur durch ihre Handlungen in der Realität etwas für ihre Zielerreichung, sondern auch über ihre Einstellungen und Erwartungen auf der Feldebene.

Das Zusammenwirken dieser Ebenen ist für jeden Erfolg und für jede Zielerreichung von zentraler Bedeutung. Dazu Napoleon Hill: »Jeder, der durch eine Idee oder durch Nachdenken reich geworden ist, weiß aus eigener Erfahrung, dass sein Reichtum nicht so sehr der Lohn mühevollen Strebens war als vielmehr das Produkt einer bestimmten Geisteshaltung … Erfolg hat, wer erfolgsorientiert ist.«[136]

Wenn Sie ein Erfolgsfeld erzeugen, entfaltet dieses Feld seine Wirkung, und zwar entsprechend seiner Feldeigenschaften an jedem beliebigen Ort unmittelbar. Wenn Sie zum Beispiel mit Ihrem Unternehmen ein bestimmtes Ziel verfolgen, so können Sie diesen Erfolg über die Feldwirkung auch anstreben, wenn Sie physisch nicht in Ihrem Unternehmen, sondern zum Beispiel im Urlaub sind und am Strand liegen. Dieser Erkenntnis entspricht der Satz: »Arbeite nicht nur *im* Unternehmen, sondern auch *am* Unternehmen.«

Wir selbst sind Teil der Wirkung (Existenz im realen, äußeren Raum) und Teil der Ursache (Feld, innerer Raum), doch wir fokussieren unsere mehrdimensionale Existenz bislang in der Regel nur auf die äußere Welt. Es ist so, als würden wir im Wasser eines Sees stehen und mit der linken Hand auf das Wasser schlagen, um dann nach rechts zu schauen und die entstehenden Wellen zu beobachten, ohne uns an die linke Hand zu erinnern.

Worauf fokussieren Sie Ihre Aufmerksamkeit? Machen Sie doch einmal folgende Übung:

Schauen Sie sich einen Baum an, und stellen Sie sich jetzt das diesen Baum umgebende und durchdringende Feld vor. Fokussieren Sie sich nicht auf den Baum (die Wirkung), sondern auf das Feld (die Ursache), und registrieren Sie, wie der Baum in dieses Feld »wächst«.

Diese Übung hat bei den meisten Personen eine schlagartig entspannende Wirkung. Die Übenden scheinen sich ihrer zusätzlichen Dimensionen bewusst zu werden und betrachten die materielle Realität plötzlich aus einer höheren Warte.

Übertragen Sie diese Fokussierung auf Ihre Ziele: Schaffen Sie ein Feld und einen Raum, in dem sich Ihr Erfolg ereignen kann.

Glauben Sie an den Teil in Ihnen, der Ursache ist!

Wenn Sie sich ein Erfolgsfeld schaffen, dann handelt es sich dabei immer um ein individuelles Feld. Es kann jedoch sein, dass andere Personen durch ihre Erwartungen bereits ein ähnliches Feld geschaffen haben.

Nehmen wir einmal an, Ihr Ziel besteht darin, in einem Jahr ein Vermögen von fünf Millionen Euro aufzubauen. Ein ähnliches Ziel wird sicher auch schon von anderen Personen verfolgt und erreicht worden sein. Ihr individuelles Erfolgsfeld ist daher ein weiteres Subfeld in der Klasse dieser Felder. Da diese Felder bereits existieren, ist es sehr viel leichter, zu ihnen in eine starke Resonanz zu treten, als dies bei Feldern von bisher noch nie angestrebten und erreichten Zielen der Fall ist.

Felder haben eine eigene reale Existenz, und alle Menschen können durch eine passende Resonanz mit diesen in Kontakt treten. Aber dabei handelt es sich immer um einen ganzheitlichen, nicht nur auf die Materie beschränkten Prozess.

Wenn Sie eine Person kennen, die bereits ein Ziel realisiert hat, das Sie erst noch erreichen wollen, dann könnten Sie natürlich auch mit dem Erfolgsfeld dieser Person in Drittresonanz treten, da Ihr eigenes Erfolgsfeld zu der gleichen Klasse von Feldern gehört. Wenn Sie diese Person in ihrer Art zu denken und zu handeln exakt imitieren, werden Sie die gleichen Resultate erzielen wie diese Person. Die Neurolinguistische Programmierung bezeichnet diesen Vorgang als Modellieren einer Erfolgsstrategie. Aber es gibt ein Problem: Wer verfügt schon über die dafür notwendige Kenntnis einer Fülle von internen und sehr persönlichen Details über jene fremde Person? Weil sich dieses Problem kaum lösen lässt, lassen Sie uns nach anderen, praktikableren Möglichkeiten des Resonanzaufbaus suchen.

Brechen Sie mit alten Mustern und Resonanzen!

Wenn Sie durch Visualisierung ein Feld aufbauen, das sich auf ein Zielszenario bezieht, in dem Sie eine zentrale Rolle spielen, so stehen Sie von Anfang an in Resonanz mit diesem Feld, weil Sie dann Teil der Ursache und Teil der Wirkung sind. Die Resonanzen verbinden Sie mit Feldern, und die

Felder steuern Ihre Realität, Ihre Erfahrung, Ihre Erfolge und Misserfolge.

Viele, vor allem erfolglose Menschen, sind nach dem alten Glaubenssatz der Meinung, dass das, was mit ihnen geschieht, ihr unausweichliches Schicksal ist, und erwarten passiv, was kommt. Que sera, sera!

Wir wissen nun aber, dass dies ein grundlegender Irrtum aufgrund eines falschen Glaubenssatzes ist. Sie haben die Freiheit zu wählen, zu welchen Feldern Sie in welcher Resonanzbeziehung stehen! Nicht Geburt, Herkunft, Familie oder Vermögen sind dafür verantwortlich, was aus uns wird, sondern Felder und die Resonanz mit den entsprechenden Feldern bestimmen unseren Weg. Wir können jederzeit neue Felder mit neuen Resonanzen aufbauen!

Sobald allerdings ein Feld erst einmal aufgebaut ist, können wir es nicht mehr zerstören. Aber wir können unsere Resonanz mit diesem Feld unterbrechen. Diese Unterbrechung bzw. Abschwächung erfolgt automatisch, wenn Sie zu einem anderen, konkurrierenden Feld Resonanz aufbauen und diese verstärken.

Wenn Sie zum Beispiel an einer Krankheit leiden und sich gedanklich nicht von dieser Krankheit lösen können, stecken Sie in einer typischen (hier negativen) Resonanzfalle. Schwächen Sie diese Resonanz bis zu ihrer Auslöschung, indem Sie den betreffenden erkrankten Körperteil in gesundem Zustand visualisieren, und bauen Sie so eine konkurrierende positive Resonanz auf.

Es kann sein, dass, wenn Sie sich in einer belastenden Situation befinden, die auftauchenden negativen Bilder (zum Beispiel von der Krankheit, unter der Sie gerade leiden) anfangs immer wieder den Aufbau einer positiven Visualisierung (zum Beispiel von der ersehnten Gesundheit) behindern, weil die Resonanz mit den negativen Bildern noch zu stark ist. Machen Sie in solchen Fällen bitte folgende Übung:

Entspannen Sie sich in der Meditation, und lassen Sie das negative Bild vor Ihrem geistigen Auge auftauchen. Jetzt lassen Sie dieses Bild kleiner und dunkler werden, immer kleiner und dunkler. Gleichzeitig rücken Sie es bitte immer weiter von Ihnen fort. Visualisieren Sie, wie das immer kleiner und dunkler werdende Negativbild sich so lange von Ihnen entfernt, bis es nur noch ein winzig kleiner Punkt ist, der sich nun plötzlich in Tausende kleinster Teilchen auflöst und verschwindet. An seiner Stelle taucht nun eine Blume, ein Kreuz oder ein anderes, für Sie positiv besetztes Symbol auf, das immer größer und heller wird und immer dichter zu Ihnen herankommt. Sie werden sehen, dass die Kraft – die Resonanz des negativen Feldes – schlagartig schwächer wird.

Natürlich ersetzt diese Übung bei lebensbedrohlichen Erkrankungen nicht den Arzt. Allerdings sind zahlreiche Fälle bekannt, bei denen durch diese und ähnliche Techniken der Visualisierung eine spürbare Verbesserung des Gesundheitszustands erzielt werden konnte. In einzelnen Fällen ist es sogar zu anders nicht erklärbaren Spontanheilungen gekommen.

Grundsätzlich gilt: Wir bewegen uns im Meer des Lebens. Wir müssen mitschwimmen und können nur innerhalb der vorherrschenden Strömungen die Richtungen bestimmen. Innerhalb dieser Strömungen allerdings gibt keine Begrenzungen außer denen, die Sie selbst wählen! Der Fehler, den die meisten Menschen begehen, besteht darin, dass sie die Breite der Strömungen unterschätzen und sich daher viel zu enge Grenzen setzen.

Mit der Technik der Visualisierung können Sie vor allem auch typische Misserfolgsspiralen durchbrechen, bei denen Sie, weil Sie Pech hatten, das nächste Unglück geradezu schon erwarten. – Durchbrechen Sie diese Muster! Verdrängen Sie Ihre negative durch eine positive Erwartungshaltung!

Verstärker für Feld und Resonanz. Die sieben Regeln der Erfolgssteuerung

Wir wollen uns nun noch einmal anschauen, welche Verhaltensweisen den Aufbau von Erfolgsfeldern und Resonanzen verstärken und welche ihn schwächen. Es macht wenig Sinn, ein Buch zu lesen und Übungen zu absolvieren, wenn der Erfolg dieser Maßnahmen durch das übrige Verhalten gefährdet wird. Deshalb erfahren Sie nun, welche Verhaltensweisen und Handlungen als Verstärker für Felderzeugung und Resonanz wirken.

Tun Sie so als ob: Geben Sie von dem, was Sie bekommen möchten!

Die Resonanz zwischen einem Feld und einem Objekt ist umso stärker, je ähnlicher die Eigenschaften und das Verhalten eines Objekts dem Feldinhalt sind. Das Erfolgsfeld repräsentiert eine Situation, die durch Veränderungen einer vorhandenen Situation erreicht werden soll. Die Veränderungen werden durch Resonanz herbeigeführt, und die herbeigeführten Veränderungen verstärken die Resonanz wiederum.

Die Resonanz ist maximal, das heißt das Feld wirkt auf die materielle Realität am stärksten ein, wenn die zu verändernde Situation der angestrebten Zielsituation (dem Erfolgsfeld) entspricht. Sie können die Resonanz mit Ihrem Erfolgsfeld daher verstärken, wenn Sie schon vorher so tun, als ob Sie Ihr Ziel bereits erreicht hätten.

Bedeutet dies, dass Sie Ihre Hände im Übrigen in den Schoß legen können? Keinesfalls! Zur Zielerreichung gehören nach wie vor Feld, Resonanz und Handlung. Also stellen Sie sich vor, Sie wollten wieder Ihre fünf Millionen Euro Vermögen aufbauen. Die dazu notwendigen Maßnahmen führen Sie in der Gewissheit der Zielerreichung aus. In dieser Gewissheit spenden Sie einen Teil Ihres jetzigen Vermögens, und zwar etwas mehr, als Sie sich eigentlich leisten können.

Geben Sie von dem, was Sie bekommen möchten!

Welche Wirkung hat das? Sie suggerieren Ihrem Unbewussten: Ich habe bereits Erfolg! So verstärken Sie als Erfolgreicher die Resonanz mit einem Feld, das Sie noch erfolgreicher macht. Hier wirkt die Affinität des Ähnlichen: Ähnliches zieht Ähnliches an, Erfolg zieht Erfolg an, so wie Misserfolg den Misserfolg anzieht.

Ein anderes Beispiel: Wenn Sie ein erfolgreicher Unternehmer werden wollen, dann arbeiten Sie in der Gewissheit Ihres kommenden Erfolgs. Verhalten Sie sich bereits jetzt so, als wären Sie ein erfolgreicher Unternehmer, das heißt denken Sie so, treffen Sie so Ihre Entscheidungen und investieren Sie so. Machen Sie auch Ihre Partner erfolgreich! Sie verstärken auch hierdurch über die Signale an Ihr Unbewusstes die Resonanz mit Ihrem Erfolgsfeld.

Geben Sie von dem, was Sie bekommen möchten!

Wenn Sie das Ziel verfolgen, von einer Person geliebt zu werden, dann tun Sie so, als würden Sie bereits von dieser Person geliebt werden. Bedrängen Sie den anderen nicht, sondern freuen Sie sich einfach entspannt über die zu erwartende Zuneigung des gewünschten Partners, und passen Sie sich seinen Wünschen und Bedürfnissen wie in einer bereits bestehenden Liebesbeziehung an. Gerade in der Liebe wirkt die Affinität des Ähnlichen!

Geben Sie von dem, was Sie bekommen möchten!

Wenn Sie sich von Ihrer Umgebung etwas wünschen, sind Sie gleichzeitig sowohl wünschende Person als auch Teil der Umgebung, also Gebender und Nehmender in einem. (Alles ist mit allem verbunden, Sie sind Teil der Ursache und Teil der Wirkung.) Mit anderen Worten: Sie müssen sich selbst Ihren Wunsch erfüllen und sowohl bereit sein zu geben als auch zu empfangen. Denken Sie daran: Sie sind Teil der Ursache und Teil der Wirkung!

Übernehmen Sie Verantwortung!

Jeder Mensch ist für seine Realität und für seine Erfahrungen verantwortlich, denn er kann sie über seine Innenwelt beeinflussen. Aus Unkenntnis der Zusammenhänge bemühen sich aber viele Menschen nicht um eine aktive Einflussnahme, sondern sie nehmen ihre Lebensumstände einfach hin. Im Glauben an die eigene Ohnmacht übernehmen sie auch nicht die Verantwortung für ihre aktuelle Situation und geben die Schuld an den eigenen Niederlagen immer den anderen, den jeweiligen Umständen, der eigenen Herkunft, den eigenen Genen und dergleichen.

Wer jedoch keine Verantwortung für seine jeweilige Situation übernimmt, erklärt sich zum ohnmächtigen Spielball der Umstände, der von den Wogen des Lebens ziellos hin und her geworfen wird. Auch durch diese Art des Denkens, Glaubens, Fühlens und Nichthandelns erzeugen wir ein Feld und treten dazu in Resonanz. Dieses Feld repräsentiert dann unsere Zielvorstellung: ohnmächtiger Spielball der Lebensumstände zu sein!

Erinnern Sie sich: Es gibt keine guten und schlechten Felder. Ob Felder eine positive oder eine negative Wirkung haben, ergibt sich erst durch ihren Beitrag zur persönlichen Zielerreichung. Wenn Sie also gern ein ohnmächtiger Spielball der jeweiligen Lebensumstände sein wollen, weil Sie glauben, keine andere Wahl zu haben, und dieses Feld durch Einstellung, Fühlen und Nichthandeln über die Resonanz verstärken wollen, dann bitte sehr: Das Feld und die Resonanz werden Sie bestätigen.

Auch hier zur Erinnerung: Das System von Feld und Resonanz funktioniert, weil Sie glauben, dass es funktioniert. Und es funktioniert in jeder Hinsicht, das heißt sowohl in die eine (richtige, weil positive) als auch in die andere (falsche, weil negative) Richtung.

Wählen Sie! Übernehmen Sie die Verantwortung für Ihre Situation. Sie haben sie doch ohnehin! Indem Sie zum aktiven Handeln bereit sind, signalisieren Sie Ihrem Bewusstsein und den Schichten Ihres Unbewussten, dass Sie Macht über Ihre Lage und über Ihre Lebensumstände haben.

Und wenn Sie anerkennen, dass Sie für eine Situation verantwortlich sind, weil Sie diese verursacht haben, dann glauben Sie auch an die Macht, diese zu verändern. Die damit verbundene Art des Denkens, Fühlens und aktiven Handelns führt zur Erzeugung eines Erfolgsfeldes und zur Resonanz. Wer die Verantwortung trägt, hat die Macht über die Umstände und das eigene Schicksal!

Geben Sie nicht auf!

Glücklicherweise erzeugt nicht jeder Gedanke, jedes Fühlen, jedes Handeln ein dauerhaft wirkendes Feld, mit dem wir in Resonanz treten. Wie erläutert erzeugen nur sehr kraftvolle und hinreichend oft wiederholte Prozesse entsprechende Felder.

Wie oft Sie einen Gedanken denken müssen, damit ein Feld entsteht, lässt sich natürlich nicht präzise sagen. Aber mit jedem Gedanken in eine bestimmte Richtung wird das entsprechende Feld stärker. Wenn Sie daher mit der Visualisierung und dem Aufbau Ihrer Erfolgsfelder beginnen, erwarten Sie bitte nicht schon am nächsten Tag Resultate. Es kann manchmal eine ganze Weile dauern.

Denken Sie an das erwähnte Flussbett. Es braucht seine Zeit, bis sich das Wasser ein neues Flussbett in die Erde gegraben hat. Schließlich haben Sie jahrelang anders gedacht und gehandelt. Sie haben ein anderes Flussbett gegraben, das heißt andere Felder und Resonanzen – in der Regel zufällig und ohne Absicht – aufgebaut. Aus diesem alten Flussbett müssen Sie nun heraus und sich ein neues schaffen. Für diese Kurskorrektur brauchen Sie Zeit. Aber durch die Visualisierung bauen Sie sich ein mächtiges Erfolgsfeld auf. Deshalb:

Bleiben Sie dran! Geben Sie nie auf!

Üben Sie regelmäßig. Machen Sie es sich zur Gewohnheit, die wenigen in diesem Buch beschriebenen Übungen täglich durchzuführen. Sie haben zahlreichen anderen Menschen dabei geholfen, ihre Ziele zu erreichen.

Visualisieren Sie jeden Morgen etwa zehn bis zwanzig Minuten in der Meditation Ihre Zielrealisierung. Und nehmen Sie sich korrespondierend dazu jeden Abend etwa zehn bis zwanzig Minuten Zeit, in der Meditation mit Ihrer Innenwelt zu kommunizieren. Tun Sie es täglich! Bleiben Sie dran!

Sie müssen bereit sein, Kurskorrekturen durchzuführen. Durch den Aufbau Ihres Erfolgsfeldes werden Sie Wirkungen in Ihrer Realität erzeugen. Prüfen Sie diese Wirkungen daraufhin, ob es die gewünschten sind. Wenn nicht, dann arbeiten Sie an Ihrem Erfolgsfeld, an Ihrem Denken, Fühlen und Verhalten. Ändern Sie diese nacheinander so lange, bis die gewünschten Wirkungen eintreten.

Denken Sie immer daran: Sie wissen bereits, wie Sie Felder aufbauen und Wirkungen in Ihrer Realität erzeugen können, denn Sie tun das schon längst, wenn auch ohne Absicht und ohne Zielorientierung.

Abweichungen von gewünschten Zuständen bezeichnen wir normalerweise als »Problem«. Diesen Begriff verbinden wir automatisch mit etwas Unangenehmem, Negativem. Dabei sollten wir für ein Problem dankbar sein. Ein Problem weist uns darauf hin, dass wir eine Kurskorrektur vornehmen müssen. Es zeigt Ihnen, wie Sie ein Ziel nicht erreichen. Jedes Problem birgt daher immer auch eine Chance, doch noch den richtigen Kurs zu finden.

Sie sollten sich daher bei einem Problem zunächst immer fragen, welchen Nutzen es Ihnen bietet. Welche neuen Erkenntnisse hält dieses Problem für Sie bereit? Alle Erfahrungen, die wir machen, haben ihren Grund und ihre Ursache in Feldern. Wenn Sie Ihr Erfolgsfeld aufbauen und in dieser Phase zum Beispiel Ihre Arbeitsstelle verlieren, haben Sie zwei Möglichkeiten, mit dieser Veränderung umzugehen:

- Sie sagen sich: »Ich bin eben einfach schlecht. Ich werde mein Ziel nie erreichen. Die Erfolgsfelder funktionieren nicht!«
- Sie begreifen die Kündigung als Auswirkung Ihres Erfolgsfeldes, und es wird Ihnen vielleicht klar, dass Sie in einer neuen Stelle oder in einem neuen Beruf viel leichter erfolgreich sein können, weil die dortigen Anforderungen und Möglichkeiten Ihren Fähigkeiten erheblich stärker entsprechen.

Selbstverständlich haben auch sehr erfolgreiche Menschen immer wieder mit Problemen zu kämpfen. Sie gehen nur anders mit solchen Problemen um als die meisten Menschen. Sie haben kein Problembewusstsein, sondern ein Chancenbewusstsein.

Genau dies ist die Einstellung, die Sie brauchen, um Erfolgsfelder aufzubauen und die gewünschten Resonanzen zu verstärken! Denn wenn Sie morgens Ihr Erfolgsfeld visualisieren und tagsüber bei dem ersten vermeintlichen Problem in alte Verhaltensmuster zurückfallen, können Sie weder Feld noch Resonanz dauerhaft aufbauen. Im Gegenteil: Sie verstärken dann lediglich Ihre alten Felder und Resonanzen. Verwenden Sie zur positiven Unterstützung daher tagsüber Ihren Feldschlüssel.

Sie kennen jetzt die Zusammenhänge, die zwischen Feld, Resonanz und Realität bestehen. Vertrauen Sie also auf diese Macht Ihres Erfolgsfeldes.

• Bleiben Sie dran!
• Halten Sie durch!
• Geben Sie nie auf!
• Sie werden Ihr Ziel erreichen!

Ehrlichkeit und Dankbarkeit

Alles ist mit allem verbunden. Diese neu gewonnene, sehr alte Erkenntnis bedeutet für uns vor allem eines: Seien Sie bei Ihrer Zielfindung, Ihrem Feldaufbau und Ihrer Zielerreichung offen und ehrlich!

Sie müssen bei der Kommunikation mit Ihrer eigenen Innenwelt ehrlich sein, weil Ihr Unbewusstes nur das akzeptiert, was es für wahr hält. Sie können sich nicht selbst täuschen. Eine Visualisierung, an die Sie selbst nicht glauben, baut kein Erfolgsfeld auf!

Sie können aber auch andere kaum täuschen. Wenn Sie in ehrlicher Art und Weise ein Erfolgsfeld aufgebaut haben, können Sie nur dann in voller Resonanz mit diesem Feld stehen, wenn Sie mit entsprechender Ehrlichkeit agieren, und zwar sich selbst und Ihren Mitmenschen gegenüber, auf die Ihr Erfolgsfeld ebenfalls einwirkt.

Ihre Mitmenschen werden nur dann positiv auf die von Ihnen ausgesendeten Feldwirkungen und Signale reagieren, wenn sie diese als authentisch und übereinstimmend empfinden. Denken Sie an das »komische Gefühl«, das Sie manchmal gegenüber einigen Ihrer Mitmenschen haben. Mit diesem Gefühl registrieren Sie unbewusst die Abweichung der Feldwirkung von den Signalen (Handeln, Aussagen, Verhalten), welche diese Menschen aussenden.

Felder und Resonanzen sind mächtige Instrumente. Sie verfügen über diese Macht und setzen sie ein – in der Vergangenheit planlos und ohne Kenntnis, jetzt hoffentlich bewusst und zielorientiert.

Sie sollten außerdem dem Erfolgsfeld, besser noch der gesamten Feldhierarchie gegenüber ein Gefühl der Dankbarkeit entwickeln. Warum? Nun, wenn Sie für eine Sache oder Handlung dankbar sind, stellen Sie eine positive Verbindung dazu her, eine positive Akzeptanz. Diese positive Akzeptanz ist eine Resonanzbeziehung. Sie haben etwas positiv angenommen und fühlen sich damit verbunden; Sie stimmen sich darauf ein. Die Dankbarkeit gegenüber Ihrem Erfolgsfeld schafft und verstärkt somit die gewünschte Resonanz zwischen Ihnen und diesem Feld.

Versuchen Sie doch einmal, auch einem auftretenden Problem gegenüber dankbar zu sein, weil es Sie auf die Notwendigkeit einer Kurskorrektur hinweist. Wissen Sie, was dann geschieht? Das »Problem« ist plötzlich keines mehr. Sie haben es als positiven Hinweis zur Zielerreichung akzeptiert. Sie verändern die Perspektive, stellen Resonanz dazu her und können so auf das Problemfeld einwirken und Lösungen finden sowie Chancen entdecken.

Aber was ist, wenn Sie eine für Sie unangenehme Situation kurzfristig nicht ändern können? Dann versuchen Sie, diese Situation zu lieben. Denken Sie an den Satz: »Liebe deine Feinde!«

Kohärenz des Verhaltens

Ihr gesamtes Verhalten (Denken, Fühlen, Handeln) muss auf das generierte Feld bezogen sein, Resonanz erzeugen und der Visualisierung entsprechen. Dies wird gewährleistet dadurch, dass

- Sie so tun als ob.
- Sie von dem geben, was Sie erhalten wollen.
- Sie in der Gewissheit Ihres Erfolgs beobachten.
- Sie beharrlich, ehrlich und dankbar sind.

Diese und die anderen genannten Modalitäten des Verhaltens bestimmen die mit der Zielrealisierung übereinstimmende mentale Einstellung, das zielkongruente Bewusstsein.

Eine derartige Haltung ist bezeichnend für sehr erfolgreiche Sportler. Beobachten Sie bei der nächsten großen Sportveranstaltung doch einmal die Favoriten – sagen wir, die Favoriten des 100-Meter-Laufs: Sie betreten das Stadion von vornherein als Sieger, in der völligen Gewissheit ihres Erfolgs, als könnten sie nicht verlieren. – Sie tun so, als ob!

Sie gehen vor dem Start immer wieder den bevorstehenden Lauf im Geiste durch. Sie visualisieren den Ablauf und ihren Erfolg. Sie haben vorher diesen Lauf unzählige Male absolviert, immer und immer wieder. Sportler wollen den Sieg, aber sie haben vorher auch schon viele Male verloren. Sie mussten den Sieg einem anderen geben. – Sie haben von dem gegeben, was sie erhalten wollen!

Spitzensportler richten ihren Blick im Moment des Wettkampfes auf das Ziel und auf nichts anderes! Sie bleiben bei aller Konzentration locker und entspannt – Leichtigkeit statt Verkrampfung –, denn sie sind mit ihrem Unbewussten verbunden! Sie verschmelzen mit der Umwelt, schalten alle aktiven Gedanken aus und gehen auf im Wettkampf, werden zum Wettkampf. Viele Sportler bezeichnen diesen Zustand als »in the zone«. Sie befinden sich in einer Zone vollkommenen Ausgerichtetseins auf das Erfolgsfeld mit maximaler Resonanz!

Nun wird ein Sportler allein durch die richtige Einstellung natürlich noch nicht zum Champion. Er muss sich auch körperlich entsprechend einbringen. Aber das kann er nur mit einer klaren mentalen Haltung.

Bevor ein Spitzenläufer an den Start geht, tut er etwas sehr Wichtiges: Er springt, klatscht in die Hände, brüllt und ballt die Faust! Was bewirkt er damit? Er aktiviert seine Physiologie und nutzt einen wichtigen Mechanismus der Körper-Geist-Beziehung. Zwischen der körperlichen Haltung und der mentalen Haltung besteht ein enger, durch Resonanz verstärkter Zusammenhang.

Machen Sie doch einmal folgende Übung:

Stellen Sie sich aufrecht, aber locker hin, und denken Sie an etwas Positives, Angenehmes.

Nun senken Sie den Kopf, ziehen die Schultern nach vorn, lassen Sie sich hängen, und atmen Sie flach.

Sie werden jetzt in einen weniger angenehmen und weniger positiven Zustand verfallen. Warum? Nun, die beschriebene Haltung ist typisch für einen depressiven Zustand. Eine schlechte mentale Verfassung geht fast immer mit einer solchen Körperhaltung einher.

Es funktioniert allerdings auch umgekehrt: Denken Sie an etwas Trauriges, und nehmen Sie dann den Kopf hoch und die Schultern zurück. Richten Sie sich mit Körperspannung auf, springen Sie, klatschen Sie in die Hände, brüllen Sie, ballen Sie die Fäuste! Was geschieht dadurch? Sie fühlen sich automatisch stark, machtvoll und sogar glücklich!

Warum ist dies so? Jedes Mal, wenn Sie in der Vergangenheit in einer bestimmten mentalen Verfassung waren (glücklich oder betrübt), haben Sie eine entsprechende Körperhaltung eingenommen. Zustand und Körperhaltung erzeugten gemeinsam die entsprechenden Felder.

Die jeweilige Körperhaltung wirkt jetzt wie ein Anker: Indem Sie sie einnehmen, treten Sie mit dem dazugehörigen Feld in Resonanz. Über die Feldresonanz können Sie also durch eine positive Körperhaltung entsprechende positive mentale Zustände erzeugen. Das eine bedingt das andere und umgekehrt. Über beide Wege können Sie einen gewünschten Zustand erzeugen, das heißt in Resonanz zu einem Feld treten.

Die Aufrechterhaltung der positiven Resonanz gelingt dauerhaft aber nur, wenn die mentale Einstellung und die Körperhaltung übereinstimmen. Wenn Sie mit Ihrem Fernsehgerät zwei Sender gleichzeitig empfangen, erscheint auf Ihrem Bildschirm schließlich auch nur ein wirres Durcheinander.

Es ist kontraproduktiv, wenn Sie Ihren Erfolg visualisieren und gleichzeitig wie ein Zögernder, Erfolgloser durch die Gegend schlurfen. Dadurch sabotieren Sie sich selbst! Achten Sie also unbedingt darauf, dass Ihre Einstellung und Ihre Körperhaltung übereinstimmen, und denken Sie daran: Mit den beschriebenen Mitteln können Sie beides ändern. Sie müssen nur die Widersprüche erkennen.

Eine positive Körperhaltung hat aber noch eine weitere, Ihnen bereits bekannte Wirkung. Wenn Sie die Haltung – Mimik, Gestik, Körperhaltung, Bewegung, Verhalten usw. – anderer erfolgreicher Menschen einnehmen, treten Sie dadurch mit deren Erfolgsfeldern in Resonanz. Dazu der Bestsellerautor Anthony Robbins: »Sie werden so ähnliche oder die gleichen Gefühle erleben können wie er. Manchmal werden Sie sogar Ihre Vision der gleichen Bilder sehen, die er sieht, und das Gleiche denken wie er … Manche Übereinstimmungen sind so verblüffend genau, dass es dafür keine rationale Erklärung gibt. Es ist beinahe eine außersinnliche Erfahrung.«[137]

Erfolg zieht Erfolg an! Auch wenn Sie nur so tun als ob und nach außen hin entsprechend auftreten, erzeugen Sie Resonanz mit Erfolgsfeldern. Zwar wurden diese Felder durch andere Personen geprägt, aber es sind keine fremden Felder. Sie haben Anteil daran und stehen über die Feldhierarchie bereits damit in Kontakt.

Zurück zu unserem Sportler. Wenn Einstellung und Physiologie stimmen, muss er trotzdem noch etwas tun: Er muss laufen! Nur durch das aktive Tun erhält das erzeugte Feld die Möglichkeit, in Ihrer Realität auch ausgeprägt zu werden.

Geben Sie Ihrem Erfolgsfeld durch Ihr Handeln die Chance dazu! Laufen Sie: Handeln Sie in der Gewissheit der Wirkung des Feldes. Das kohärente Handeln, Denken und Fühlen führt zur Zielerreichung, zur Umsetzung der Feldinhalte in Ihrer Realität!

Die positive Wirkung der kleinen Freuden des Alltags

Vielleicht stehen Sie vor folgender Situation: Obwohl Sie von der Wirkung des richtigen Denkens und Fühlens überzeugt sind, gelingt es Ihnen nicht, in eine positive Grundstimmung zu kommen. Aber solange Sie sich nicht in solch einer positiven oder zumindest ausgeglichenen Stimmung befinden, fällt es Ihnen schwer, positive Visualisierungen durchzuführen.

In früheren Zeiten hatten manche Künstler eine Muse, das heißt eine Dame, die auf die verschiedensten Arten für Inspiration und Anreiz des Künstlers sorgte. Aber keine Angst, Sie können bei Ihrem Partner bleiben und trotzdem Ihre Stimmungslage heben. Sie müssen dazu nur eines tun: Sorgen Sie in Ihrem Tagesablauf für die kleinen Freuden des Alltags und beginnen Sie morgens damit. Dazu können die unterschiedlichsten Dinge zählen: ein neues Buch, eine bestimmte Zeitschrift, ein Stück Torte, eine Pizza, ein Wein, ein Single-Malt-Whisky, eine Jogging-Runde, ein Spaziergang mit dem Hund, ein Telefonat mit der Familie, neue Erkenntnisse, die Sie weiterbringen, ein neues Hobby, ein Bild, das Spielen auf einem

Musikinstrument, eine Kurzmeditation oder einfach eine Pause mit einer Tasse Kaffee.

Egal was Sie wählen, wichtig ist, dass Sie einige dieser Dinge in den Tagesablauf einbauen und sich schon während des Erwachens und Aufstehens darauf freuen, zum Beispiel auf einen reich gedeckten Frühstückstisch oder die Begrüßung durch Ihren Hund. Die über den Tag verteilten Freuden führen zu einer positiven Grundstimmung.

Was ist die Folge davon? Die Erkenntnisse der positiven Psychologie geben hierüber Aufschluss. So hat etwa Martin Seligman in seinem Buch *Der Glücksfaktor. Warum Optimisten länger leben* dargestellt, welche förderliche Wirkung eine positive Grundstimmung für Gesundheit, Körper und Geist, für Selbstvertrauen, Motivation und zwischenmenschliche Beziehungen hat. In einer solchen positiven Grundstimmung gelingen auch Meditation und Visualisierung, wenn Zufriedenheit und Lebensfreude gegeben sind.

Wann und warum empfindet man Glück? Was ist die Ursache für ein Glücksgefühl?

Ein Glücksempfinden liegt vor, wenn eine Resonanz mit den entsprechenden Feldern vorhanden ist. Sie fühlen sich dann, als könnten Sie über Wasser gehen, und nichts könnte Sie aufhalten. Um diesen Zustand möglichst oft zu erreichen, empfiehlt Seligman die Konzentration auf die eigenen Stärken. Das leuchtet ein, denn Resonanz ist relativ leicht herzustellen, wenn man sich auf Fähigkeiten fokussiert, die man bereits erfolgreich eingesetzt hat. Hier sind bereits positive, relativ leicht zugängliche Felder vorhanden.

Glücksempfinden ist Resonanz, und die kleinen Freuden des Alltags erzeugen eine positive Grundstimmung, die das Tor zu einer positiven Resonanz und zu positiven Feldern öffnet. Die durch die kleinen Dinge des Lebens erfahrene positive Resonanz erzeugt grundsätzlich die gleiche Gefühlslage wie die Resonanz mit den großen Erfolgen oder mit den Erfolgsfeldern.

Deshalb: Sorgen Sie durch viele kleine Alltagsfreuden für eine positive Grundstimmung! Sie erleichtern sich so den Zugang zu Bedeutenderem!

Nur die Veränderung ist von Dauer

Das Grundprinzip der Natur heißt Veränderung: Etwas entsteht, wächst, reift, vergeht und bildet sich neu – manchmal in veränderter Form –: ein immerwährender Prozess, ohne Anfang und Ende. Dies gilt für Pflanzen, Tiere, Menschen und Materie gleichermaßen. Allen belebten Objekten scheint die Tendenz zu Wachstum und Entwicklung eingebaut zu sein, als hätten sie die Aufgabe, den Wissens- und Erfahrungsschatz der Natur zu vergrößern. Permanente Veränderung ist die Natur der Dinge! Selbst unser Sonnensystem verändert sich seit seiner Entstehung ständig und wird in etwa fünf Milliarden Jahren mit dem Kollaps unserer Sonne vergehen. Veränderung ist offensichtlich per se ein grundlegendes Ziel allen Seins. Auch so kann man den Satz »Der Weg ist das Ziel« verstehen.

Ein Ziel, das diesem Grundprinzip widerspricht, weil es auf Bewahren und Festhalten, also auf das Zementieren von Gegenwart und Vergangenheit ausgerichtet ist, wird nicht auf Dauer zu realisieren sein. Sie sollten es sich daher besser nicht zum Ziel machen, mit vierzig oder fünfzig Jahren bereits alles erreicht zu haben. Dies wäre nicht nur systemwidrig, sondern auch überaus langweilig und würde Sie ab vierzig oder fünfzig zu einem ausgesprochen uninteressanten Menschen machen.

Erfolg bedeutet nicht, in einem bestimmten Lebensalter alles erreicht zu haben. Erfolg bedeutet vielmehr, dem Ziel jeden Tag ein Stück näher zu kommen. Dies sind Veränderung und Wachstum, bedingt durch die sich verstärkende Resonanz zwischen Ihnen, Ihrem Erfolgsfeld und Ihrer Realität. Das ist letztlich Leben.

Wenn die Resonanz abnimmt, tritt Auflösung ein; Auflösungserscheinungen und schließlich der Tod sind die Folge. Akzeptieren Sie daher Veränderung nicht nur als sich stets durchsetzendes Grundprinzip, sondern machen Sie Veränderung zu Ihrem Ziel, seien Sie für Veränderungen dankbar und stellen Sie eine positive Resonanz mit Veränderungen her.

Nur was sich verändern kann, kann auch zielorientiert gesteuert werden. Deshalb ist für Sie jede Veränderung, jede Erfahrung von Nutzen. Es gibt grundsätzlich keine positiven oder negativen Erfahrungen. Es gibt nur Veränderungen, die Ihnen zeigen, ob Sie Ihr Verhalten ändern müssen oder ob Sie sich zielorientiert bewegen.

Selbstgespräch.
Das Gespräch mit dem Selbst

Von den vielen Gedanken, die uns täglich durch den Kopf gehen, gehört Vieles in den Bereich des Selbstgesprächs. Bewusst oder unbewusst besprechen wir Fragen, Probleme, Aufgaben und mögliche Lösungen mit uns selbst. Wie in Gesprächen mit anderen Menschen versuchen wir auch im Selbstgespräch dem Gesprächspartner etwas einzureden, ihn von etwas zu überzeugen oder einfach, mit ihm Informationen auszutauschen.

Im Falle des Selbstgespräches ist der Gesprächspartner für unser bewusstes Denken das unbewusste Denken – die einzelnen Felder des Unbewussten in den vielfältigen Schichten. Alles, was wir täglich durch unser bewusstes Denken ziehen lassen, erreicht nach und nach mit mehr oder weniger Kraft und Wirkung das Unbewusste und erzeugt entsprechende neue Felder oder Resonanzen zu bestehenden Feldern. Diese Wirkungen des Denkens wurden bereits beschrieben.

Das Selbstgespräch ist eine Form der Kommunikation mit der Innenwelt. Es findet zwischen dem bewussten Denken einerseits und dem unbewussten Denken andererseits statt und erfolgt mit dem Ziel, mit dem Selbst in Resonanz zu treten. Wie in einem Gespräch mit einer anderen Person versuchen wir mit dem Selbstgespräch, das Unbewusste zu einem bestimmten Verhalten zu bewegen (Feldaufbau und Feldwirkung) oder sonst nicht zugängliche Informationen zu erhalten (Feldwirkungen und Resonanz).

Es sind die gleichen Ziele, die wir auch mit der Visualisierung und der Meditation verfolgen. Selbstgespräche sind in der Regel zwar nicht so wirkungsvoll wie Meditation und Visualisierung, dafür sind Erstere aber jederzeit und überall möglich. Selbstgespräche bilden daher eine Ergänzung zur Meditation und zur Visualisierung und unterstützen den Feldaufbau und die Resonanz über das Unbewusste. Sie eignen sich zudem für Menschen, die stark auditiv veranlagt sind und ohnehin den ganzen Tag geistig plappern. Also treffen Sie sich doch auf ein Schwätzchen mit Ihrem Unbewussten.

Aber wie beginnen und wie führen wir diese Gespräche am besten, und vor allem: Welche Sprachebene wählen wir? Denken Sie dazu an ein erstes Gespräch mit Ihrem neuen Nachbarn. Auch hier würden Sie sich zum Beispiel fragen: Wie kann ich ihn ansprechen? Was interessiert ihn, auf welcher Wellenlänge funkt er? Spreche ich ihn förmlich in druckreifem Hochdeutsch oder eher in Umgangssprache an?

Wenn Sie sich noch einmal den Feldaufbau in Erinnerung rufen, dann gewinnen Sie vermutlich unwillkürlich den Eindruck, dass der Anteil der bewussten Felder deutlich geringer sein muss als der Anteil der unbewussten Felder (individuelles Unbewusstes, kollektives Unbewusstes bis hin zum absoluten Unbewussten). Neueste Forschungsergebnisse von Psychologen und Hirnforschern bestätigen dies: Sie haben herausgefunden, dass die Kapazität des bewussten Denkens sehr viel kleiner ist als die Kapazität des unbewussten Denkens.

So stellte etwa Ap Dijksterhuis, Professor für Psychologie an der Universität Amsterdam, fest, dass die Verarbeitungskapazität des bewussten Denkens nur etwa 40 bis 60 Bits pro Sekunde beträgt und maximal sieben Aspekte eines komplexen Problems gleichzeitig bearbeitet werden können. Diese Möglichkeiten reichen für die Lösung komplexer Sachverhalte nicht aus, weshalb das bewusste Denken ein komplexes Problem analytisch zerlegen muss, um es anschließend schrittweise zu verarbeiten.

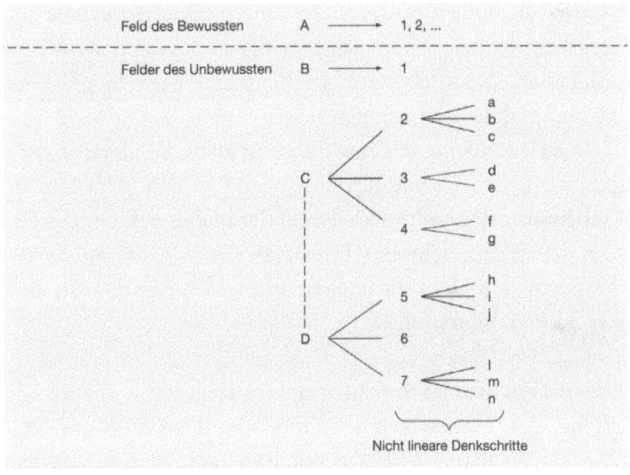

Abbildung 19: Struktur des Denkens

Das unbewusste Denken hat dagegen eine deutlich höhere Kapazität und ist daher für die Lösung komplexer Probleme prädestiniert. Während das bewusste Denken bei den meisten

231

Menschen linear arbeitet, also einen Gedankenschritt auf dem vorherigen aufbaut und aus ihm ableitet, funktioniert das unbewusste Denken vernetzt, mehrschichtig und simultan. Das unbewusste Denken erfolgt unter Einbeziehung der verschiedenen Felder des Unbewussten und unter Verknüpfung der einzelnen Aspekte auf jeder Ebene dieser Felder, wobei wir diese Verknüpfung als Assoziation bezeichnen können. Ein Grundmodell dazu finden Sie in Abbildung 19, »Struktur des Denkens«.

Die höheren Informationsverarbeitungskapazitäten des unbewussten Denkens machen sich beispielsweise Methoden des Schnell-Lesens, auch Photo-Lesen genannt, zunutze.[138] Dabei werden Techniken trainiert, die eine direkte Aufnahme und Verarbeitung von Informationen durch das Unbewusste ermöglichen. Dadurch wird die begrenzte Kapazität des bewussten Denkens umgangen.

Die Begrenzung des Bewussten ist auch die Ursache dafür, dass wir keinen unmittelbaren Zugang zu den Schichten des Unbewussten haben: Die Vielzahl der in den Feldern des Unbewussten gespeicherten Informationen würde das System des bewussten Denkens überfordern und vermutlich zu einer Art Systemabsturz führen.

Die Ergebnisse der Informationsverarbeitung – die auf der Ebene des Unbewussten erarbeiteten Problemlösungen – werden uns häufig in Form von Synchronizitäten, Gefühlen und Intuitionen präsentiert. Einstein wird der Satz zugeschrieben: »Alles, was wirklich zählt, ist Intuition. Der intuitive Geist ist ein heiliges Geschenk und der rationale Geist ein treuer Diener. Wir haben eine Gesellschaft erschaffen, die den Diener ehrt und das Geschenk vergessen hat.«[139]

Dijksterhuis rät vor dem Hintergrund des Gesagten dazu, die Intuition stärker zu nutzen, indem man, nachdem man über ein Problem nachgedacht hat, sich anderen Dingen zuwendet und dem Unbewussten die Problemlösung überlässt. Dijksterhuis bezeichnet diesen Prozess als Inkubation.

Wenn Sie vor einem schwierigen, komplexen Problem stehen – zum Beispiel vor einer Investitionsentscheidung oder vor einem Berufs- oder Stellenwechsel –, sollten Sie intensiv bewusst darüber nachdenken und alle Ihnen zugänglichen Informationen sammeln, prüfen und abwägen. Befassen Sie sich dann mit anderen Aufgaben oder schlafen Sie, und lassen Sie das Unbewusste an Ihrer Fragestellung arbeiten, bis sich eine Intuition oder ein Gefühl für die richtige Lösung bei Ihnen einstellt.

Das intensive bewusste Denken erzeugt Felder oder tritt mit Feldern im Bereich des Unbewussten in Resonanz. Durch die Resonanzbeziehung wirken diese Felder auf das bewusste Feld und den Denkenden zurück. Dieser erfährt Synchronizitäten oder erhält Informationen in Form von plötzlichem Wissen, von Intuition.

Das Verfahren der Inkubation ebenso wie jede Kommunikation mit den einzelnen Feldern des Unbewussten gelingt allerdings nur, wenn Sie auf die versteckten Informationen achten, die Ihnen in Form von Intuition oder Gefühlen begegnen.

Prüfen Sie!

Das Gesagte bedeutet allerdings nicht, dass Sie blind jeder Gefühlsregung folgen sollen. Wir Angehörigen der westlichen Welt müssen sicher alle erst einmal lernen, in dieser Sprache zu kommunizieren und die richtigen Informationen von den falschen zu unterscheiden. Dazu ist der Einsatz des bewussten Denkens als Prüfinstanz erforderlich und nützlich.

Lassen Sie sich führen!

Den als richtig befundenen Informationen müssen Sie dann allerdings auch folgen. Lassen Sie also Resonanz zu und sich davon führen!

Zum besseren Verständnis dieser Möglichkeit der inneren Führung noch einmal ein Ausflug in die Welt der Physik: Das Vertrauen in die innere Führung folgt der Annahme einer höheren Ordnung des Unbewussten. Der Physiker David Bohm spricht von einer impliziten Ordnung, derzufolge das Universum ein einziges substanzielles und potenzielles Ganzes ist, dessen einzelne Teile sich einem tiefer liegenden Wirkungszusammenhang verdanken. Dieser bringt nicht nur die materielle Welt selbst, sondern das Denken und das Bewusstsein hervor, mit denen wir die Welt erkennen können.[140]

Die höheren Organisationsprinzipien – die Inhalte der einzelnen Felder auf den verschiedenen Ebenen des Unbewussten – beeinflussen den einzelnen Menschen und dessen Erfahrungen über die Resonanz, werden über die Resonanz aber auch vom einzelnen Menschen in einer sich gegenseitig verstärkenden Wechselwirkung beeinflusst.

Inkubation, Visualisierung und Meditation sind verschiedene Wege der Kommunikation des Bewussten mit den Bereichen des Unbewussten. Diese Arten der Kommunikation erfolgen über Bilder, Gefühle, Intuition usw.

Wenn Sie Ihr Inneres für sich arbeiten lassen wollen, können Sie auf diesem Wege Informationen vom Bewussten ans Unbewusste übermitteln, um dem Unbewussten bestimmte Inhalte einzupflanzen, das heißt bestimmte Felder zu erzeugen oder zu Feldern in gewünschte Resonanz zu treten. Wenn Ihnen das gelungen ist, arbeitet Ihr Unbewusstes für Sie. Erst einmal in Gang gesetzt, wirken diese Prozesse weiter, auch wenn Sie nicht bewusst gerade daran arbeiten.

Das gelungene Einpflanzen vermittelt Ihnen das gute Gefühl, etwas auf die Reise geschickt zu haben, das etwas für Sie äußerst Angenehmes und Positives bewirkt. Es ist so, als würden Sie einen Brief absenden und sich dann abends zu Hause, während Sie in der heißen, dampfenden Badewanne liegen, vorstellen, was dieser Brief beim Adressaten für Sie bewirkt, welche überwältigenden Erfolge Sie damit haben. Es ist das wohlige Gefühl, alles Notwendige getan zu haben und jetzt in Sicherheit und absoluter Gewissheit auf den Erfolg und das Glück warten zu können. – Das Unbewusste arbeitet daran!

Vertrauen Sie!

Wenn das Unbewusste für Sie arbeitet, dann ist eine Kraft für Sie tätig, die jegliche Zeit- und Raumgrenzen überschreitet. Es ist eine Kraft, in der die Erfahrungen der Menschheit gespeichert und alle bestehenden und zukünftigen Objekte, Prozesse, Abläufe, Ereignisse usw. angelegt sind.

Es erscheint daher mehr als richtig, den Feldern des Unbewussten und dem Selbst eine umfassende Kompetenz in Sachen Problemlösung zuzusprechen. Oder etwas weniger theoretisch formuliert: Sie können Ihrem Unbewussten und Ihrem Selbst vertrauen. Vertrauen schafft Resonanz, da Vertrauen als Gefühl die Information transportiert: »Du zeigst mir eine Lösung auf. Du beschützt mich!« Es ist ein kindliches Vertrauen – ein unerschütterliches, blindes Vertrauen!

Dieses Vertrauen in die Macht des Selbst ist besonders dann notwendig – und gerade dann auch besonders schwer zu erzeugen –, wenn Sie in einem Problem stecken und noch keine Lösung dafür in Sicht ist. Das Visualisieren und Einpflanzen einer konkreten Lösung ist unter solchen Umständen noch nicht möglich.

Wenn Sie in einer derartigen Situation darauf vertrauen, dass Ihr Unbewusstes für Sie schon eine Lösung finden wird, geschieht Folgendes: Durch Ihre Zuversicht stellen Sie eine positive Resonanz mit den Feldern des Unbewussten her. Es ist zunächst noch eine unspezifische positive Grundstimmung, die aber die Richtung der weiteren Arbeitsweise des Unbewussten vorgibt. Aus dieser ersten Resonanzbeziehung entwickelt sich im weiteren Verlauf eine verstärkte und zunehmend differenziertere Resonanz, die dann über Intuition, Synchronizität usw. zu konkreten Lösungen führt.

Das grundsätzliche Vertrauen in die Felder des Unbewussten, die erheblich komplexer, umfassender und kraftvoller sind als das Feld des Bewussten, lässt Resonanzbeziehungen in Situationen entstehen, in denen eine konkrete Lösung noch nicht ersichtlich ist. Für solche Problemsituationen ist das Verfahren der Inkubation besonders geeignet. Beschäftigen Sie sich daher mit dem Problem, und vergessen Sie es dann in der vertrauensvollen Erwartung einer Lösung.

Felder sind grundsätzlich neutral, also weder gut noch böse. Da die Felder leicht auf Resonanzen ansprechen, finden Sie dort immer Bestätigung und erhalten, was Sie erwarten. Eine negative Haltung gegenüber Ihren Fähigkeiten werden Sie daher ebenso bestätigt finden wie eine vertrauens- und erwartungsvolle Einstellung. Erwarten Sie das Beste, und Sie werden das Beste erhalten!

Stellen Sie sich vor, Sie gehen mit einem Problem zu einem väterlichen Freund, um von diesem eine Lösung zu erhalten. Wie würde dieser Freund reagieren, wenn er spüren würde, dass Sie seinen Ratschlägen und seinem möglichen Handeln kein Vertrauen, sondern nur Ablehnung und Ignoranz entgegenbringen? Eben!

Betrachten Sie die Felder Ihres Unbewussten und Ihr Selbst als solch eine Art väterlichen Freund, der Sie beschützt und Ihre Wünsche erfüllt. Wenn es Ihnen gelingt, Ihrem Selbst dieses Gefühl des Vertrauens entgegenzubringen, haben Sie den Feldern Ihres Unbewussten zwar noch nichts eingepflanzt, aber Sie haben es angezapft; Sie haben Resonanz hergestellt und treten dadurch in Kommunikation mit dem Selbst. Jetzt müssen Sie nur noch die richtigen Worte für die Kommunikation finden.

Das unbewusste Denken erfolgt über Bilder, Gefühle, Intuition etc. Entsprechend muss die Kommunikation mit dem Unbewussten über Bilder erfolgen und Gefühle ansprechen und vermitteln. Es muss eine blumige, pathetische und emotionale Bildsprache sein, die Assoziation zulässt und bewirkt. Nur so kann das bewusste Denken mit seiner relativ geringen Verarbeitungskapazität das komplexe unbewusste Denken mit seiner sehr viel höheren Kapazität und Verarbeitungsgeschwindigkeit ansprechen. Nur so wird eine für beide verständliche Sprache gesprochen.

Die Kommunikation über diese Assoziation von Bildern und Gefühlen ist deutlich wirkungsvoller und effizienter als die Kommunikation über Worte. Denken Sie an die Bedeutung und Wirkung von Worten, die emotional berühren, weil sie von einem geliebten Menschen stammen, und vergleichen Sie diese mit den Worten eines Nachrichtensprechers, der lediglich Fakten vermittelt.

Worte, die über Gefühle den mächtigen Bereich des Unbewussten ansprechen, sind kraft- und machtvoll. Die damit transportierbare Informationsmenge ist deutlich höher, als dies bei einer allein unverpackte Fakten transportierenden Sprache der Fall ist, da bei Letzterer die Assoziation fehlt.

Gefühle und blumige, pathetische Bilder werden von jedem leicht verstanden. Hier liegt auch der Grund, warum Unterhaltungskünstler oder Sportidole ein wesentlich größeres Publikum ansprechen als beispielsweise ein Naturwissenschaftler, der über sein nobelpreisgekürtes Experiment berichtet. Für die Weiterentwicklung der Menschheit ist der Beitrag des Wissenschaftlers sicher wertvoller als die Sangeskunst eines Pop-Sternchens. Aber das Pop-Sternchen spricht eben die Gefühle ihrer Zuhörer an und damit den machtvollen Bereich des Unbewussten. Dadurch entsteht die paradoxe Situation, dass der eigentlich wichtigere Beitrag des Wissenschaftlers geringer beachtet und bezahlt wird als der für die gesellschaftliche Weiterentwicklung unwichtige Beitrag des Pop-Sternchens.

Die machtvolle Wirkung der emotional aufgeladenen Bildsprache macht sich insbesondere die Werbung zunutze. So wird etwa in Werbespots für neue Autos nicht von PS, Höchstgeschwindigkeit und Hubraum gesprochen, sondern vom Rausch der Sinne, von Freiheit, Lebensgefühl, Lifestyle usw. Aber wenn es der Werbung gelingt, Ihnen auf diese Weise ein neues Auto zu verkaufen, sollte es Ihnen gelingen, Ihrem Selbst neue Glaubenssätze zu verkaufen!

Um Sie hierbei zu unterstützen, wird sich der folgende Abschnitt noch einmal mit wesentlichen Erkenntnissen in einer Sprache beschäftigen, die den Bereich des Unbewussten direkt anspricht und daher für das Gespräch mit dem Selbst hervorragend geeignet ist. Anhand von Beispielen werden Sie erfahren, wie Sie Ihre Zielvorstellungen so darstellen können, dass Sie die Felder des Unbewussten erreichen, ohne vom Filter Ihres Bewusstseins darin behindert zu werden. Dazu müssen Sie, wie ausgeführt, vermutlich Ihre Glaubenssätze ändern.

Im Folgenden wird ausführlich gezeigt, wie Sie durch die besondere Kommunikation im Selbstgespräch die betreffenden Inhalte so formulieren und aufnehmen können, dass sie in die Ebene des Unbewussten gelangen und von hier aus eine Veränderung Ihrer Glaubenssätze bewirken.

Das Selbstgespräch als Form der Kommunikation mit dem Selbst und den entsprechenden Feldern ergänzt die Visualisierung und die Meditation als weitere Kommunikationsformen mit dem Selbst. Während Meditation und Visualisierung eine ruhige, entspannte Haltung und Umgebung erfordern, kann ein Selbstgespräch zu jeder Zeit, an jedem Ort und in jeder Situation geführt werden.

Damit die Ebenen des Unbewussten im Selbstgespräch angesprochen werden, genügt oft ein Feldschlüssel, eine kurze Formulierung oder eine unauffällige Geste wie das Zusammenführen von Daumen und Zeigefinger, um mit den Feldern des Unbewussten in Resonanz zu treten. Es eignen sich insbesondere regelmäßig wiederholte, formelmäßige Formulierungen. (Denken Sie auch hier an die Analogie zu Wasserlauf und Flussbett.)

Achten Sie aber auf die Besonderheiten des Selbstgesprächs: Das bewusste Denken ist am Selbstgespräch beteiligt, während es bei der Meditation und der Visualisierung ausgeschaltet wird. Das Ausschalten des bewussten Denkens macht es Ihnen leicht, sich in ein bestimmtes gewünschtes Zielszenario (zum Beispiel Reichtum) hineinzuversetzen und entsprechende Felder aufzubauen. Wenn das bewusste Denken beteiligt ist, bestehen dagegen Hürden.

Wenn Sie zum Beispiel gerade Ihren Arbeitsplatz verloren haben, wird sich Ihr bewusstes Denken bei einem Satz wie »Ich habe viel Geld und bin erfolgreich« heftig sträuben. Bieten Sie daher dem bewussten Denken eine Formulierung an, die für den bewussten Bereich akzeptabel und für den unbewussten Bereich reizvoll und ansprechend ist, zum Beispiel: »Ich werde jeden Tag etwas mehr Geld und Erfolg haben. Ich komme meinen Zielen jeden Tag ein Stück näher!«

Solch eine Formulierung ist attraktiv und akzeptabel zugleich. In schwierigen Situationen akzeptiert Ihr Bewusstsein ein »Ich werde!« eher als ein »Ich bin!«

Die im Folgenden empfohlene Formulierungsweise mag auf den ersten Blick ein wenig übertrieben wirken. Aber diese Sprache öffnet Ihnen die Tür zu Ihrem Unbewussten. Sie eignet sich auch besonders, Sie in einen optimistischen, zielorientierten und kraftvollen Zustand zu versetzen, weil diese Worte über die Gefühlsebene eine starke Motivation erzeugen. Die folgenden Formulierungen verpacken den rational verarbeiteten Inhalt so, dass er nun auch unbewusst positiv aufgenommen wird.

Da Sie die Inhalte bereits mit Ihrem bewussten Denken aufgenommen und verarbeitet haben, genügen für die Kommunikation mit dem assoziativ arbeitenden, über eine erheblich größere Verarbeitungskapazität verfügenden Unbewussten komprimierte Ausführungen. Versuchen Sie einmal, die nachstehenden Sätze in entspannter, offener Haltung und in einer ruhigen, harmonischen Stimmung gefühlsmäßig nachzuvollziehen. Lauschen Sie in sich hinein, und nehmen Sie den Widerhall und den Klang der Inhalte (nicht der Worte) wahr.

Die eine oder andere Formulierung wird Ihnen möglicherweise bekannt vorkommen. Wundern Sie sich nicht! Zum einen haben sich bereits zahlreiche alte Schriften wie die Bibel, Philosophen wie Platon, Plotin und Schopenhauer, Physiker wie Einstein, Pauli und Heisenberg sowie Autoren wie Murphy (*Die Macht Ihres Unterbewusstseins*), Hill (*Denke nach und werde reich*) und Robbins (*PowerPrinzip*) mit diesen Themen befasst. Zum anderen werden Sie aber – und das ist der wesentlichere Aspekt – intuitiv eine Übereinstimmung mit Ihrem eigenen verborgenen Wissen feststellen.

Sie werden wieder erkennen! Also wundern Sie sich nicht!

Positive Affirmation

Die Realität ist ein Produkt der Gedanken und Gefühle. Sie haben die Macht, diese Realität zu gestalten und zu verändern. Sie erleben keine Realität, die außerhalb von Ihnen verursacht wurde und der Sie machtlos ausgeliefert sind. Die meisten von uns sind so auf das materielle Geschehen fokussiert, dass Sie die Verbindungen zu den verursachenden Gedanken und Gefühlen nicht mehr sehen.

Ihre bewussten und unbewussten Gedanken sind Ihnen bei Weitem nicht so vertraut, wie Sie vielleicht annehmen. Eine genaue Prüfung und ein Kennenlernen dieser Gedanken und Gefühle würde zeigen: Alles Bestehende ist zunächst ein Gedanke oder ein Gefühl. Es gibt nichts in der Realität, was nicht zunächst ein Gedanke war. Gedanken und Gefühle haben Schöpferkraft, eine uralte Kraft, die Sie gezielt nutzen können!

Die äußere Realität ist daher ein Spiegel der nach außen projizierten Gedanken und Erwartungen; die äußere Realität ist das Gegenstück zu Ihrem inneren Zustand. Ihre Erwartungen erschaffen Ihre äußere Welt, die Sie dann staunend als eigenständige, von Ihnen getrennte Welt betrachten. Was mit Ihnen geschieht und was Sie erleben, haben Sie jedoch in Ihrem Inneren selbst verursacht!

Jeder Ihrer Gedanken und jedes Ihrer Gefühle hat Wirkung! Wenn Ihnen die Wirkungen – das heißt Ihre Realität – nicht gefallen, dann ändern Sie Ihre Gedankenwelt! Die Änderung Ihrer Denkwelt ist der einzige Weg zur Veränderung Ihrer äußeren Welt! Die Art und Weise Ihres Denkens wählen Sie selbst. Möglicherweise haben Sie bisher eher aus den negativen Erfahrungen der Vergangenheit geschöpft.

Wenn Sie nicht aktiv die Herrschaft über Ihr Denken übernehmen, werden Sie auch in Zukunft negative Erfahrungen machen. Die äußere Welt ist ein Abbild Ihrer inneren Erwartungen. Daher sind Sie nie ohne Einfluss auf die äußeren Ereignisse, unabhängig von Ihrer beruflichen oder gesellschaftlichen Stellung. Sie nehmen jetzt schon Einfluss auf Ihre Realität und Ihre Erfahrungen, allerdings ohne davon zu wissen. Deshalb prüfen Sie Ihre Gedanken und Gefühle.

Lassen Sie nur zu, was Ihnen gefällt und Ihren Wünschen und Zielen entspricht! Wenn Sie sich dieser Kraft einmal bewusst geworden sind, werden Sie nicht mehr auf ihren gezielten Einsatz verzichten wollen.

Sie steuern eine gewaltige, unerschöpfliche Energie, die durch Sie hindurchpulst wie Ihr Atem. Seien Sie daher behutsam in der Wahl Ihrer Steuerungsimpulse. Ihr Denken und Fühlen bestimmt Ihre Welt und Ihr Schicksal! Sie sind Schöpfer Ihrer Realität und Ihrer Erfahrungen – in einem ganz konkreten Sinn.

Die ganze Macht und Kraft dieser Schöpfung liegt in Ihnen. Sie leiten diese Macht nach außen und gestalten Ihre Welt. Nicht die äußeren Umstände bestimmen über Sie, sondern Sie bestimmen über diese Umstände.

Machen Sie bitte folgende Übung:

Schließen Sie die Augen, schalten Sie Ihre bewussten Gedanken aus, und wenden Sie den Blick Ihres geistigen Auges nach innen. Sie sinken durch die verschiedenen Schichten Ihrer inneren Welt. Sie sehen jetzt Ihr Selbst, den inneren Bereich, der Ihre Außenwelt verursacht. Hier, tief in Ihrem Inneren, liegt die Quelle für Ihre Außenwelt, für Ihre Erfahrungen und für Ihre Realität.
Dies ist der Kommandostand, die Brücke für das Schiff Ihres Lebens. Von hier aus steuern Sie alles mit Ihren Gedanken, Gefühlen, Erwartungen und Glaubenssätzen.

Vergegenwärtigen Sie sich in dem entspannten Zustand der Meditation Folgendes:

Sie haben Ihr Leben und Ihre Realität, Ihre Erfolge und Misserfolge schon immer von hier aus gesteuert, wenn auch nicht willentlich und gezielt. Übernehmen Sie jetzt bewusst das Ruder. Von hier aus bestimmen Sie Ihre Welt, Ihre Realität und Ihre Erfahrungen. Sie nehmen Einfluss, Sie können steuern.

Nichts und niemand kann Sie daran hindern, den Kurs zu bestimmen, wenn Sie dies nicht selbst zulassen. Sie haben die Macht, und diese Macht liegt in Ihrem Selbst.

Sie steuern dieses subtile Selbst mit Ihrem Denken und Fühlen und setzen damit die Impulse, die Ihr Selbst aufnimmt und zu Realität verarbeitet.

Sie können jedes Ziel erreichen und jeden Wunsch Wirklichkeit werden lassen, wenn Sie Ihre Ziele und Wünsche in die tieferen Schichten Ihres Unbewussten einpflanzen. Das, was Sie in Ihrem tiefsten Inneren denken und fühlen, wird nach außen projiziert und erschafft Ihre Realität und Ihre Erfahrungen. Sie werden, was sie denken und fühlen!

Nicht die Umstände bestimmen Ihr Schicksal, sondern Sie selbst tun das über Ihr Denken und Fühlen. Innen wie außen, oben wie unten!

Sie sind verantwortlich, weil Sie entscheiden können! Sie haben die Macht und Möglichkeit zur Veränderung, daher sind Sie für Ihr Schicksal auch verantwortlich. Ihr Denken von gestern bestimmt, was Sie heute sind! Ihr Denken von heute bestimmt, was Sie morgen werden! Jeder Gedanke ist eine Ursache, und jede Erfahrung ist eine Wirkung! Zufälle gibt es nicht, alles hat eine Ursache!

Ein Gedanke von einem Baum ist so wirklich wie der Baum. Ihre Innenwelt ist so real wie Ihre Außenwelt. Über diese Innenwelt sind Sie mit der Außenwelt verbunden.

Nichts kann Sie aufhalten! Es gibt nur die Begrenzungen, die Ihre Glaubenssätze schaffen und die Sie zulassen!

Sie sind mehrdimensional, und Ihre wahre Persönlichkeit umfasst viele Ebenen und Schichten, die jede ihre eigene Wirklichkeit haben und von denen die äußere Wirklichkeit nur eine von vielen ist. Über diese verschiedenen Ebenen ist alles mit allem verbunden. Die Wahrnehmung des Getrenntseins ist eine Täuschung. Sie kommunizieren stets mit allen anderen Menschen, Tieren und Objekten des Universums. Sie sind Teil des Ganzen!

Über Ihre mehrdimensionale Persönlichkeit haben Sie Anteil an einer Kraft, die alles erschafft und der nichts zu widerstehen vermag. Diese Kraft hält die Galaxien in Bewegung, lässt Sterne erstrahlen, lässt die Meeresbrandung und die Stürme entstehen und Sie selbst wachsen. Sie erhält Ihre Gesundheit, schließt Wunden, lässt Ihr Herz schlagen und sorgt dafür, dass Sie auch im Schlafen atmen.

Diese Kraft ist in Ihnen. Sie sind Teil dieser Kraft, und diese Kraft ist Teil von Ihnen. Sie können diese Kraft für Ihre Ziele und Wünsche aktivieren, wenn Sie sich positiv darauf einstellen.

Diese Kraft besteht seit langer Zeit, länger als das Universum existiert. Sie ist mit unendlicher Weisheit und vollkommenem Wissen verbunden. Sie enthält alles, was war, was ist und was sein wird. Sie haben unmittelbar Zugang zu dieser Weisheit und diesem Wissen, wenn Sie sich darauf einstimmen. Lassen Sie diese Kraft, dieses Wissen und diese Weisheit durch Sie hindurch in der äußeren Welt wirken.

Entdecken Sie diese Kraft für sich neu. Sie kennen sie bereits, Sie haben sie nur vergessen!

Stimmen Sie sich auf diese Kraft ein, akzeptieren Sie deren Existenz und Wirkung! Handeln, denken und fühlen Sie aus der Überzeugung, dass diese Kraft für Sie wirkt, Sie führt und schützt!

Diese Kraft ist Ihr Vater und Ihre Mutter oder Ihr väterlicher Freund. Sie ist Ihre gute Fee, an die Sie sich jederzeit voller Vertrauen wenden können und die Ihre Wünsche wahr werden lässt. Stimmen Sie sich auf diese Kraft ein, indem Sie sich auf positive, aufbauende Aspekte konzentrieren. Verbannen Sie alles Negative und Destruktive. Werfen Sie negative Gedanken über Bord!

Aber: Übersehen Sie nicht die Probleme, mit denen Sie konfrontiert werden. Seien Sie dankbar für diese Probleme, denn durch sie lernen Sie die Wirkung der Kraft in Ihnen kennen und entdecken Wege, sie zu nutzen.

Jedes Problem enthält bereits seine Lösung. Nutzen Sie für die Problemlösung die höhere Warte Ihrer unbewussten Persönlichkeit. Behalten Sie den Überblick!

Sie haben – als Teil dieser umfassenden Kraft – die Aufgabe, aus sich und Ihrem Leben das Beste zu machen. Nutzen Sie Ihr Potenzial. Nutzen Sie die Kraft!

Gewöhnen Sie sich an Glück und Erfolg. Seien Sie es gewohnt, das Beste zu erwarten, und Sie werden das Beste für sich bekommen! Positives zieht Positives an!

Vertrauen Sie Ihrer inneren Stimme! Nutzen Sie die Kraft zur Veränderung. Der Wandel und die Veränderung sind das Beständige! Was lebt, wächst, was nicht mehr wächst, stirbt!

Die Anwendung dieser Kraft und dieses Wissens ist einfach – aber nicht leicht!

EIN SPEKULATIVER AUSFLUG

Es ist aber festgehalten worden,
dass das Erste von keinem verursacht wird
und dass es selbst Quelle
und Ursache für jedes Sein ist.
Daraus folgt, dass nur das Erste
notwendiges Sein ist und dass alles,
was nach ihm ist, mögliches Sein ist
oder auf irgendeine Weise
kontingent, nicht zu sein.

Albertus Magnus

Lassen Sie uns einen Ausflug machen: in die Geschichte, in die Vorgeschichte, in die Mythologie und zugegebenermaßen auch in den Bereich der Spekulation.

Die in diesem Buch skizzierten neueren Erkenntnisse der Wissenschaften begründen die Einsicht, dass wir unsere Innenwelt durch unser Denken und Fühlen beeinflussen und dass diese Innenwelt die als Außenwelt empfundene Realität erschafft. Aber ist diese Erkenntnis tatsächlich so neu?

In den einst einer Person namens Hermes Trismegistos (Hermes der Dreimalgroße) zugeschriebenen, vermutlich aus dem zweiten Jahrhundert stammenden hermetischen Schriften (*Corpus Hermeticum*), aus denen hier mehrfach der Satz »Innen wie außen, oben wie unten« zitiert wurde, eröffnet sich eine Sicht der Welt, welche die Philosophie des Neuplatonismus ebenso repräsentiert wie die jüdische Kabbala. Einer Legende nach fand man im Grab des Hermes Trismegistos eine Smaragdtafel, die »Tabula Smaragdina«, in welche in phönizischer Schrift die Essenz seiner Lehre eingraviert war.

In einer dem Philosophen und Theologen Albertus Magnus (1193–1280) zugeschriebenen Übersetzung der Smaragdtafel heißt es: »Was oben ist, ist gleich dem, was unten ist, und was unten ist, ist gleich dem, was oben ist – fähig, die Wunder des Einen zu vollbringen. Und wie alle Dinge aus Einem stammen …, so sind alle Dinge von diesem Einen durch Anpassung entstanden.«[141]

Die Formulierung dieses Gesetzes der Entsprechung von der unteren Welt der Erscheinungen und der oberen geistigen Welt kommt der in diesem Buch beschriebenen Wirkung des Denkens sehr nahe. In seinen bekannten Traktaten über den Ursprung und die Gesetzmäßigkeiten allen Seins entwickelt Albertus Magnus ähnliche Wirkprinzipien. Am Beispiel der vier Elemente Feuer, Erde, Wasser, Luft etwa schildert er ihr gegenseitiges Wechselspiel: »Die Luft nämlich steigt im Feuer herab, und in der Erde und dem Wasser steigt sie auf. Das Wasser aber steigt in der Erde auf, und im Feuer und der Luft steigt es herab.«[142]

Hermes Trismegistos hat als konkrete historische Person wohl nie existiert. Nach Flavius Josephus ist er identisch mit Henoch, dem siebten Urvater nach Adam. Über Henoch berichtet insbesondere das *Buch Henoch* (auch: *Enoch*). Dort heißt es, Henoch habe sein Wissen in einer Phase der Entrückung von anderen Wesen, Engeln, erhalten. Im dritten Buch Enoch des Rabbi Ishmael wird beschrieben, mit welchem Wissen Henoch nach seiner Entrückung in himmlische Sphären ausgestattet war: Es lieferte ihm einen Verständigungsschlüssel für alle Sprachen, ein Machtinstrument über alle Menschen sowie über Raum und Zeit, umfasste das Wissen und die Weisheit aller Menschen und Kulturen und ermöglichte die Weitervermittlung all dieses Wissens.

Die fantastische Beschreibung dieses Wissens klingt nur noch halb so unglaubwürdig, wenn wir uns die Wirkungen des Denkens und Fühlens sowie die Feldstrukturen und Resonanzen in Erinnerung rufen. Was uns als schwierig und daher unglaubwürdig erscheint – die Einflussnahme auf die äußere Realität durch das eigene Denken und die Gewinnung von Wissen durch Herstellen von Resonanz mit den entsprechenden Feldern –, ist für Personen mit entsprechend geschulten mentalen Fähigkeiten vermutlich deutlich einfacher.

Die »Tabula Smaragdina« wurde im Mittelalter als »Stein der Weisen« oder »Lapis Philosophorum« bezeichnet. Ihm wurden Zauberkräfte zugeschrieben wie die Verwandlung von Menschen und Materie. Außerdem sollte er den Urstoff aller Dinge enthalten und alles Sein in seine Bestandteile auflösen können.[143] Möglicherweise ist auch die in der Bibel erwähnte Bundeslade als solch eine Metapher zu verstehen. Im zweiten Buch Moses heißt es, dass sie nach Gottes Anweisung gefertigt wurde, um darin die Moses übergebenen Gesetzestafeln zu lagern. Sie taucht auch in der Literatur auf, wo sie als goldener, mit göttlicher Energie geladener Schrein beschrieben wird, der es den Priestern ermöglicht, direkt mit Gott in Verbindung zu treten.

Sowohl die Bundeslade als auch der Stein der Weisen bergen also einen machtvollen Inhalt (Gedanken, Innenwelt) in oder auf einem Gegenstand. Göttliche Energie oder Gott könnten als Gesamtheit der Innenwelten, als Gesamtheit aller Feldstrukturen verstanden werden. Und weil diese Felder holistisch sind und sich in Zeit und Raum ausbreiten, ist nach dieser Vorstellung ein solcher Gott in allem – vor allem auch in Ihnen – enthalten!

Ähnlich ließe sich der Heilige Gral interpretieren. Nach der Überlieferung ist der Gral das Gefäß, das Christus beim Abendmahl benutzte und in dem Joseph von Arimatäa das Blut Christi bei der Kreuzigung auffing. Angesichts der Kräfte, die dem Gral zugeschrieben werden, ist es durchaus denkbar, dass auch der Gral als Metapher für die Kräfte des Selbst und der Innenwelt sowie für deren Wirkung auf die Außenwelt zu verstehen ist.

Wenn man beim Studium der Bibel die Worte »Herr« und »Vater« durch »Innenwelt«, »Selbst«, »absolutes Bewusstsein« und »Feldhierarchie« ersetzt, entsprechen viele Textpassagen den beschriebenen Erkenntnissen. Dazu zwei von vielen möglichen Beispielen:

1. Eine Passage aus dem Johannes-Evangelium:
»Im Anfang war das Wort, und das Wort war bei Gott, und Gott war das Wort. Dasselbe war im Anfang bei Gott. Alle Dinge sind durch dasselbe gemacht, und ohne dasselbe ist nichts gemacht, was gemacht ist.«[144]

Tauschen Sie den Terminus »Wort« gegen den Begriff »Gedanke« aus, und lassen Sie den Text dann auf sich wirken!

2. Ein Ausschnitt aus dem apokryphen Thomas-Evangelium:
»Ich bin das Licht, das über allem steht. Ich bin das All. Das All ist aus mir hervorgegangen, und das All ist zu mir gekommen. Spaltet ein Stück Holz: Ich bin da! Hebt einen Stein auf: Ihr werdet mich dort finden.«[145]

Das Wissen um das Gesetz der Entsprechung, um die Wirkungen des Denkens und der Innenwelt auf Materie, Raum und Zeit war offensichtlich zu allen Zeiten vorhanden und stand hoch im Kurs, weil dieses Wissen außerordentliche Macht und Fähigkeiten verlieh (und noch verleiht). Woher aber kam dieses Wissen? Wer hat dieses Wissen vermittelt?

Interessanterweise finden sich bereits in sehr früher Zeit und in nahezu allen Kulturen und Regionen der Erde Hinweise auf ein solches Wissens. Das Vorliegen eines hoch entwickelten Wissens über die Zusammenhänge von Innen- und Außenwelt steht zum Teil allerdings im Widerspruch zu den übrigen Anschauungen und den durch sie bedingten Lebensumständen in diesen Regionen und Kulturen. Häufig wurde das Vorhandensein solch eines tieferen, einst Priestern oder Schamanen vorbehaltenen Wissens, das auch für spezielle Bauten wie Pyramiden oder unterirdische Weihestätten Anwendung fand, daher auf den Besuch von höheren Himmelswesen zurückgeführt, die in der Moderne dann zu »Außerirdischen« wurden:

- In den indischen *Veden* werden »Himmelsfahrzeuge« beschrieben, die den Himmel durchfahren und sich wie Vögel bewegen. Material, Aussehen und Flugeigenschaften dieser »Fahrzeuge« lassen den heutigen Leser an Raumfahrzeuge denken.
- Im Alten Testament findet sich bei Hesekiel eine Beschreibung, die ebenfalls an die Landung eines Raumfahrzeuges erinnert: »Und ich sah … eine mächtige Wolke und loderndes Feuer, und Glanz war rings um sie her, und mitten im Feuer war es wie blinkendes Kupfer. Und mitten darin etwas wie vier Gestalten; die waren anzusehen wie Menschen … Die Räder waren anzuschauen wie ein Türkis und waren alle vier gleich, und sie waren so gemacht, dass ein Rad im anderen war … Und sie hatten Felgen, und ich sah, ihre Felgen waren voller Augen ringsum bei allen vier Rädern. Wenn sie gingen, so gingen diese auch; und wenn sie sich emporhoben von der Erde, so hoben sich auch die Räder mit ihnen empor; denn es war der Geist der Gestalten in den Rädern.«
- In Australien berichten die Ureinwohner in ihren Überlieferungen von »Wodjina«. In Felszeichnungen werden diese Wesen mit Overall und helmähnlicher Kopfbedeckung dargestellt. Laut den Aborigines wohnen diese Wesen in geheimnisvollen Lichtern am Himmel.
- In Indonesien hat das Volk der Toraja von Generation zu Generation überliefert, dass die Ahnen aus dem All kamen.

- Im oberitalienischen Val Camonica existieren Felszeichnungen aus der Bronze- und Eisenzeit, die schwebende Gestalten mit helmartigen Strahlenkränzen zeigen.

- Auf Mali feiert das Volk der Dogon in seinen jahrhundertealten Riten die regelmäßige Wiederkehr eines Sterns in der Umgebung des Sirius, des hellsten Fixsterns am Himmel. Der Stern ist auf einer alten Zeichnung auf einer elliptischen Bahn um den Sirius zu erkennen. Der Nachweis dieses mit dem bloßen Auge nicht zu erkennenden Sterns gelang der Wissenschaft allerdings erst 1862 durch den amerikanischen Astronomen Alvan Graham Clark. Wie konnte das Volk der Dogon schon lange vorher von der Existenz dieses Sterns wissen?

- Auf einer Seekarte des türkischen Flottenadmirals Piri Reis aus den Jahr 1513 sind die Küstenverläufe von Nord- und Südamerika verzeichnet, die in dieser Zeit noch nicht bereist waren. Außerdem sind zu dieser Zeit noch unentdeckte Inseln eingezeichnet, und der Umriss der antarktischen Landmasse mit eisfreier Küste ist kartografiert. Dabei ist zu bedenken, dass die Antarktis zuletzt vor etwa 6 000 Jahren eisfrei war. Auch die in dieser Karte eingetragenen Längen- und Breitenverhältnisse sind so genau und korrekt, dass man meinen möchte, dies sei nur mit dem heutigen Wissen und modernen technischen Instrumenten möglich.

Piri Reis hat diese Karte nach eigenen Angaben aus etwa 20 Karten zusammengestellt, die deutlich älter waren und aus einer hoch entwickelten Seefahrerkultur stammen müssen. Diese Hochkultur muss weiter entwickelt und deutlich älter gewesen sein als die Kulturen Babyloniens, Ägyptens oder Griechenlands. Denn sie muss bereits existiert haben, als die Antarktis noch eisfrei war!

In allen Teilen der Welt finden sich Felszeichnungen, Schriften, Mythen und Überlieferungen aus der Vorgeschichte der Menschheit mit Hinweisen auf »Wesen aus dem Himmel«. Es sind Kenntnisse dokumentiert, die mit dem damaligen Wissensstand nicht erklärbar sind. Dazu gehören die Kenntnis über ferne Gestirne ebenso wie die Kenntnis über das Gesetz der Entsprechung (innen wie außen). Es wurden Bauten wie die Pyramiden und Riesenplastiken wie die Moais gefertigt, die Steinfiguren auf der Osterinsel, bei deren Anblick wir noch heute rätseln, wie sie mit den damaligen Möglichkeiten geschaffen werden konnten.

Wenn wir nach einer Erklärung hierfür fragen, sollten wir berücksichtigen, dass nur noch ein geringer Teil des Wissens früherer Kulturen überliefert ist und beurteilt werden kann. Vieles wurde nur mündlich weitergegeben und erst erheblich später, wenn überhaupt, aufgezeichnet, und von diesen Aufzeichnungen wurde ein Großteil im Laufe der Jahrhunderte zerstört. Heute existieren nur noch wenige alte Schriften. Das in ihnen dokumentierte Wissen ist allerdings bemerkenswert, wobei das in den jeweiligen Kulturen tatsächlich vorhandene Wissen mit Sicherheit noch erheblich umfangreicher war.

Die Annahme, dass dieses teilweise bis in vorgeschichtliche Zeiten zurückreichende Wissen von Himmelsgöttern, also Außerirdischen, auf die Erde gebracht wurde, ist nicht sonderlich überzeugend. Welchen Grund sollten diese Außerirdischen haben, ausgerechnet den im Universum unbedeutenden Planeten aufzusuchen, um hier ihr Wissen zu vermitteln, und wo sind sie jetzt?

Immer wenn Menschen bestimmte Phänomene nicht erklären konnten, wurden Götter oder »Wesen aus dem Himmel« dafür verantwortlich gemacht. Wenn aber heute ein

Hubschrauber bei einem Volk abseits der Zivilisation landet und der Pilot mit Fliegerdress, Helm und Brille aussteigt, dürften die erschrockenen Menschen ebenfalls an einen Gott oder ein »Wesen aus dem Himmel« mit übermenschlichen Fähigkeiten glauben.

In früheren Zeiten waren die kulturellen Unterschiede zwischen den Regionen und Völkern noch erheblich größer. Es gab immer einzelne Hochkulturen, die als Inseln der Entwicklung herausragten und anderen Regionen und Völkern der Erde wissenschaftlich und technisch weit voraus waren. Sie entstanden und verschwanden anschließend wieder im Dunkel der Geschichte.

Naheliegender als der Besuch Außerirdischer ist die Vermutung, dass in vorgeschichtlicher Zeit eine die Erde umspannende Hochkultur bestand, die untergegangen ist und von der nur noch Fragmente ihres Wissens überliefert sind. Man muss für diese Hypothese nicht unbedingt den wahrscheinlich ohnehin metaphorisch zu verstehenden Mythos von Atlantis, jener im Meer versunkenen Hochkultur, strapazieren. Wenn die Vertreter solch einer hoch entwickelten Kultur andere Völker besuchten, müssen sie ihnen wie allwissende Götter erschienen sein. Möglicherweise landeten diese »Wesen aus dem Himmel« auch noch mit Fluggeräten und haben den besuchten Völkern einen Teil ihres Wissens vermittelt. Man kann nachvollziehen, dass dies einen nachhaltigen Eindruck bei den besuchten Völkern hinterließ, die dann ihre Erlebnisse in Mythen, Legenden, Felszeichnungen, Plastiken und dergleichen festhielten.

Doch wo sind die Überreste und die Artefakte dieser untergegangenen Kultur geblieben? Vermutlich ist nach zehn-, fünfzehn- oder zwanzigtausend Jahren nicht mehr viel davon erhalten geblieben. Und es ist durchaus denkbar, dass man sie mit den neueren Technologien noch aufspürt. Spuren in Form von überliefertem Wissen sind ja unstrittig vorhanden.

Wenn jedenfalls eine derartige Kultur bestand, hat sie über ein hoch entwickeltes Wissen verfügt. Dazu gehörte auch das Wissen über die Wirkungen des Denkens und die Macht der inneren Welt. Vielleicht verfügte diese Zivilisation dann tatsächlich über die in den alten Schriften angeführte Fähigkeit, über Raum, Zeit und Materie zu herrschen, was die vielen in diese Richtung weisenden Mythen erklären würde. Allerdings müssen solche Fähigkeiten mit hohen moralischen Prinzipien gepaart gewesen sein, weil sie sonst Tod und Vernichtung statt Bewunderung und Anbetung bewirkt hätten.

Möglicherweise hat man auch schon längst Überreste jener Hochkultur gefunden. Beispielsweise wurden 1991 in Russland nanotechnische Gegenstände in Erdschichten gefunden, die zum Teil ein Alter von zwanzigtausend Jahren haben. Diese Objekte bestehen aus Kupfer, Wolfram und Molybdän und wurden in einem Bohrkern aus den eiszeitlichen Ablagerungen eines Flusses entdeckt. Den Berichten zufolge entstammen die Objekte dem oberen Pleistozän, also der letzten Eiszeit, die vor 126 000 Jahren begann und vor rund 11 700 Jahren endete. Das Rätsel von der Herkunft dieser Objekte ist noch immer ungelöst.

Vielleicht hat die Anwendung der Kenntnisse von der Wirkung des Denkens ja auch zunächst zum Aufstieg und nach deren Missbrauch zum Untergang der vorzeitlichen Hochkultur geführt – so, wie es Planton in *Kritias* darstellt, wo er Aufstieg und Vernichtung von Atlantis beschreibt: »Viele Geschlechter hindurch, solange noch irgend die Natur des Gottes in ihnen wirksam war, waren sie den Gesetzen gehorsam und zeigten ein befreundetes Verhalten gegen das ihnen verwandte Göttliche. Denn sie besaßen wahrhafte und durchgehend große Gesinnungen, indem sie eine mit Klugheit gepaarte Sanftmut allen etwaigen Wechselfällen des Schicksals gegenüber, sowie gegeneinander an den Tag legten, und da sie eben deshalb alles andere außer der Tugend für wertlos ansahen, so achteten sie alle vorhandenen Glücksgüter gering und betrachteten mit Gleichmut und mehr wie eine Last die Masse ihres Goldes … Als aber ihr Anteil am Wesen des Gottes durch die vielfache und häufige Beimischung des Sterblichen in ihnen zu schwinden begann, und die menschliche Art überwog, da erst waren sie dem vorhandenen Reichtum nicht mehr gewachsen und entarteten und erschienen dem, welcher es zu erkennen vermochte, niedrig, indem sie von allem, was in Ehren zu stehen verdient, gerade das Schönste zugrunde richteten … Zeus, welcher nach den Gesetzen herrscht und solches wohl zu erkennen vermag, beschloss, als er ein treffliches Geschlecht so schmählich herunterkommen sah, ihnen Strafe dafür aufzuerlegen, damit sie, durch dieselbe zur Besinnung gebracht, zu einer edleren Lebensweise zurückkehrten.«[146]

Und eine letzte Spekulation sei erlaubt: Ist eventuell dies der Grund, warum der Garten Eden – als Metapher für den Zustand, in dem der Mensch Zugang zu seinem Selbst und zu seiner inneren Welt sowie die Macht über die eigene Realität hat (das Paradies) – von, wie es im ersten Buch Moses heißt, Cherubim, also Engeln oder Geistwesen mit flammenden und blitzenden Schwertern, bewacht wird? Die Engel stehen dann sinnbildlich für die Schranken, die den ungehinderten Zugang zum eigenen Selbst verhindern.

Diese Schranken als Schutzmechanismen gegen den Missbrauch der Kräfte des Selbst sind vermutlich erst dann überwindbar, wenn die Menschheit eine entsprechende ethische und mentale Entwicklungsstufe erreicht hat. Gestützt wird dies von den Erfahrungen einer Vielzahl von Meditierenden: Vor dem Erreichen eines sehr tiefen meditativen Zustands, das heißt wahrscheinlich vor Erreichen der Ebene des absoluten Bewusstseins, ist eine deutlich spürbare Grenze zu überwinden.

Mit dem Wissen über die Wirkungen des Denkens greifen wir jedenfalls auf ein sehr altes Wissen zurück, das wir gerade wieder neu entdecken. Mit der Wiederentdeckung dieses Wissens ist aber auch eine besondere Verantwortung verbunden.

AUSBLICK:
WAS WÄRE, WENN?

Die Ganzheitserfassung ist selbstverständlich auch das Ziel der Naturwissenschaft. Aber dieses Ziel liegt notwendigerweise in großer Entfernung, indem die Naturwissenschaft, wenn immer möglich, experimentell und auf alle Fälle statistisch vorgeht. Das Experiment aber besteht in einer bestimmten Fragestellung, welche alles Störende und Nichtzugehörige möglichst ausschließt. ... Zu diesem Zwecke wird im Laboratorium eine künstlich auf die Frage eingeschränkte Situation geschaffen, welche die Natur zwingt, eine möglichst eindeutige Antwort zu geben. Das Walten der Natur in ihrer unbeschränkten Ganzheit ist dabei völlig ausgeschlossen. Um diese aber kennenzulernen, brauchen wir eine Fragestellung, die möglichst wenig oder womöglich gar keine Bedingungen stellt und es damit der Natur überlässt, aus ihrer Fülle zu antworten.

C. G. Jung, *Synchronizität, Akausalität und Okkultismus*

Hat das Gesagte Sie überzeugen können?

Was wäre, wenn Sie für einen winzigen Moment annehmen würden, die beschriebenen Wirkungen von Denken, Fühlen, Feld, Resonanz und Wirklichkeit bestünden in Wirklichkeit nicht, aber Sie würden trotzdem von jetzt an daran glauben? Dann würde durch Ihren Glauben hieran ein neuer Glaubenssatz entstehen, der bedeutend hilfreicher als Ihre alten Glaubenssätze wäre. Denn dann wären Sie von nun an von Ihrer Macht überzeugt, Ihre Ziele erreichen zu können, und würden ein entspanntes Leben voller Optimismus und Selbstvertrauen führen. Wäre das nichts?

Sie würden einfach einen neuen Glaubenssatz vertreten, eine neue »Erfolgslüge«. »Lüge« ist nicht im Sinne von bewusster Falschdarstellung, sondern vielmehr als Eingeständnis gemeint, dass wir Annahmen treffen müssen, wenn wir nicht wissen, wie die Dinge wirklich sind.

Wenn wir aber Annahmen treffen müssen, dann ist es doch sinnvoll, wenn sie möglichst hilfreich sind. Sie könnten beispielsweise lauten:[147]

- Alles geschieht aus einem bestimmten Grund und zu einem bestimmten Zweck und kann uns nützlich sein.
- Es gibt keinen Misserfolg, es gibt nur Resultate.
- Man muss nicht alles verstehen, um es anwenden zu können.
- Leben ist ein Spiel.

Nun lassen Sie uns diesen winzigen Moment schnell wieder vergessen, denn vermutlich wissen und fühlen Sie bereits, dass die beschriebene Theorie richtig ist. Viele Beweise und Anzeichen sprechen dafür, insbesondere Ihre Intuition und Ihr Gespür.

Damit steht Ihnen ein sehr machtvoller Mechanismus zur Verfügung, der wirkt, weil Sie glauben, dass er wirkt! Er wirkt selbst dann, wenn Sie nicht an dessen Funktion glauben, nur eben in einer anderen Richtung. So oder so: Das System wird Sie bestätigen, die Realität spiegelt Ihre Einstellung und Ihre innere Welt wider!

Entscheiden Sie! Experimentieren Sie! Probieren Sie es aus!

Es gibt nichts zu verlieren, aber alles zu gewinnen!

Die konsequente Anwendung der beschriebenen Zusammenhänge muss Auswirkungen auf die verschiedensten Lebensbereiche haben. Nur zur Abrundung der Thematik sei ein kurzer Blick auf einzelne Bereiche geworfen:

Gesundheit

Jede Krankheit hat ein entsprechend gestörtes Feld mit einer gestörten Resonanz. Der Tod schließlich ist Zerfall, der endgültige Zusammenbruch von Ordnung.

Ein Arzt muss folglich nicht nur auf der organischen Ebene behandeln, sondern gleichzeitig dafür sorgen, dass die Resonanz und die Ordnung der Felder wiederhergestellt werden. Ein Arzt ist ein Heiler, der auf diese Weise die Aktivierung der Selbstheilungskräfte des Patienten fördern sollte.

Um diesem Anspruch gerecht werden zu können, muss er eine entsprechende mentale Einstellung besitzen: Er muss selbst an die Existenz seiner Heilkraft und an deren Übertragung auf den Patienten glauben. Medikamente können diesen Prozess unterstützen.

Diese Feld- und Resonanzeffekte sind in der Medizin bekannt und in umfangreichen Studien über den Placeboeffekt und Spontanheilungen sowie über den Einfluss der Arzt-Patient-Beziehung auf den Krankheitsverlauf beschrieben. Auch die Übertragung der Felder von Wirkstoffen durch Potenzieren in der Homöopathie oder die wohltuende und in manchen Fällen heilende Wirkung von Handauflegen durch Wiederherstellung der Feldordnung gehören in diesen Zusammenhang und werden so erklärbar.

Denken Sie bitte an die letzte Situation zurück, in der Sie sich gestoßen haben. Was war Ihre erste unwillkürliche Reaktion? Sie haben Ihre Hand auf Ihre verletzte Körperstelle gelegt! Und was macht ein Vater oder eine Mutter, wenn ein verletztes Kind Hilfe sucht? Die Eltern legen als Erstes die Hände auf die verletzte Stelle des Kindes. Wir wissen jetzt, warum! Es ist eine Maßnahme zur Herstellung von Resonanz und zur Übertragung von Ordnung.

Ernährung

Jedes Nahrungsmittel hat ein Feld. Mit der Nahrung nehmen wir nicht nur die einzelnen Stoffe, sondern auch die entsprechenden Felder in uns auf.[148]

Natürliche Produkte haben natürliche, komplexe Felder, die sich in dieser Form nicht künstlich erzeugen lassen. Deshalb sind zum Beispiel synthetische Vitamine nicht so wirksam wie die gleichen, aus natürlichen Rohstoffen gewonnenen

Vitamine, obwohl ihre chemische Grundstruktur übereinstimmt.

Die Felder bestimmen die Qualität der Nahrungsmittel.
Mit den Feldern nehmen wir Ordnung, das heißt Informationen über die für den Aufbau eines gesunden Organismus un-
erlässlichen Strukturbildungen auf. Die natürlichste, der Natur
am meisten entsprechende Art der Ernährung besteht daher
in vollwertigen, möglichst naturbelassenen Produkten. Dena-
turierung bedeutet Feldverlust, und Feldverlust bedeutet Ver-
lust an Ordnung.

Ernährung ist Ordnungsbildung!

Gesellschaft

Die Kenntnis der beschriebenen Zusammenhänge verhilft zu
einer erfolgreichen, selbstbewussten, optimistischen und entspannten Lebensweise. Das Wissen, dass alles mit allem verbunden ist, vertreibt das Gefühl der Isolation und weckt die
Bereitschaft zur Übernahme von Verantwortung für alles andere, für Menschen ebenso wie für die Umwelt. Werte wie
Verantwortung, Ehrlichkeit, Hilfsbereitschaft, Liebe, Demut
und Dankbarkeit gewinnen wieder an Bedeutung, weil deren
Inhalt und Wirkung nachvollziehbar, erfahrbar und vor allem
nützlich für alle Beteiligten werden.

Zugleich wird durch das oben Gesagte deutlich, dass jeder
auf seine Weise erfolgreich werden kann, ohne seinen Mitmenschen etwas wegzunehmen. Der Kuchen ist nicht nur
groß genug für alle, er ist faktisch unbegrenzt!

Schöne Aussichten

Wenn Sie einmal darauf achten, werden Sie bemerken, dass sich letztlich alle beobachtbaren Phänomene auf Felder und Resonanzen zurückführen lassen. Das gilt für die zunehmende wortlose Übereinstimmung von Ehegatten im Laufe der Ehejahre ebenso wie für die Herausbildung von Formen.

Testen Sie es doch selbst einmal. Testen Sie selbst, wie Ihr Denken und Fühlen Realität schafft!

Denken und Fühlen erzeugen Felder, Felder erzeugen Realität. Damit schaffen Denken und Fühlen Realität.

Positives Denken erzeugt eine positive Realität. So einfach ist die Welt? So einfach ist die Welt! Es ist einfach, aber nicht leicht. Denn es erfordert das Schwierigste, was dem modernen Menschen abverlangt werden kann: eine Änderung seiner Glaubenssätze, seines Bewusstseins, seiner Weltanschauung und seines Denkens.

Die neue Weltanschauung knüpft an eine sehr alte Sicht der Dinge an: Neben der materiellen Außenwelt gibt es die nicht materielle Innenwelt – die Welt der Felder und Resonanzen. Beide Welten bedingen einander, beide Welten sind real; Körper und Geist gehören zusammen. Denken und Fühlen wirken in der nicht materiellen Innenwelt und über diese Innenwelt auf die äußere, materielle Welt. Weil dies so ist, wirken Denken und Fühlen auf die Außenwelt.

In den vergangenen Jahrhunderten hat sich die Wissenschaft umfassende Erkenntnisse über die Außenwelt erarbeitet und dabei die Innenwelt vernachlässigt. Wir suchen das Fernsehprogramm immer noch in den technischen Bauteilen des

Fernsehers. Doch langsam wächst die Erkenntnis, dass dieser Weg ein Irrtum ist.

In der modernen Gesellschaft nehmen innere Leere und Burn-out-Syndrom dramatisch zu, weil eine Beschäftigung mit der Innenwelt, mit dem Denken und Fühlen vernachlässigt wird. Statt dieser notwendigen mentalen Hygiene und des damit verbundenen inneren Wachstums konzentrieren wir uns blind auf Äußerlichkeiten. Alte Menschen unterliegen dem Jugendwahn, und Siebzigjährige wollen aussehen wie Dreißigjährige. Statt inneren Wachstums wird äußere Konservierung angestrebt.

Selbst junge Menschen unterziehen sich Schönheitsoperationen, weil ihnen eine Selbstverwirklichung – eine Verwirklichung ihres Selbst – nur über ihr Äußeres möglich erscheint. Eine fatale, aber folgerichtige Schlussfolgerung, wenn man nur die Außenwelt für existent hält. Doppelt fatal, weil dadurch die Innenwelt ignoriert und übersehen wird, dass das eigene Denken und Fühlen für die Schaffung der Außenwelt, der eigenen Erfahrungen und das eigene Schicksal verantwortlich sind.

Wirklich erfolgreiche Menschen vertreten eine ganzheitliche Haltung und haben das Innen ebenso wie das Außen im Blick. Diese oft außergewöhnlichen Menschen achten darauf, was und wie sie denken, und sie pflegen einen respektvollen Umgang mit ihrer Innenwelt.

Auch erfolgreiche Unternehmen werden in der Regel ganzheitlich geführt – auch, weil die erfolgreichen Lenker dieser Unternehmen die Prinzipien einer ganzheitlichen Führung des eigenen Lebens auf ihre Unternehmen übertragen. Meditation, Visualisierung und Neurolinguistische Programmierung (NLP) sind in diesen Unternehmen durchaus akzeptierte Praktiken.

Denken Sie daran: innen wie außen, oben wie unten!

Leider wird ein Buch nur von einem kleinen Prozentsatz der Bevölkerung gekauft, von einem noch kleineren Prozentsatz gelesen und von einem noch kleineren Prozentsatz zu Ende gelesen und umgesetzt.

Sie haben es geschafft, deshalb nutzen Sie jetzt Ihre Möglichkeiten! Ich wünsche Ihnen dafür alles Gute und freue mich mit Ihnen auf Ihren persönlichen Erfolg.

Kommen Sie gut an Ihr Ziel, worin auch immer es für Sie bestehen mag!

WIEDERHOLUNG ZUR MOTIVATION

Wer vom Ziel nicht weiß,
kann den Weg nicht haben,
wird im selben Kreis
all sein Leben traben;
kommt am Ende hin,
wo er hergerückt,
hat der Menge Sinn
nur noch mehr zerstückt.

Christian Morgenstern

Herzlichen Glückwunsch! Sie sind angekommen. Sie haben die wesentlichen Zusammenhänge kennengelernt und wissen nun, wie Sie sie anwenden können. Allerdings: Eine nachhaltige Veränderung der Denkweise und eine erfolgreiche Nutzung des Mentalprinzips erfordern eine nachhaltige Beschäftigung mit diesem Thema und Geduld. Vorstellungen und Sichtweisen von der Funktionsweise der Welt, die Sie im Laufe Ihres Lebens in sich aufgenommen haben, lassen sich nicht von heute auf morgen verändern.

Um Ihnen Ihre innere Umorientierung zu erleichtern, sind in diesem Kapitel die wesentlichen Aussagen noch einmal in geraffter und etwas veränderter Form zusammengefasst. Sie sollen Ihnen dabei helfen, sich auch zwischendurch immer wieder mit der Thematik zu beschäftigen. Durch diese Wiederholungsschleifen werden die oben erläuterten Inhalte sowohl vom Kopf als auch vom Bauch mehr und mehr aufgenommen und akzeptiert. Betrachten Sie daher die nachfolgenden Ausführungen als Möglichkeit, Ihre Motivation zur Veränderung zu erhalten und zu steigern.

Lassen Sie uns mit der Kernaussage beginnen:

 Denken, Fühlen und Handeln erzeugen immaterielle Felder. Diese Felder bestimmen die Ausprägung von Dingen, Objekten und Handlungen auf der materiellen Ebene – auf der Ebene der uns umgebenden Realität.

Weniger theoretisch ausgedrückt:

 Denken und Fühlen erzeugen Realität. Was Sie denken und fühlen, wird für Sie Wirklichkeit. Sie sind, was Sie

gedacht und gefühlt haben, und Sie werden, was Sie jetzt denken und fühlen!

Ihr Denken und Ihr Fühlen haben Auswirkungen auf Ihre Mitmenschen, auf die Sie umgebenden Dinge und auf Sie selbst. Ihr Denken und Fühlen führen immer zu bestimmten Ergebnissen. Wenn Sie ein genau definiertes Erfolgsergebnis erzielen wollen, brauchen Sie dafür eine entsprechende Art des Denkens und Fühlens.

Dieser Zusammenhang zwischen innerer Haltung und äußerer Realität ist wissenschaftlich belegt, aber bisher wurde von der Wissenschaft noch keine ganzheitliche Methodik zur Nutzung der damit verbundenen Erkenntnisse entwickelt. Die Basis dafür bildet ein Verständnis von der Welt als ein System miteinander verbundener, interagierender Felder. Der Mensch als Teil dieser Welt ist eingebettet in eine Vielzahl von Feldern, zum Beispiel in ein Feld des Bewusstseins, ein Feld des individuellen Unbewussten, ein Feld des kollektiven Unbewussten usw.

Da alle Felder hierarchisch aufgebaut und miteinander verbunden sind, ist auch der Mensch mit allem anderen – mit anderen Menschen, Gruppen, Gegenständen usw. – verbunden und steht mit den entsprechenden Feldern in Resonanz. Durch sein Denken, Fühlen und Handeln erzeugt und prägt er diese Felder, und diese Felder prägen ihn, seine Realität und seine Erfahrungen.

Die gute Nachricht lautet:

 Sie können mit den bestehenden Feldern kommunizieren und auf diese Felder und damit auf Ihren Erfolg, Ihr Schicksal und Ihr Glück Einfluss nehmen!

Die schlechte Nachricht lautet:

 Sie können diesen Mechanismus nicht abstellen, denn Sie wirken immer und überall automatisch auf die Felder ein. Bei sehr vielen Menschen geschieht dies unbewusst und oft auf eine negative, misserfolgsorientierte Weise.

Aber das lässt sich ändern, denn es gibt Möglichkeiten, sein Denken, Fühlen und Handeln umzuorientieren und so die erstaunlichen Wirkungen zu nutzen, die mit einer ziel-, glücks- oder erfolgsorientierten Haltung verbunden sind.

Wenn Sie Ihr Denken und Fühlen verändern wollen, müssen Sie Ihre Glaubenssätze ändern. Dies fällt Ihnen vermutlich leichter, nachdem Sie einige neuere Erkenntnisse der Wissenschaft – vor allem aus der Quantenphysik, der Biologie und der Psychologie – kennengelernt haben. Denn auf dieser Basis ist es Ihnen möglich, auch Ihre Innenwelt als eine Abfolge von Feldern zu verstehen, über die Sie Verbindungen zu Ihrer äußeren Realität haben und über die Sie diese materielle Realität automatisch beeinflussen und gestalten – bewusst oder unbewusst.

Ihre Innenwelt existiert, und sie bestimmt Ihre Außenwelt – auch wenn Ihre bisherigen Glaubenssätze etwas anderes besagen. Die Glaubenssätze des Menschen bestimmen sein Denken und seine Erwartung. Was man in seinem tiefsten Inneren erwartet, dringt nach außen und wird Realität.

Der Mensch bestimmt sein Schicksal selbst. Er ist selbst für das, was ihm geschieht und was mit ihm geschieht, verantwortlich. Wenn der Mensch in seinem tiefsten Inneren Positives erwartet, wird er Positives erleben. Erwartet er Negatives, so wird Negatives für ihn Realität.

Über das tiefste Innere ist jeder mit jedem und alles mit allem verbunden. Der Einzelne ist kein isoliertes, von anderen abgetrenntes Objekt. Über sein tiefstes Inneres wirken sein Denken und Fühlen auf ihn selbst, auf andere Menschen, auf Immaterielles und auf Materie. Gedanken haben Kraft und die Tendenz, in unserer materiellen Welt real, das heißt über unsere nach außen gerichteten Sinne erfahrbar zu werden.

 Steuern Sie Ihre Gedanken, und Sie steuern Ihr Schicksal: Ihren Erfolg und Ihren Misserfolg, Ihr Glück und Ihr Unglück!

Durch den Einsatz einfacher Techniken (zum Beispiel durch Visualisierung, Inkubation, Meditation) und die damit verbundenen Übungen können Sie eine Art des Denkens entwickeln, die auf Positives, Aufbauendes (Erfolg, Glück, Gesundheit usw.) gerichtet ist und bewirkt, dass Sie Ihre positiven Ziele tatsächlich auch erreichen.

 Sie können wählen, wie Sie leben wollen!

Neuere Erkenntnisse insbesondere aus der Biologie und Quantenphysik besagen, dass alles Existierende mit einem entsprechenden immateriellen Feld verbunden ist. Diese Felder liefern die Basis für jeden Baum, jeden Menschen, jeden Gedanken und jedes Gefühl. Sie sind hierarchisch und holografisch aufgebaut und haben ihre Wurzeln in dem Energiefeld des Quantenvakuums. Aus diesem Quantenvakuum werden Teilchen emittiert, deren Strukturen von den im Quantenvakuum liegenden Feldern bestimmt werden und die dann über weitere

Felder immer komplexere Strukturen aufbauen. Die Felder steuern die Struktur unserer äußeren physikalischen Welt. Ein Modell hierzu finden Sie in Abbildung 20, »Aufbau und Differenzierung von Feldern«.

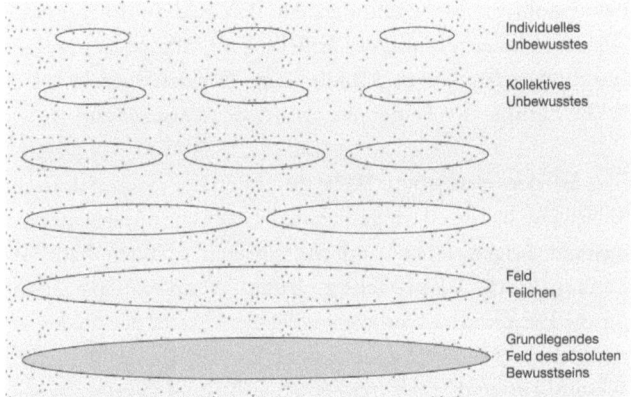

Abbildung 20: Aufbau und Differenzierung von Feldern

Das Quantenvakuum ist eine unerschöpfliche Energiequelle. Je nach Impuls kann es jedes Feld und jedes Objekt, jeden Prozess und jedes Ereignis hervorbringen. Man bezeichnet das Quantenvakuum daher auch als Potenzial, als Summe aller Möglichkeiten. Alle bestehenden Objekte entstammen diesem Quantenvakuum und sind mit einem Feld verbunden. Das gilt auch für alles Immaterielle wie Bewusstsein, Unterbewusstsein, Geist und Seele.

Felder haben erstaunliche Eigenschaften. Sie bestehen unabhängig von Raum und Zeit, fungieren als unbegrenzte Informationsspeicher, sind holografisch und übertragen Signale nahezu verzögerungsfrei, das heißt Ursache und Wirkung treten gleichzeitig auf.

Jeder Mensch hat ein individuelles Bewusstseinsfeld sowie ein Feld des individuellen Unbewussten und ist mit dem Feld des kollektiven Unbewussten der gesamten Menschheit über eine Feldhierarchie verbunden. Aus den Feldern des individuellen Unbewussten und des kollektiven Unbewussten steigen Intuitionen, Mythen und Bilder in das Bewusstseinsfeld auf. Es ist die Summe der Felder, die alles Äußere erschaffen.

Die in der westlichen Welt dominierende materialistische Sichtweise hat uns dazu gebracht, das, was wir unmittelbar mit unseren Augen sehen und mit unseren Händen berühren können, für das Wesentliche zu halten. Wenn wir dagegen die für die Existenz der Dinge grundlegende Natur der Felder betrachten, müssen wir eher annehmen, dass sie das eigentlich Wesentliche sind.

Genau genommen hat der Mensch nicht ein Feld, sondern er ist ein Feld. Bei den immateriellen Phänomenen wie etwa dem Bewusstsein ist diese Gleichsetzung offensichtlich: Bewusstsein ist ein Feld.

Ein nachhaltiger, machtvoller Gedanke wirkt über die Feldhierarchie auf andere Menschen, Dinge, Prozesse, Gedanken, Gefühle etc. ein. Denken beschränkt sich nicht auf den Kopf, der lediglich eine Art Gefäß für das Denken darstellt und nicht mit dem Denken gleichzusetzen ist.

Es ist daher von immenser Bedeutung, das eigene Denken zu steuern und sich auf positive, aufbauende Aspekte zu konzentrieren. Denn wie erläutert, kann negatives, destruktives Denken alle Anstrengungen, ein Ziel zu erreichen, zunichte machen. Ohne ein positives Denken und ohne die entsprechende positive Erwartung im Innersten werden wir unsere Ziele nicht tatsächlich und nachhaltig erreichen.

Denken Sie an die vielen Fälle, in denen Menschen Erfolg haben, weil sie trotz aller Widerstände an sich und ihren Erfolg glauben und diesen erwarten. Und denken Sie andererseits an jene Menschen, die scheitern, weil ihnen dieser Glaube plötzlich fehlt oder durch ein äußeres Ereignis erschüttert wird.

Eine positive, zielorientierte Erwartung und ein positives Denken gelingen uns allerdings nur dann, wenn wir in unserem tiefsten Inneren auch von diesen Wirkungsmechanismen überzeugt sind. Es hilft nicht, lediglich zu denken: »Ich bin erfolgreich«, wenn ich nicht von der Macht und der Wirkung dieses Gedankens überzeugt bin und an seinen Inhalt und seine Realisierung glaube. Wenn ich mich in meinem tiefsten Inneren für einen Versager halte und deshalb Angst vor dem nächsten Meeting oder vor der kommenden Vertragsverhandlung habe, kann ich unmöglich erfolgreich sein.

Wir erhalten, was wir im tiefsten Inneren erwarten. Daher ist nicht das oberflächliche Denken für unser Schicksal bedeutsam, sondern die viel grundlegendere Erwartung, die wir hegen – also das, was wir wirklich denken! Wenn wir allerdings wissen, wie Denken auf unsere Umwelt, auf Objekte, Prozesse usw. wirkt und wenn wir von den Wirkungsmechanismen überzeugt sind, wird unser positives Denken zu unserer positiven Erwartung.

Wie oben ausgeführt genügt das Wissen um diese Zusammenhänge allein nicht für die Überzeugung von deren Wirkung, da wir die Strukturen unserer Innenwelt nicht direkt sehen und messen können und die alltägliche Erfahrung scheinbar gegen das Vorhandensein dieser Wirkungsmechanismen spricht. Zudem ist das System dieser Wirkungsmechanismen so angelegt, dass nicht nur positives Denken Wirkungen hat, sondern auch negatives Denken. Dies funktioniert leider oft sogar sehr viel besser, da wir von Natur aus Gefahrenpotenziale, also Negatives, intensiver und nachhaltiger wahrnehmen als Positives und zudem gerade bisher erfolglose Menschen eher Negatives erwarten als Positives. Die Furcht vor Unglück, Krankheit, Armut usw. scheint uns deshalb sehr viel näher zu sein als die sichere Erwartung von Glück, Gesundheit, Erfolg etc.

Das System der Wirkungsmechanismen gleicht einer in beide Fahrtrichtungen offenen Straße, denn es bestätigt jeden: Derjenige, der positiv denkt und Positives erwartet, weil er von der Wirkungsweise des Denkens überzeugt ist, bekommt etwas Positives. Und derjenige, der negativ denkt und Negatives erwartet, weil er glaubt, sein negatives Denken hätte keine Wirkung und auch ein positives Denken sei wirkungslos, erfährt Negatives.

Wir erhalten, was wir erwarten!

Wie stellen wir es nun an, im Streben nach Zielen wie Erfolg, Gesundheit und Glück die Wirkung des positiven, zielorientierten Denkens und der entsprechenden positiven Erwartung bewusst zu nutzen? Wie schaffen wir es, unsere alten, negativen Glaubenssätze zu verändern und sie gegen neue, positive auszutauschen?

In manchen Kursen wird versucht, die Wirkungen des positiven Denkens, Erwartens und Glaubens lediglich über Emotionen zu erzeugen. Diese Hurra-Veranstaltungen wirken allerdings kaum über den Zeitraum ihrer Dauer hinaus.

Wesentlich erfolgreicher sind Veranstaltungen, bei denen die Teilnehmer eine direkte Erfahrung mit der Wirksamkeit positiven Denkens, Erwartens und Glaubens sammeln. Nach wie vor großer Beliebtheit erfreuen sich die Feuerlaufseminare. Hier gehen die Teilnehmer nach den notwendigen mentalen Vorbereitungen barfuß über einen Teppich aus glühender Holzkohle – ohne sich dabei Brandwunden zuzuziehen. Dieses sehr alte Ritual ist kein Hokuspokus, sondern der Beweis für den Einfluss der inneren Haltung auf die Materie (hier die Fußsohlen). Ihre dabei gesammelte Erfahrung soll die Teilnehmer zu neuen Glaubenssätzen darüber führen, welche Ergebnisse durch das richtige Denken und Bewusstsein möglich sind: Wenn das Denken die Fußsohlen vor glühender Kohle schützen kann, ist es dann nicht wahrscheinlich, dass Denken noch sehr viel mehr bewirken kann?

Da aber die meisten Menschen den alten Glaubenssätzen anhängen, reagieren sie trotz dieser Feuerlauferlebnisse recht skeptisch. Die meisten von uns brauchen rational nachvollziehbare, möglichst wissenschaftlich gestützte Erklärungen für diese Phänomene. Wenn die wissenschaftlichen Erklärungen dann durch die eigene Erfahrung bestätigt werden, ist eine Änderung der Glaubenssätze möglich, und positives Denken kann wirken.

Es ist daher notwendig, Interessierten zunächst, wie in diesem Buch geschehen, die vorliegenden wissenschaftlichen Erkenntnisse zu vermitteln. Das Wissen darum legt die Basis für die Bereitschaft, ein neues Erklärungssystem für die Wirkungsweise von Denken und Fühlen und als Konsequenz daraus entsprechende neue Glaubenssätze zu übernehmen. Das Wissen um die dargelegten Zusammenhänge versetzt uns in die Lage, die Vorgänge in unserer Umwelt sowie unsere

Erlebnisse mit neuem Blick zu beobachten und daraufhin zu überprüfen, ob sie die in diesem Buch vertretene Theorie bestätigen.

Für die Bestätigung der Richtigkeit dieser Theorie kann man natürlich einen Feuerlauf absolvieren. Man kann aber auch einen anderen Weg einschlagen. Denn wenn die Zusammenhänge so sind, wie beschrieben, dann finden wir die Bestätigung dafür in uns und in unserem Innersten, wenn wir danach suchen.

Schauen wir uns noch einmal den hierarchischen Feldaufbau an:

Jeder hat Anteil an den einzelnen Feldern der Bewusstseinsebenen, die zusammengenommen die Innenwelt des Menschen repräsentieren. Durch die Hinwendung nach innen ist es möglich, diese Felder, das heißt die Innenwelt zu erfahren. »Innenwelt« ist dabei ein Synonym für das »Selbst«, das »tiefste Innere« und die »tieferen Schichten des Bewusstseins«.

Das individuelle Bewusstsein und das Selbst ergeben in ihrem Zusammenwirken die Persönlichkeit eines Menschen. Wir verkürzen allerdings unsere Persönlichkeit oft auf unser individuelles Bewusstsein und ignorieren die übrigen Teile unserer Persönlichkeit. Es ist, als würden Sie in einem Hochhaus mit vielen Stockwerken wohnen, sich jedoch nur in Ihrer Wohnung in der untersten Etage aufhalten und von der Existenz der übrigen Wohnungen nichts wissen. Sie haben zwar eine unbestimmte Ahnung, dass über Ihrer Wohnung noch irgendetwas anderes sein könnte, und manchmal hören Sie Geräusche von oben und von einem Fahrstuhl, der für Sie quasi aus dem Nichts herabkommt, aber Sie halten all dies für bloße Einbildung, weil Sie nicht wissen, dass es in Ihrem Haus noch zahllose andere Stockwerke und Wohnungen gibt. In solch einem Fall empfiehlt sich eine einfache Maßnahme: Die Wohnung verlassen und sich die anderen Stockwerke und Wohnungen einmal anzuschauen.

Für viele schulwissenschaftlich gebildete Menschen ist allein schon die Behauptung der Existenz einer solchen Innenwelt eine Provokation, aber die persönliche Erfahrung mit der Existenz dieser Innenwelt erschüttert schnell die alten Glaubenssätze. Denn die Innenwelt funktioniert nach festen Regeln und Gesetzmäßigkeiten und ist erforschbar und begehbar wie eine äußere Landschaft.

Wie mehrfach gesagt steuern die Felder den Aufbau der äußeren Welt und die Abläufe in ihr. Daher bedeutet eine Hinwendung nach innen, das heißt zum Bewusstseinsfeld, zum Feld des Unbewussten usw. zugleich eine Hinwendung nach außen. Die Welt hat danach eine zweifache, ineinander verwobene Struktur mit einer äußeren, materiellen, sichtbaren Komponente, der uns umgebenden Realität, und einer komplementären, inneren, geistigen und nur bewusstseinsmäßig erfahrbaren Komponente. Eine Hinwendung nach innen ist damit kein Rückzug aus der aktiven Welt, sondern im Gegenteil eine verantwortungsvolle Hinwendung nach außen.

Die einzelnen Bereiche dieser Innenwelt (individuelles Bewusstsein, individuelles Unbewusstes, kollektives Unbewusstes usw.) sind in der Neuzeit am grundlegendsten von Carl Gustav Jung beschrieben worden. Der Mensch durchwandert die Bewusstseins- und Unbewusstseinsbereiche regelmäßig im Schlaf und stellt, wie auch der Tiefenpsychologe Sigmund Freud in seiner an die Traumdeutung der Antike anknüpfenden Traumtheorie bemerkte, vor allem im Tiefschlaf einen direkten Kontakt zum Unbewussten her.

Die einzelnen Bewusstseinsbereiche sind mit unterschiedlichen, messbaren Hirnaktivitäten verbunden. So ist zum Beispiel im Alpha-Zustand des Gehirns Zugang zum individuellen Unbewussten gegeben. Wir kennen diesen angenehmen Zustand, in den man kurz vor dem Einschlafen oder direkt nach dem Aufwachen eintritt und in dem Problemlösungen besonders leichtfallen und es häufig zu Intuitionen kommt. Manche erreichen diesen Zustand auch in einer heißen, dampfenden Badewanne und gelangen dort zu plötzlichen Einfällen.

Man kann den Alpha-Zustand und damit den Zugang zum Unbewussten – ebenso wie die übrigen Bewusstseinszustände – bewusst und gesteuert herbeiführen. Die transpersonale Psychologie bietet dafür zahlreiche Methoden, die alle eine Reise in die Innenwelt erlauben, eine Kommunikation mit dem Innersten. Eine der bekanntesten und ältesten Formen dieser Kommunikation ist die Meditation. Leider ist dieser Begriff bei vielen Menschen negativ besetzt und wird mit Esoterik, Räucherstäbchen, Sitzen mit verschränkten Beinen und Gurus mit langen weißen Haaren in Verbindung gebracht. Vergessen Sie das alles!

Meditation bedeutet nichts anderes als Ausschalten der bewussten Gedanken. Wenn der Strom der bewussten Gedanken – und dies ist häufig genug nur mentales Geplapper – ausgeschaltet wird, besteht die Möglichkeit, auf das Innerste zu achten und Intuitionen, also plötzliches Wissen und plötzliche Eingebungen wahrzunehmen. Ferner bewirkt Meditation eine tiefe Entspannung und Beruhigung. Die Hirnaktivitäten weisen verstärkt Alpha-Wellen auf, denen noch tiefere Entspannungszustände folgen, die den Zugang zu den tiefsten Schichten der hierarchischen Felder des Inneren erlauben.

Diese Erfahrung der Kommunikation mit dem Innersten (individuelles Bewusstsein, individuelles Unbewusstes, kollektives Unbewusstes, weitere Felder), durch die man Antworten erhält und die Möglichkeit der Steuerung der äußeren Welt durch die innere Welt erkennt, bildet die Basis für eine neue Form des Denkens und für neue Glaubenssätze. Es ist vermutlich die wertvollste Erfahrung, die man überhaupt machen kann, denn sie bestätigt:

- Jeder Mensch ist mit allem anderen verbunden. Das Abgetrenntsein und die Isolation von anderen Formen der Existenz sind eine Täuschung. Wir sind alle Teil eines größeren Ganzen.
- Jeder Mensch kann über seine Innenwelt auf seine Lebensumstände und auf sein Schicksal Einfluss nehmen.
- Jeder Mensch ist für sich und für sein Schicksal verantwortlich.
- Jeder Mensch erfährt und erlebt in der Außenwelt, was er in seinem tiefsten Inneren erwartet.

Mit diesen Erkenntnissen sind positive Einstellungen und Auswirkungen verbunden wie Optimismus, Freude, Angstreduktion, Selbstbewusstsein, Ruhe, Entspannung, Stressreduktion, Zuversicht, Konzentration auf das Wesentliche usw. Die bei der Meditation gemachten Erfahrungen bestätigen auch, dass innere Vorgänge wie Gedanken und Gefühle ihre eigene erfahrbare Realität und Existenz besitzen.

Vermutlich haben Sie aber ohnehin nicht geglaubt, dass die Liebe zu Ihren Kindern oder zu Ihrem Partner oder Ihre Welt der Gedanken und Gefühle nur das Produkt chemischer und neuronaler Prozesse sind wie bei einer Maschine?

Wir selbst und die Natur funktionieren eben nicht wie Maschinen!

Dennoch wird nach wie vor nach einem körperlichen Zentrum von Geist und Seele gesucht, vor allem im Gehirn. Dabei stoßen wir immer weiter in immer kleinere Einheiten vor und finden – nichts!

Geist und Seele werden als Produkte chemischer Prozesse im Gehirn interpretiert, dabei sind sie doch nur die Folge des Denkens, Fühlens und Erwartens. Ist es nicht naiv zu glauben, dass der Geist in der Materie steckt? Gleicht die Suche im Gehirn nicht dem Versuch, einen Fernsehfilm durch das Auseinanderbauen des Fernsehers in irgendeinem seiner Teile zu finden? Trotz größter Anstrengung der Wissenschaft ist es bisher nicht gelungen, Hinweise dafür zu finden, dass der Geist in der Materie steckt oder dass etwa die Vererbung allein in den Genen festgelegt ist. Es ist an der Zeit, nach anderen Wegen zu suchen!

Die Naturwissenschaften sind überwiegend Erfahrungswissenschaften und beruhen darauf, dass ein wissenschaftliches Experiment überall auf der Welt zu den gleichen Beobachtungen und Erfahrungen führt. Dies gilt allerdings auch für die von unterschiedlichen Kulturkreisen zu unterschiedlichen Zeiten durchgeführten Untersuchungen der Innenwelt. Auch hier werden seit Jahrtausenden immer wieder vergleichbare Beobachtungen und Erfahrungen gemacht und immer wieder die gleichen Regeln und Gesetzmäßigkeiten bestätigt. Daher liegen auch hier wissenschaftlich überprüfbare, valide Erfahrungen vor.

Aus diesem Grund können Sie davon ausgehen, dass Sie, wenn Sie auf der Basis des Gesagten Ihre alten Glaubenssätze ändern und Ihre neuen Glaubenssätze reifen lassen, in der Lage sind, schrittweise ein zielorientiertes, positives Denken, Erwarten und Handeln zu entwickeln.

Bevor Sie sich auf die Erreichung eines Zieles konzentrieren, sollten Sie allerdings mit Blick auf die sich Ihnen neu eröffnenden Möglichkeiten erst einmal eine neue Zielfindung betreiben. Damit Sie Ihre ganz persönlichen Ziele finden, also Ziele, die wirklich zu Ihnen passen und Sie vorwärtsbringen, sollten Sie sich zunächst fragen: »Wer bin ich?« und dann: »Was will ich?« Bei der Beantwortung dieser Fragen ist die Kommunikation mit Ihrer Innenwelt, das Hören auf Ihre Intuition im Zustand der Meditation äußerst hilfreich. Auch bei der Realisierung Ihrer Ziele durch genau definierte Maßnahmen und Zwischenschritte hilft Ihnen die Meditation.

Wenn Sie die Meditation mit der Visualisierung des gewünschten Zustands verbinden, wird das vor Ihnen aufsteigende Bild in das Feld Ihres individuellen Unbewussten, in das Feld des kollektiven Unbewussten usw. eingepflanzt. Dazu müssen Sie den gewünschten Zustand, zum Beispiel beruflichen Erfolg, Gesundheit oder Ähnliches, bis ins kleinste Detail visualisieren, wie es das NLP (Neurolinguistisches Programmieren) empfiehlt.

Durch die Wiederholung Ihrer Visualisierung erzeugen Sie ein Feld. Durch die entsprechende Haltung in Form positiver Erwartungen und eines zuversichtlichen, zielorientierten Denkens, Fühlens und Handelns treten Sie zu diesem Feld in Resonanz. Durch die Resonanz wird die Feldwirkung verstärkt und wirkt über die Feldhierarchie auf die äußere Realität ein.

Für Ihren Erfolg ist vor allem die richtige, positive Einstellung entscheidend, da sie die Resonanzwirkung beeinflusst. Folgende Grundaussagen helfen Ihnen, die richtige Einstellung zu entwickeln:

- Ich spiele, um zu gewinnen, und nicht, um nicht zu verlieren.
- Ich trage selbst die Verantwortung für mich und mein Leben.
- Ich gebe, was ich erhalten möchte.
- Ich bin dankbar.
- Ich verfolge meine Ziele spielerisch und entspannt.
- Weniger ist mehr.

Eine positive, vertrauensvolle Einstellung erhöht Ihre Resonanz mit Ihrem neu geschaffenen oder bereits bestehenden Erfolgsfeld. Aber auch ein positives Denken und eine positive Einstellung führen nur im Verein mit einem zuversichtlichen, aktiven Handeln zum Erfolg. Nur wenn Sie auch entsprechend handeln, wird es Ihnen gelingen, ein erfolgreiches, ausgefülltes, angenehmes Leben zu führen. Die Neuorientierung Ihrer Sichtweise und Haltung sind kein Selbstzweck. Die neueren Erkenntnisse der Wissenschaft wären hier nur von akademischem Interesse, wenn sie keinen Nutzen für Ihre Lebensführung bieten würden.

Beachten Sie daher folgende Grundregeln:

- Schaffen Sie Ihr Erfolgsfeld mit Gewissheit, statt sich aufs Wünschen zu beschränken. Bringen Sie den Topf zum Sieden!

- Brechen Sie mit alten Mustern und Resonanzen des Misserfolgs.
- Stellen Sie Resonanz zu Ihrem Erfolgsfeld her.
- Tun Sie so als ob: Geben Sie von dem, was Sie bekommen möchten.
- Übernehmen Sie Verantwortung.
- Geben Sie nicht auf.
- Seien Sie ehrlich und dankbar.
- Achten Sie auf die Stimmigkeit Ihres Verhaltens.
- Beachten, erzeugen und genießen Sie kleine Freuden des Alltags.
- Schaffen Sie Klarheit: Nur die Veränderung ist von Dauer!

Nutzen Sie das Mentalprinzip:

- DENKEN SIE, WAS SIE WOLLEN, UND BEKOMMEN SIE, WAS SIE DENKEN!
- DENKEN WIRKT!

LITERATURVERZEICHNIS

Albertus Magnus, *Buch über die Ursachen und den Hervorgang von allem aus der ersten Ursache*, Hamburg 2006.

Bandler, R. und Grinder, I., *Reframing*, Paderborn 1995.

Birkenbihl, Vera F., *115 Ideen für ein besseres Leben*, Landsberg 1997.

Birkenbihl, Vera F., *Der Birkenbihl Power-Tag*, Landsberg 2000.

Birkenbihl, Vera F., *Erfolgstraining*, Landsberg 2001.

Bischof, Marco, *Biophotonen. Das Licht in unseren Zellen,* Frankfurt am Main 1995.

Bischof, Marco, *Tachyonen, Orgonenergie, Skalarwellen. Feinstoffliche Felder zwischen Mythos und Wissenschaft*, Aarau 2002.

Blake, William, *Die Hochzeit von Himmel und Hölle,* Erftstadt 2005.

Bröckers, Mathias, *Das sogenannte Übernatürliche. Von der Intelligenz der Erde. Aufbruch zu einem neuen Naturverständnis*, Frankfurt 1998.

Bublath, Joachim, *Geheimnisse unseres Universums*, München 1999.

Buttlar, Johannes von, *Der flüsternde Stein*, Kreuzlingen 2000.

Buzan, Tony, *Speed Reading. Schneller lesen, mehr verstehen, besser behalten*, Landsberg am Lech 1997.

Capra, Fritjof, *Das Tao der Physik. Die Konvergenz von westlicher*

Wissenschaft und östlicher Philosophie, Bern, München und Wien 1983.

Capra, Fritjof, *Synthese. Neue Bausteine für das Weltbild von morgen,* München 2000.

Covey, Stephen, *Die sieben Wege zur Effektivität. Ein Konzept zur Meisterung Ihres beruflichen und privaten Lebens,* Frankfurt 1995.

Csikszentmihalyi, Mihaly, *Flow. Das Geheimnis des Glücks,* Stuttgart 1999.

Davidson, John, *Das Geheimnis des Vakuums,* Düsseldorf 1996.

Davies, Paul, *Der Plan Gottes. Die Rätsel unserer Existenz und die Wissenschaft,* Frankfurt 1996.

Diamond, John, *Der Körper lügt nicht. Eine neue Methode, die Ihr Leben verändern wird,* Kirchzarten bei Freiburg 1999.

Doyle III, Broc, *Pass auf, was du denkst,* Bielefeld 2000.

Emoto, Masuro, *Die Botschaft des Wassers,* München 2002.

Evans-Wentz, Walter, *Das Tibetanische Totenbuch oder die Nah-Tod-Erfahrung auf der Bardo-Stufe,* Düsseldorf 2000.

Evans-Wentz, Walter, *Geheimlehren aus Tibet. Yoga und der Pfad des Mahayana Buddhismus,* München 1997.

Farouki, Nayla und Serres, Michelle (Hrsg.), *Thesaurus der exakten Wissenschaften,* Frankfurt 2001.

Fiebag, Peter; Gruber, Elmar und Holbe, Rainer, *Mystica,* Augsburg 2002.

Fontana, David, *Kursbuch Meditation. Die verschiedenen Meditationstechniken und ihre Anwendung,* Frankfurt am Main 1996.

Goleman, Daniel, *Emotionale Intelligenz,* München 1997.

Goswami, Amit, *Das bewusste Universum. Wie Bewusstsein die materielle Welt erschafft,* Freiburg im Breisgau 1997.

Grof, Stanislav, *Kosmos und Psyche,* Frankfurt 2000.

Grof, Stanislav, *Wir wissen mehr als unser Gehirn. Die Grenzen des Bewusstseins überschreiten*, Freiburg im Breisgau 2003.

Gutjahr, Ilse, *Die vitalstoffreiche Vollwertkost nach Dr. M. O. Bruker,* München 1992.

Hapgood, Charles, *Die Weltkarten der alten Seefahrer*, Frankfurt 2002.

Hawking, Stephen, *Das Universum in der Nussschale*, Hamburg 2001.

Hawking, Stephen, *Eine kurze Geschichte der Zeit. Die Suche nach der Urkraft des Universums*, Reinbek bei Hamburg 1988.

Hayward, Jeremy, *Briefe an Vanessa. Über Liebe, Physik und die Wiederverzauberung der Welt*, Frankfurt 2000.

Hayward, Jeremy, *Die Erforschung der Innenwelt. Neue Wege zum wissenschaftlichen Verständnis von Wahrnehmung, Erkennen und Bewusstsein*, Frankfurt am Main 1996.

Hill, Napoleon, *Denke nach und werde reich. Die 13 Gesetze des Erfolgs,* Kreuzlingen 1966.

Hutchison, Michael, *Megabrain Power*, Paderborn 1999.

I Ging. Das Buch der Wandlungen, Düsseldorf und Köln 1956.

Jahn, Robert und Dunne, Brenda, *An den Rändern des Realen. Über die Rolle des Bewusstseins in der physikalischen Welt*, Frankfurt am Main 1999.

Jaspers, Karl, *Die großen Philosophen*, München 1997.

Jung, Carl Gustav, *Archetypen*, München 2001.

Jung, Carl Gustav, *Synchronizität, Akausalität und Okkultismus*, München 1990.

Kaku, Michio, *Im Hyperraum. Eine Reise durch Zeittunnel und Paralleluniversen*, Reinbek bei Hamburg 1998.

Kobjoll, Klaus, *Motivation. Begeisterung ist übertragbar*, Landsberg 2004.

Kübler-Ross, Elisabeth, *Über den Tod und das Leben danach*, Güllesheim 2001.

Läpple, Alfred, *Verborgene Schätze der Apokryphen*, München 2002.

Laszlo, Ervin, *Das fünfte Feld. Materie, Geist und Leben. Vision der neuen Wissenschaften*, Bergisch-Gladbach 2000.

Maier, Alois und Schrott, Ernst, *Glück und Erfolg sind kein Zufall*, Bielefeld 2002.

Mansfield, Victor, *Tao des Zufalls. Philosophie, Physik und Synchronizität*, München 1998.

Mayer, Günther, *Erwarte ein Wunder*, Bietigheim-Bissingen 2003.

Moody, Raymond A., *Leben nach dem Tod*, Reinbek 2001.

Murphy, Joseph, *Das I-Ging-Orakel Ihres Unterbewusstseins*, München 1985.

Murphy, Joseph, *Die Gesetze des Denkens und Glaubens*, München 1982.

Murphy, Joseph, *Die Macht Ihres Unterbewusstseins*, Kreuzlingen 1965.

Murphy, Michael, *Der Quantenmensch. Ein Blick in die Entfaltung des menschlichen Potenzials im 21. Jahrhundert*, Wessobrunn 1996.

Patañjali, *Die Wurzeln des Yoga*, Bern, München und Wien 1999.

Platon, *Kritias*, o. O. 1857.

Plotin, *Enneaden*, Bd. 1, o. O. 1878.

Pschyrembel, *Klinisches Wörterbuch*, Berlin und New York 2002.

Ricard, Matthieu und Thuan, Trinh Xuan, *Quantum und Lotus*, München 2001.

Robbins, Anthony, *Das PowerPrinzip. Das NLP-Handbuch für jedermann*, München 1991.

Roberts, Jane, *Die Natur der persönlichen Realität*, München 2002.

Roberts, Jane, *Gespräche mit Seth*, München 2001.

Scheele, Paul, R., *Photo Reading. Die neue Hochgeschwindigkeits-Lesemethode in der Praxis*, Paderborn 1997.

Schmidt-Biggemann, Wilhelm, *Philosophia Perennis. Historische Umrisse abendländischer Spiritualität in Antike, Mittelalter und Früher Neuzeit*, Frankfurt am Main 1998.

Seligman, Martin, *Der Glücksfaktor. Warum Optimisten länger leben*, Bergisch-Gladbach 2003.

Sheldrake, Rupert, *Das Gedächtnis der Natur. Das Geheimnis der Entstehung der Form in der Natur*, München 1993.

Sheldrake, Rupert, *Sieben Experimente, die die Welt verändern könnten*, München 1994.

Steiner, Rudolf, *Wie erlangt man Erkenntnisse der höheren Welten?* Dornach (Schweiz) 1992.

Sogyal Rinpoche, *Das tibetische Buch vom Leben und Sterben*, Bern 1994.

Tipler, Frank, *Die Physik der Unsterblichkeit*, München 1999.

Tolle, Eckhart, *Jetzt! Die Kraft der Gegenwart*, Bielefeld 2001.

Walch, Sylvester, *Dimensionen der menschlichen Seele. Transpersonale Psychologie und holotropes Atmen*, Düsseldorf und Zürich 2002.

Wilber, Ken, *Eros, Kosmos, Logos. Eine Jahrtausend-Vision*, Frankfurt am Main 2001.

Wise, Anna, *Power Mind Training. Ein Hirnwellentrainingsprogramm*, Paderborn 1998.

Wolf, Fred Alan, *Die Physik der Träume*, München 1997.

ANMERKUNGEN

1 Kaku, *Hyperraum*, S. 267.
2 Mansfield, *Zufall*, S. 22.
3 Jahn/Dunne, *An den Rändern*, S. 70.
4 Vgl. Ebenda, S. 104 ff.
5 Ebenda, S. 107.
6 Vgl. ebenda, S. 111.
7 Vgl. ebenda, S. 142.
8 Hayward: *Briefe*, S. 210.
9 Jahn/Dunne, *An den Rändern*, S. 145.
10 Ebenda.
11 Capra, *Physik*, S. 65.
12 Vgl. Davidson, *Geheimnis*, S. 26.
13 Vgl. Laszlo, *Feld*, S. 227.
14 Hayward, *Briefe*, S. 174.
15 Vgl. dazu auch Laszlo, *Feld*, S. 231 f., mit weiteren Nachweisen.
16 Zitiert nach: Hayward, *Briefe*, S. 175.
17 Vgl. Laszlo, *Feld*, S. 234 f.
18 Davidson, *Geheimnis*, S. 29.
19 Vgl. Capra, *Physik*, S. 67.
20 Ebenda.
21 Vgl. Kaku, *Hyperraum*, S. 146 f.
22 Vgl. Sheldrake, *Gedächtnis*, S. 155.

23 Vgl. ebenda, S. 156.

24 Laszlo, *Feld*, S. 99.

25 Hayward, *Briefe*, S. 182.

26 Laszlo, *Feld*, S. 104.

27 Vgl. ebenda.

28 Ebenda, S. 106.

29 Vgl. Jahn/Dunne, *An den Rändern*, S. 311.

30 Capra, *Physik*, S. 68.

31 Bohm, zitiert nach: Hayward, *Briefe*, S. 185.

32 Goswami, *Universum*, S. 115.

33 Jahn/Dunne, *An den Rändern*, S. 215.

34 Vgl. Laszlo, *Feld*, S. 128.

35 Sheldrake, *Gedächtnis*, S. 9.

36 Ebenda, S. 11.

37 Ebenda.

38 Laszlo, *Feld*, S. 81.

39 Vgl. Sheldrake, *Gedächtnis*, S. 131.

40 Ebenda, S. 143.

41 Ebenda, S. 173 f.

42 Sheldrake, *Gedächtnis*, S. 246.

43 Blake, »Auguries of Innocence«, in: Ders., *Hochzeit*.

44 Sheldrake, *Gedächtnis*, S. 298 f.

45 Vgl. ebenda, S. 382 f.

46 Ebenda, S. 383.

47 Fontana, *Kursbuch*, S. 47.

48 Siehe dazu auch: Sheldrake, *Gedächtnis*, S. 307, und Fontana, *Kursbuch*, S. 48.

49 Jung, *Archetypen*, S. 7.

50 Ebenda, S. 46.

51 Ebenda, S. 69.

52 Murphy, *Macht*, S. 23.

[53] Jung, *Archetypen,* S. 51.

[54] Jung, *Synchronizität*, S. 30 ff.

[55] Siehe dazu etwa: Mansfield, *Zufall*, S. 53 ff.

[56] Jung, *Synchronizität*, S. 26.

[57] Werner Heisenberg, *Physics and Beyond*, Cambridge 1971, S. 101, zitiert nach: Mansfield, *Zufall*, S. 14.

[58] Vgl. dazu ausführlich: Capra, *Physik*, S. 129 ff.

[59] Ebenda, S. 131.

[60] Vgl. Laszlo, *Feld*, S. 209.

[61] Ebenda, S. 217.

[62] Jahn/Dunne, *An den Rändern*, S. 215.

[63] Laszlo, *Feld*, S. 228.

[64] Vgl. dazu ebenda, S. 235.

[65] Vgl. dazu ebenda, S. 240.

[66] Vgl. ebenda, S. 237.

[67] Vgl. ebenda, S. 260.

[68] Vgl. ebenda, S. 261.

[69] Ebenda, S. 267.

[70] Bischof, *Tachyonen*, S. 241.

[71] Plotin, *Enneaden* II, 3 (7), o. O. 1878, S. 91 f. (Schreibweisen behutsam angepasst.)

[72] Vgl. hierzu: Hutchison, *Megabrain Power*, S. 34 ff.

[73] Vgl. Sogyal Rinpoche, *Buch*, S. 141.

[74] Bischof, *Tachyonen*, S. 282.

[75] Vgl. Murphy, *Macht*, S. 39.

[76] Ebenda, S. 29.

[77] Ebenda, S. 31 ff.

[78] Siehe hierzu auch: Murphy, *Quantenmensch*, S. 86 f. und 397 ff.

[79] Vgl. ebenda, S. 207.

[80] Siehe dazu etwa: Grof, *Kosmos*, S. 227.

[81] Laszlo, *Feld*, S. 141.

[82] Hal Puthoff, zitiert nach: Murphy, *Quantenmensch*, S. 86.

[83] Diamond, *Der Körper*, S. 102.

[84] Mayer, *Wunder*, S. 27.

[85] Robbins, *PowerPrinzip*, S. 32 ff.

[86] Wolf, *Physik*, S. 280.

[87] Laszlo, *Feld*, S. 260.

[88] Eine wahrhaft enzyklopädische Darstellung der Wirkung des Denkens und Fühlens auf Mensch, Mitmensch, Materie und Immaterielles findet sich bei: Michael Murphy, *Der Quantenmensch. Einblick in die Entfaltung des menschlichen Potenzials im 21. Jahrhundert*, 1996.

[89] Walch, *Dimensionen*, S. 171.

[90] Fontana, *Meditation*, S. 48.

[91] Vgl. ebenda, S. 165.

[92] Hayward, *Briefe*, S. 196.

[93] Price, zitiert nach: Wolf, *Physik*, S. 259.

[94] Siehe dazu: Wolf, *Physik*, S. 254.

[95] Siehe dazu etwa: Grof, *Kosmos*, S. 120.

[96] Murphy, *Quantenmensch*, S. 437.

[97] Ebenda, S. 468.

[98] Siehe dazu etwa: Grof, *Kosmos*, S. 25, sowie Walch, *Dimensionen*, S. 57 ff.

[99] Walch, *Dimensionen*, S. 61.

[100] Grof, *Kosmos*, S. 98.

[101] Vgl. ebenda, S. 52 und 71.

[102] Ebenda, S. 81.

[103] Walch, *Dimensionen*, S. 126.

[104] Grof, *Kosmos*, S. 127.

[105] Ebenda, S. 128.

[106] Ebenda, S. 82.

[107] Ebenda, S. 94.

[108] S. a. ebenda, ebenda, S. 39, 67, 69.

[109] Ebenda, S. 67.

[110] Aufgeführt in: Walch, *Dimensionen*, S. 150.

[111] Grof, *Kosmos*, S. 295.

[112] Walch, *Dimensionen*, S. 150.

[113] Vgl. dazu Wolf, *Physik*, S. 285.

[114] Grof, *Kosmos*, S. 130.

[115] Siehe dazu: Ring, in: Wolf, *Physik*, S. 285.

[116] Walch, *Dimensionen*, S. 249.

[117] Vgl. Kornfield, in: Walch, *Dimensionen*, S. 249.

[118] Vgl. Walch, *Dimensionen*, S. 241.

[119] Vgl. Fontana, *Kursbuch*, S. 113.

[120] Vgl. Diamond, *Der Körper*, S. 67 ff.

[121] Fontana, *Kursbuch*, S. 19.

[122] Fontana, *Kursbuch*, S. 221.

[123] Steiner, *Erkenntnisse*, S. 44 f.

[124] Siehe dazu: Maier/Schrott, *Glück und Erfolg*, S. 232.

[125] Grof, *Kosmos*, S. 126.

[126] Fontana, *Kursbuch*, S. 264.

[127] Grof, *Kosmos*, S. 294 f.

[128] Vgl. Fontana, *Kursbuch*, S. 93.

[129] Vgl. Fontana, *Kursbuch*, S. 156.

[130] Mit den Modalitäten der Wahrnehmung beschäftigt sich die Neurolinguistische Programmierung (NLP). Vgl. dazu ausführlich: Bandler/Grinder, *Reframing*. Siehe auch: Robbins, *PowerPrinzip*.

[131] Vgl. dazu Robbins, *PowerPrinzip*, S. 122 f.

[132] Hill, *Denke*, S. 32.

[133] Wolf, *Physik*, S. 280.

[134] Wolf, *Physik*, S. 280.

[135] Vgl. Bischof, *Tachyonen*, S. 41 und: Wolf, *Physik*, S. 254 f.

[136] Hill, *Denke*, S. 20.

[137] Robbins, *PowerPrinzip*, S. 211.

[138] Siehe dazu etwa: Buzan, *Speed Reading*, oder Scheele, *Photo Reading*.

[139] *Focus*, Nr. 24/2004, S. 34.

[140] Vgl. Wolf, *Physik*, S. 206.

[141] Zitiert nach: Fiebag, *Mystica*, S. 157 ff.

[142] Albertus Magnus, *Buch*, S. 269.

[143] Fiebag, *Mystica*, S. 472.

[144] Johannes 1.

[145] Apokryphes Thomas-Evangelium, Schriftrolle aus Nag Hammadi.

[146] Platon, *Kritias*, S.23.

[147] Vgl. Robbins, *PowerPrinzip*, S. 100 ff.

[148] Siehe hierzu: Bischof, *Biophotonen*.